21·世·纪·经·济·学·系·列·教·材

《〈资本论〉精选》讲解

卫兴华　主编

中国人民大学出版社
·北京·

21 世纪经济学系列教材

总 序

改革开放以来，经济社会的发展对中国经济学教育、教学产生了重要的影响，提出了新的要求。为了使经济学教育、教学根植于我国改革开放和现代化建设的肥沃土壤，服务于时代和实践的需求，中国人民大学出版社从本世纪初就开始组织国内知名经济学者编写适应新时期经济学教学的“21世纪经济学系列教材”。

十多年来，21世纪经济学系列教材已经逐步推出了许多适合中国特点的经济学教科书，影响了一批又一批的青年学子。这其中，我国经济学界杰出教育家、西方经济学学科主要奠基人之一高鸿业先生主编的《西方经济学》，已成为我国高校经济学专业的权威性教材，读者早已超过千万！中国马克思主义政治经济学的奠基人宋涛先生的《政治经济学》，对马克思主义政治经济学在中国的传播、普及和发展发挥了重要作用。该系列已经出版的其他教材，如孙久文教授的《区域经济学》、彭刚教授的《发展经济学》、王则柯教授的《博弈论教程》、黄卫平教授的《国际经济学》等等，都产生了广泛的影响，为中国的经济学教育作出了贡献。

近几年来，中国的经济学教育、教学面临新的形势，取得了长足的进步：一是我国经济学界教育思想、教育观念已经发生了重大转变，更加重视素质教育；二是教学内容有了重大改革，在学科专业调整建设、课程体系、教学内容改革方面取得了进展；三是教育、教学方法有了重大进步，更加重视理论联系实际，实验、实践、案例教学逐步加强，现代化教学手段被广泛应用。

有鉴于此，为了应对新的形势与变化，中国人民大学出版社在认真调查研究高等学校经济学专业本科培养方案和课程教学大纲的基础上，组织专家学者，经过反复研究论证、合理定位、精心写作、吐故纳新，进一步整合优化了“21世纪经济学系列教材”。这套教材将涵盖经济学专业所有的基础课、主干课、核心课，使学生通过《政治经济学》、《微观经济学》、《宏观经济学》等基础理论教材的学习，掌握经济学的基础理论，培养厚实的经济学理论功底；通过《产业经济学》、《区域经济学》、《国际经济学》等应用类主干课程教材的学习，掌握现实经济部门的运行和发展；通过《经济学说史》、《经济思想史》、《世界经济史》等经济史学类教材的学习，理解经济学的发展和演变规律；通过《计量经济学》、《统计学》等经济学方法类教材的学习，掌握经济学的思考方法和具体的研究方法；通过《博弈论》、《行为经济学》等专业教材的学习，了解经济学理论的前沿进展；通过《〈西方经济学〉典型题题解》、《政治经济学学习与教学手册》等基础课程的配套教辅书，牢固掌握所学经济学理论。

这套教材的编写特色主要体现在以下几个方面：

第一，作者阵容强大，教学经验丰富。作者大都是来自中国人民大学、北京大学、清华大学、南开大学、复旦大学、浙江大学、武汉大学等国内重点大学的学科带头人，有很高的科研水平和丰富的教学经验。

第二，在教材编写和内容安排上，强调基础知识、基本理论、基本技能。同时充分吸收国内外优秀教材的优点，定位明确，体系科学，概念准确，深入浅出。

第三，融合本学科现有的研究成果，反映本学科研究的最新进展，反映中国改革开放和现代化建设实践中的新成果，反映当今世界发生的深刻变革对经济学理论和实践产生的影响。

第四，教材重视加入现实经济生活中的案例、新闻素材等内容，使教材的可读性更强，更能够与当前中国经济现实结合起来，使学生能够学以致用。

中国人民大学出版社希望通过这套教材的出版，与广大教师、学生一起研究和探讨，进一步提高中国经济学教材的编写水平，提高经济学教学质量，为经济学的发展，为培养具有创新能力与实践能力、具有国际视野又了解中国国情的高层次经济学人才作出新的贡献。

作者简介

卫兴华，山西五台县人，1952年中国人民大学政治经济学专业研究生毕业。现为中国人民大学荣誉一级教授，经济学院博士生导师，中国社会科学院经济学专业博士生导师。发表论文和文章（序言、书评等）900余篇，出版著作（含主编、二人合著）30余本。获国家级和省部级奖20余项，其中包括两项孙冶方经济学奖论文奖、国家图书奖一等奖和二等奖、国家教委优秀教材一等奖、宝钢教育基金优秀教师特等奖、世界政治经济学学会马克思经济学奖。获北京市劳动模范称号。曾任中国人民大学经济学系主任、校学术委员会副主任、校学位委员会委员和理论经济学分会主席、《中国人民大学学报》总编辑；曾任社会学术职务有：国务院学位委员会第三届经济学科评议组成员、全国哲学社会科学规划小组成员、中国《资本论》研究会副会长、全国综合性大学《资本论》研究会会长、全国老教授协会社会科学专业委员会主任。现任中央马克思主义理论研究与建设工程课题主要成员、中国《资本论》研究会顾问、中国社会科学院马克思主义研究院特聘研究员、北京市中国特色社会主义研究中心学术顾问。被评为“影响新中国60年经济建设的100位经济学家”之一。其学术成就被收入科学出版社2013年出版的《20世纪中国知名科学家学术成就概览》。

内容简介

本书是对《〈资本论〉精选》一书内容的逐章逐节讲解。涵盖了马克思经济学的研究对象与方法、劳动价值论、货币理论、剩余价值论、资本积累理论、资本循环与周转理论、社会总资本的再生产理论、生产价格理论、商业资本和商业利润理论、生息资本和利息理论、地租理论、生产关系与分配关系理论等。力求通俗准确地讲解《资本论》的基本原理和方法，同时不回避对疑难问题的解读。对学界有不同见解和争论的问题，本书既说明有哪些不同见解，又根据系统性、整体性的研究把握马克思有关理论观点的方法，力求完整准确地做出符合马克思原意的解读，澄清一些误解和错解。

力求准确解读《资本论》的原理和方法
——《〈《资本论》精选〉讲解》前言

《资本论》是一部博大精深的马克思主义理论著作，既具有重要历史意义，又具有重要现实意义。习近平同志于2012年6月19日到中国人民大学考察时，首先考察了经济学院的《资本论》教学与研究中心。考察完后，发表了具有重要指导意义的讲话。他说：我们党是一个马克思主义指导的党，所以我们要重视马克思主义经典理论的学习。马克思主义中国化形成了毛泽东思想和中国特色社会主义理论体系两大理论成果，追本溯源，这两大理论成果都是在马克思主义经典理论指导下取得的。《资本论》是最重要的马克思主义经典著作之一，是经典的经典，经受了时间和实践的检验，始终闪耀着真理的光芒。

当前，"回归马克思"的思潮在国内外兴起，人们又开始重视对《资本论》的学习与研究。但是，由于《资本论》不是一部通俗著作，其精博深邃的理论思想需要认真研读才能掌握，因而初学者读原著会碰到一些困难。本书是作为辅助读物，力求用较通俗的语言解读原著的真谛。有关《资本论》的"讲解"、"导读"在我国已出版多部，各有其长短。本书的特点如下。

一、内容少而精

考虑到一般读者难以通读《资本论》三卷本，即使已出版的多部《资本论》选读本，也大都在50万字左右，因而相关的"解说"、"导读"著作也内容较多。本书是对《〈资本论〉精选》的解读。精选本只有24万多字。本书作为与其配套的辅导读物，内容也少而精。"少"，是内容字数少，便于读者少花时间阅读；"精"，是讲解《资本论》中的精选部分，便于读者首先理解和把握其精要内容。

二、力求准确地按原意讲解《资本论》的内容

我认为在有关《资本论》的教学和论著中，存在一些偏离原意的讲解。举几个事例：

（一）关于分析经济形式要运用“抽象力”的问题

《资本论》第二版序言中讲到：“分析经济形式，既不能用显微镜，也不能用化学试剂。二者都必须用抽象力来代替。”① 这里所讲的“抽象力”与“抽象法”、“科学抽象”是否同一含义，不少有关论著中是将其划等号的。如20世纪50年代初，作为我国政治经济学通用教材“十六分册”之一的苏联列昂节夫所著《政治经济学的对象和方法》中讲到：政治经济学与一切社会科学相同，是不能够像物理或化学那样来利用实验的（在人工创造的条件下实验），而是用抽象的方法来代替的。这是把抽象方法与自然科学中的实验截然划分或对立起来了。我国的一些讲解《资本论》的著作，也存在同样的解读，似乎自然科学可以通过实验来求证，不需要抽象方法，只有经济学和其他社会科学的研究才需要抽象方法。其实，无论自然科学还是经济学的研究都需要运用科学抽象方法。抽象法或科学抽象是指从纷纭繁杂的现象中，通过科学分析，求证其固有的最本质的规定和规律。自然科学进行试验，也要运用科学抽象。如从现象来看，物体下落，重的东西下落快，轻的下落慢。但如在真空中进行实验，舍去了空气、风力等阻力，轻重物体都以同一速度下落，抽象出其本质和规律。经济学中的价格是现象，价值（劳动）是本质。利润、利息是现象，剩余价值是本质。这不是通过实验室进行科学抽象的结果，而是利用科学的思维抽象即“抽象力”的结果。“抽象力”也是科学抽象，但与自然科学研究中的科学抽象有所区别。我们在本书的解读中说明了这一点。

（二）关于等价形式的特点问题

《资本论》中分析“价值形式或交换价值”问题时，提出等价形式的三个特点：一是“使用价值成为它的对立面即价值的表现形式”②；二是“具体劳动成为它的对立面即抽象人类劳动的表现形式”③；三是“私人劳动成为它的对立面的形式，成为直接社会形式的劳动”④。弄清等价形式的特点，对于认识货币的本质具有重要意义。但是，

① 《资本论》，2版，第1卷，8页，北京，人民出版社，2004。
② 《资本论》，2版，第1卷，71页。
③ 《资本论》，2版，第1卷，74页。
④ 《资本论》，2版，第1卷，74页。

在一些有关讲解、导读的论著中，未能按其本意进行。有的简单转述上述三个特点，不做科学阐述；有的做了解释，但偏离了原意。例如，有的著作中这样解读：在20码麻布＝1件上衣的价值关系中，上衣是等价形式，它用自己的使用价值表现了麻布的价值，生产上衣的具体劳动成为生产麻布的抽象劳动的表现形式；生产上衣的私人劳动成为生产麻布的社会劳动的表现形式。其实，讲等价形式的特点，不是复述马克思在前面已讲清楚了的等价形式与相对价值形式的关系，而是从这种关系中抽象出等价形式自身的特点。讲等价形式的特点，是要论述在商品交换关系中，作为等价形式的商品是用自己的使用价值作为价值的代表，即价值的"化身"或"价值的镜子"而起作用。生产它的具体劳动，"只当作抽象劳动的实现"，成为"抽象人类劳动的化身"。生产它的私人劳动"成为直接社会形式的劳动"，即成为社会劳动的代表或"化身"。这是为说明货币的本质与特点做理论铺垫。在商品交换关系中，金属货币自身是价值的代表或化身，也是抽象劳动和社会劳动的代表或化身。本书的讲解，也说明了这一点。

（三）关于"劳动过程的简单要素"的理解问题

在《资本论》第一卷第五章讲解劳动过程时，提出劳动过程的简单要素是："有目的的活动或劳动本身，劳动对象和劳动资料"①。在有关教材的解读中，将这三要素作为生产力三要素的说明，它忽视了"简单"一词。有的政治经济学教材中，注意到了"简单"一词，但做了偏离原意的解释。它说：所谓"简单"就是撇开了生产关系，单讲劳动过程。其实，马克思讲劳动过程时首先就说明："劳动过程首先要撇开每一种特定的社会的形式来加以考察"②。因此，是撇开社会生产关系单讲劳动过程本身必备的"简单要素"。所谓"简单要素"，是指最一般的、任何社会生产都不能缺少的最低限的要素。这一概念本身意味着随着社会生产的发展，劳动过程会相应增加新的要素，如管理、分工协作、科学等。马克思自己说明了这一点："就劳动过程只是人和自然之间的单纯过程来说，劳动过程的简单要素是这个过程的一切社会发展形式所共有的。但劳动过程的每个一定的历史形式，都会进一步发展这个过程的物质基础和社会形式。"③这里所说的"物质基础"的发展就是劳动过程要素的发展。

（四）关于"商品生产所有权规律转变为资本主义占有规律"的解读问题

在《资本论》第一卷第二十二章讲剩余价值转化为资本的内容时，提出了这一规律的转变问题。不少有关论著将其解读为由简单商品生产转变为资本主义生产。在我国曾流行的卢森贝的《〈资本论〉注释》中就是这样解释的。因此，我国有些有关论著

---

① 《资本论》，2版，第1卷，208页。

② 《资本论》，2版，第1卷，207页。

③ 《马克思恩格斯文集》，第7卷，1000页，北京，人民出版社，2009。

也这样解读。这种错解甚至存在于恩格斯的《反杜林论》中。它这样讲：商品生产达到一定的发展程度，就转变为资本主义的生产。接着引证《资本论》中的话：在这个阶段上，“以商品生产和商品流通为基础的占有规律或私有权规律，通过它本身的内在的、不可避免的辩证法转变为自己的对立物”。据此又做解读：“假定一切私有财产起初都基于占有者自己的劳动……在生产和交换的进一步发展中也必然要产生现代资本主义的生产方式”①。其实，由简单商品生产转变为资本主义生产，马克思在分析商品与货币及论述货币转化为资本时就讲清楚了。这里是讲资本积累、剩余价值资本化过程中的劳资关系的实质。在资本与劳动力交换关系中，承认各自的所有权，等价交换。但进入生产的结果，一切归资本家占有。在资本积累中，是用无偿占有的劳动者的剩余价值的一部分，作为追加资本，购买追加劳动力，再生产出更多的剩余价值。起点是凭借各自的所有权进行等价交换，但不断再生产的结果，全部归资本家不断占有。这就是资本积累的实质。这与由简单商品生产转变为资本主义生产毫无关系。有必要在有关讲解中予以澄清。

（五）“所使用的资本与所消费的资本之间差额的扩大”怎样成为资本积累的因素？

在多种有关教材和解读本中有不同的讲解。有些解读未必符合原意。例如，有的这样论述：所消费资本是指固定资本中减去转移走的价值后尚留存的那部分价值。比如，资本家所用固定资本一万镑，在生产过程中已转移走八千万镑，留下两千万镑。固定资本与以前一样发挥作用，这部分差额像白白利用自然力一样，提供无代价服务。在苏联的有关教材中，也有这种解释。在考茨基还是马克思主义者的时候所写的《马克思的经济学说》一书中有专门一节阐述影响资本积累规模的因素，但对所使用资本和消费资本差额的增大这一因素避而不谈。显然他没有弄清其原意。

其实，所消费资本不是指固定资本中尚未转移走的那部分存留的价值，而是指随着固定资本消耗而转移走的那部分价值。固定资本的总量越大，每年消费即转移走的那部分价值也越大。而且，所使用资本与所消费资本差额的增大，不仅取决于固定资本总量的大小，还取决于固定资本周转时间的长短。固定资本转移的价值作为折旧基金，也可用于积累。这个问题，从马恩的有关通信中可以看出，马克思曾请教过恩格斯。二人曾信件往返多次，进行探讨。

（六）关于资本主义积累规律中“成正比”或“成反比”的问题

马克思在论述资本主义积累规律时指出：随着资本积累的增大，产业后备军也增大。“同现役劳动军相比，这种后备军越大，常备的过剩人口也就越多，他们的贫困同

---

① 《马克思恩格斯选集》，第3卷，506页，北京，人民出版社，1995。

他们所受的劳动折磨成反比。”① 这段话中的“成反比”，在法文版中是“成正比”。于是《资本论》中译本加了个脚注：“马克思亲自校订过的法文版中是：‘成正比’。”② 在2009年新出版的《马克思恩格斯文集》第5卷中也对“成反比”加注：“在经马克思审定的法文版中是：‘成正比’。”③ 在我国出版的《政治经济学辞典》和有些教材中，也照此办理，加注法文版“成正比”。我觉得在教材和讲解等论著中，这样处理未必适当，会让学生和其他读者无所适从。在有关教材和《资本论》讲解、导读等著作中，应做出科学判断，究竟应是“成正比”还是“成反比”。于光远、苏星、仇启华主编的《政治经济学（资本主义部分）》（北京，人民出版社，1985）明确改为“成正比”。在1961年出版的郭大力和王亚南翻译的《资本论》中译本第二版中，对“成反比”所加的脚注是：“最近出版的《马克思恩格斯全集》版已改为‘成正比’”，并加注说“这个改订是根据马克思亲自校订过的法文版做出的”。这里所讲的是俄文版《马克思恩格斯全集》第二版。而且苏联的刊物上还为此专门发表评介文章：《关于马克思〈资本论〉的一点更正》（见《经济学译丛》，1963年第4期）。

然而，20世纪80年代的《资本论》法文版却根据德文版将“成正比”改为“成反比”。我认为，德文版中的“成反比”是正确的，法文版中的“成正比”是译者的笔误。马克思审订时没有注意到这一差错。这样讲的根据是：第一，德文版《资本论》第一卷第一、二版是马克思亲手写的，以后的第三、四版是恩格斯校订的。都是“成反比”，这个论断符合事实。“他们的贫困同他们所受的劳动折磨成反比”这句话中的两个“他们”，是指同一些工人，既可以是指“现役劳动军”，也可以是指“产业后备军”。作为现役劳动军，他们遭受“劳动折磨”，但有工资收入，可减轻贫困；作为产业后备军，他们失了业，不受劳动折磨了，但遭受贫困。因此，贫困与劳动折磨“成反比”。第二，恩格斯在马克思的遗物中发现了一个德文本和一个法文本，德文本中有些地方作了修改，并表明何处应参看法文版修改。在法文版中又标出了德文版修改时应采用的地方，而且需修改的地方正是资本积累过程的那一部分。然而马克思所遗留的这两个版本，都没有标出要将“成反比”改为“成正比”。第三，如要将“成反比”改为“成正比”，就需改变两个“他们”的内容，即产业后备军的贫困同现役劳动军的劳动折磨“成正比”。因为失业大军越多，越会加压力于现役劳动军，迫使他们忍受劳动折磨。反过来，现役劳动军所受的劳动折磨越增大，干更多的活，失业大军越不易找到工作。所以二者“成正比”。俄文版中将“成反比”改为“成正比”时，也修改了有关内容：将“他们的贫困同他们所受的劳动折磨成反比”改成“他们的贫困同现役劳动军所受的劳动折磨成正比”。然而，内容的改变是俄译本译者所为，法文版中没有这种内容的修改。由此可见，将法文版中的“成正比”按德文版改成“成反比”是正

①② 《资本论》，2版，第1卷，742页。

③ 《马克思恩格斯文集》，第5卷，742页，北京，人民出版社，2009。

确的。

（七）关于“商业资本是从产业资本中分离出来的独立部分”的提法问题

在20世纪50年代从苏联翻译过来的经济学论著中，流行着“商业资本是产业资本的独立化部分”，商业资本“是从产业资本中分离出来的”、“是产业资本的分化形式”等提法。这影响到我国的有关论著。在我国政治经济学教材和有关词典中也流行这类提法。如蒋学模的《政治经济学》教材中讲：“商业资本无非是从产业资本中分离出来的商品资本。”有的教材中讲：近代商业资本，主要是从产业资本中分离出来的，一部分产业资本家脱离生产领域，专门从事商品买卖，于是产业资本的一部分便分离出来变成商业资本。

在资本主义社会中，产业资本的一部分独立和分化出来转为商业资本，不能说没有，但不是常态，更不能说商业资本家是由部分产业资本家改行从事商品经营的。商业资本主要是由商业资本家独立投资而成为独立部门。

其实，准确的提法应是：商业资本的职能是从产业资本的商品资本职能独立出来的部分，是资本职能的独立化，而不是资本的分离和独立化。马克思是这样说明的：产业资本中“处在流通过程中的资本的这种职能作为一种特殊资本的特殊职能独立起来，作为一种由分工赋予特殊一类资本家的职能固定下来，商品资本就成为商品经营资本或商业资本”①。

（八）关于马克思的科学分析方法问题

《资本论》第一卷第一章有一段关于分析方法的论述：“对人类生活形式的思索，从而对它的科学分析，总是采取同实际发展相反的道路。这种思索是从事后开始的，就是说，是从发展过程的完成的结果开始的。”② 学界一般认为，这是马克思对自己科学分析方法的说明。苏联著名学者罗森塔尔在他的《马克思〈资本论〉中的辩证法问题》一书中也把这段解释为马克思对自己分析方法的正面说明。中国的一些有关论著也持相同的观点。其实这是误解。马克思这里所讲的是以往学者们非科学的分析方法。

需要弄清几点：第一，马克思政治经济学的方法与前人的方法并不相同。马克思在《资本论》法文版序言中明确指出：“我所使用的分析方法至今没有人在经济问题上运用过。”马克思所运用的是辩证唯物主义与历史唯物主义的方法，是科学的“抽象力”方法。前人没有运用过。第二，前人对经济生活形式的分析总是采取与实际相反的道路，是从发展的结果开始的。如分析价格、货币问题，是就价格讲价格，就货币论货币，难以揭示价值规律和弄清货币的本质及其发展规律。马克思首先分析了价值实体和价值量，

---

① 《马克思恩格斯文集》，第7卷，298页。

② 《资本论》，2版，第1卷，93页。

揭示出价值规律，进一步说明价格的运动。首先分析了原始物物交换的简单价值形式，再到扩大的、一般的价值形式和最后的货币形式。马克思的科学分析不是从发展过程的结果开始的，理论分析进程与实际的发展进程是一致的，也就是理论逻辑和历史逻辑的统一。第三，马克思指出：在对经济生活形式进行分析时，“人们试图了解它们的内容而不是了解它们的历史性质”。他们从价格分析导致价值量的确定，从货币形式的分析导致价值性质的确定。这与马克思从劳动量和价值量的分析导致价格的确定，从价值形式发展历史的分析导致货币的规定，是“相反的道路”。然而，从完成形式货币进行分析的非科学性在于“货币形式，用物的形式掩盖了私人劳动的社会性质以及私人劳动者的社会关系，而不是把它们揭示出来”①。马克思在《资本论》第一卷第二章中指出：“只有在那些从货币的完成的形态出发而从后往前分析商品的人看来，‘货币是商品’才是一种发现。”② 然而，“困难不在于了解货币是商品，而在于了解商品怎样、为什么、通过什么成为货币”③。从货币的完成形式分析是解决不了问题的。

三、重视在一般经济学教材和论著中容易被忽视的重要理论观点

《资本论》中，有些重要理论观点对党的建设和社会主义事业具有指导意义，但容易被忽视，在有关讲解和导读中也未凸显其意义。

（一）不要资本主义制度下的资本家和地主个人对资本主义制度负责的观点

在《资本论》第一卷第一版序言中，马克思特别讲了这样一段话：“为了避免可能产生的误解，要说明一下。我决不用玫瑰色描绘资本家和地主的面貌。不过这里涉及的人，只是经济范畴的人格化，是一定的阶级关系和利益的承担者。我的观点是把经济的社会形态的发展理解为一种自然史的过程。不管个人在主观上怎样超脱各种关系，他在社会意义上总是这些关系的产物。同其他任何观点比起来，我的观点是更不能要个人对这些关系负责的。”④

马克思运用历史唯物主义分析社会经济的发展进程和阶级关系，既揭示和批判了资本主义阶级剥削关系的本质，又把资本主义看作是一种“自然史”即社会历史发展的客观必然过程。恩格斯在为《资本论》第一卷写的书评中指出：“拉萨尔的全部社会

① 《资本论》，2版，第1卷，93页，北京，人民出版社，2004。

② 《资本论》，2版，第1卷，109页。

③ 《资本论》，2版，第1卷，112页。

④ 《资本论》，2版，第1卷，10页。

主义在于辱骂资本家，……在这里我们看到的情况恰恰相反。马克思先生明确地指出了资本主义生产方式的必然性。”① 资本主义制度的产生与发展，不是由于某些人在道义上出现缺失、在认识上产生了错误的结果，而是人类历史发展的必经阶段，是合乎历史规律的事情。因此，不应且不需要让资本家和地主个人对资本主义制度负责。可以看出，这一历史唯物主义的观点，与我国曾长期流行的“唯成分论”是对立的。“唯成分论”不仅要让剥削者个人对其所经历的剥削制度负责，而且要让其子孙为其祖辈的剥削关系负责，显然是不合理的。如果我国的马克思主义者，特别是决策层能及时弄清和把握马克思的这一重要观点，“唯成分论”就不会在我国一直流行数十年，直到改革开放后才得到扭转。

（二）生产资料和劳动力相结合的不同方式，对不同经济制度的决定性作用问题

生产资料所有制是决定生产关系体系的基础，这是马克思主义的基本原理。但仅讲这一条还不够。试问：都是非劳动者占有生产资料，而劳动者与生产资料相分离，为什么有的占有生产资料的非劳动者是奴隶主，有的是封建主，而有的是资本家呢？为什么都是与生产资料相分离的劳动者，有的是奴隶，有的是农奴，而有的则是雇佣工人呢？这就需要根据生产资料和劳动力相结合的方式来界定。如果劳动者是作为“会说话的工具”，在主人的皮鞭、棍棒下与生产资料结合起来的，劳动者就是奴隶，主人就是奴隶主，从而是奴隶制度。如果生产资料作为资本，劳动者将劳动力作为商品出卖给资本所有者，采取了资本与雇佣劳动相结合的生产方式，生产资料所有者就是资本家，而劳动者就是雇佣工人，从而就是资本主义制度。

研究社会主义经济制度，需要重视生产资料公有制的决定作用。但如果在社会主义国有企业中不重视生产资料与劳动力相结合的应有方式，比如，不是把劳动者当作生产资料的主人，职工没有对生产的监管权、话语权，厂长、经理独断专行、损害职工权益、以权谋私，这样的公有制能是社会主义性质的吗？学习和研究《资本论》，应当结合社会主义实践重视和研究这一问题。

四、不回避疑难理论问题，力求阐述其真义

《资本论》中存在一些疑难理论问题，学界各抒已见，解读互异。有些论著对《资本论》的解读比较系统、准确。但本书愿意指出：有些疑难理论观点，在《资本论》中本可以找到答案，但有的解读偏离了原意；还有些“导读”、“解说”本中对有关争

① 《马克思恩格斯全集》，中文1版，第16卷，255页，北京，人民出版社，1964。

论问题回避不谈，是一种缺失；有的则只讲自己一家之言的见解，又缺少论证与论据。本书对学界有争论的问题都说明有哪些不同的解读，并力求按照原著的本意进行阐述。

举几个例子：

（一）关于《资本论》的研究对象问题

《资本论》第一版序言中讲："我要在本书研究的，是资本主义生产方式以及和它相适应的生产关系和交换关系。"① 这里作为研究对象的"资本主义生产方式"究竟是指什么？学界众说纷纭，长期争鸣。本书首先说明有哪些不同的解读，然后讲，经自己考证，是指资本与雇佣劳动相结合的资本主义生产方式。但在对《序言》的讲解中，这个问题不需要也不便展开论证，而是重视在以后篇章的讲解中，不断得到新论据，提出新论证。如在讲解《资本论》第一卷第四章《货币转化为资本》时，提醒读者注意：三卷《资本论》中，唯有第四章单独成篇（第二篇），表明其独特意义。第四章还没有进入对资本的生产过程的研究，从第五章《劳动过程和价值增殖过程》开始，才进入对资本主义生产的研究。第四章讲货币转化为资本、劳动力成为商品，是作为进入资本主义生产过程前的制度性条件安排的。正是要阐明：生产资料转化为资本、劳动力成为商品，使劳动成为雇佣劳动，形成了资本与雇佣劳动相结合的资本主义生产方式，决定着资本主义生产关系和交换关系。本书在阐述《资本论》第二卷第一章《货币资本的循环》的内容时，突出了马克思的一个观点："不论生产的社会形式如何，劳动者和生产资料始终是生产的因素。……凡要进行生产，它们就必须结合起来。实行这种结合的特殊方式和方法，使社会结构区分为不同的经济时期。在当前考察的场合，自由工人和他的生产资料的分离，是既定的出发点，并且，我们已经看到二者在资本家手中是怎样和在什么条件下结合起来的。"这里说明：生产资料和劳动力结合的特殊方式，形成了不同的社会经济时期即不同的社会经济制度。而且点明了：工人与生产资料的分离及其在资本家手中结合（以资本与雇佣劳动的方式相结合），是资本主义经济制度"既定的出发点"。在讲解《资本论》第三卷第五十一章《分配关系和生产关系》的内容时，重视马克思的这一论述："资本和雇佣劳动的关系怎样决定着这种生产方式（指资本主义生产方式——引者）的全部性质"。"对资本主义生产方式的科学分析却证明：资本主义生产方式是一种特殊的、具有独特历史规定性的生产方式，它和任何其他一定的生产方式一样，把社会生产力及其发展形式的一个既定的阶段作为自己的历史条件，而这个条件又是一个先行过程的历史结果和产物，并且是新的生产方式由以产生的既定的基础；同这种独特的、历史规定的生产方式相适应的生产关系，……具有一种独特的、历史的和暂时的性质；最后，分配关系本质上和这些生产

① 《资本论》，2版，第1卷，8页。

关系是同一的，是生产关系的反面。”从这段论述中可以得出资本主义社会经济制度的运行公式：社会生产力——资本主义生产方式——资本主义生产关系——资本主义分配关系。从这一公式的内容可以肯定“资本主义生产方式”既不是生产力，也不是生产力含义上的劳动方式或劳动组织。它以一定的社会生产力的既定发展阶段为历史条件，并具有“独特的历史规定性”。所谓“独特的历史规定性”，就是只存在于一个特殊的社会发展阶段，即具有历史暂时性的事物。正是这种具有历史暂时性的资本主义生产方式，决定了与它相适应的生产关系，“也具有一种独特的、历史的和暂时的性质”。因此，有理由认为，这里所讲的“资本主义生产方式”，就是资本主义生产关系、交换关系和分配关系以其为基础、与其“相适应”的资本与雇佣劳动相结合的生产方式，即作为《资本论》研究对象的“资本主义生产方式”。

（二）关于货币的本质问题

《资本论》第一卷第二章《交换过程》中进一步阐述了当一般等价形式“固定在某种特殊种类的商品上”时，就结晶为货币形式。接着指出：“因为其他一切商品只是货币的特殊等价物，而货币是它们的一般等价物，所以它们是作为特殊商品来同作为一般商品的货币发生关系。”这里，把货币界定为作为一般等价物的“一般商品”，而其他一切商品，是作为货币的特殊等价物的“特殊商品”。这种说明在《资本论》和马克思的其他论著中反复讲过十多次。可是，长期以来，我国的经济学著作一直把货币的本质界定为作为一般等价物的“特殊商品”，颠倒了马克思的原意。目前还有人这样坚持。在关于《资本论》的导读类著作中，有的在解读这一章的内容时，连马克思的这段话都一字不提！我们在本书中，对马克思的这段话做了特别说明。

顺便提一下：作为马克思主义理论研究和建设工程重点教材的《马克思主义政治经济学概论》，数易其稿，都摒弃货币的本质是“特殊商品”的提法。但出版后，竟变成“所谓货币，就是固定地充当一般等价物的特殊商品”①，使人莫名其妙。是谁改动的，无人知晓。连最后统稿的首席专家刘树成、张宇等也不知情。是否出版社编辑所为？刘树成同志回答说，编辑不会不打招呼擅自改动。愿借此机会说明：货币的本质是“特殊商品”的提法不是编写组的观点。

（三）关于两种社会必要劳动与价值决定的关系问题

学界长期争论：究竟是由《资本论》第一卷中所讲的社会必要劳动时间（第一种意义的必要劳动时间）决定，由《资本论》第三卷中所讲的另一种意义的社会必要劳动时间决定，还是由两者共同决定？争论的实质是：某种商品总量如果超过市场需要

---

① 《马克思主义政治经济学概论》，49页，北京，人民出版社，2011。

或少于市场需要，所影响的是价值决定还是价值实现问题。其实，《资本论》中已明确回答了这个问题。关于两种社会必要劳动时间与价值的关系的论述，主要是在《资本论》第三卷第十章和第三十七章关于地租问题的《导论》中提出的。《导论》中讲："社会劳动时间可分别用在各个特殊生产领域的份额的这个数量界限，不过是价值规律本身进一步展开的表现，虽然必要劳动时间在这里包含着另一种意义。"① 同时说明，"如果这种分工是合乎比例的，那么，不同类产品就按照它们的价值……出售"②。如果社会总劳动时间分别被在各个特殊生产领域的比例破坏了，"这种比例的破坏使商品的价值，从而使其中包含的剩余价值不能实现"③。笔者在"出售"和"实现"两词下打上了重点号，表明另一种意义的社会必要劳动时间所影响的是价值和剩余价值的"实现"问题，是总产品能否按价值"出售"的问题，而不是另一种意义的必要劳动时间决定价值的问题。我们在本书中首先讲明在这个问题上学界有哪种不同的解读，然后说明，按照《资本论》的原意，应是价值实现问题。在作为马克思主义理论研究和建设工程重点教材的《马克思主义政治经济学概论》中明确表明：第一种含义的社会必要劳动"涉及价值决定"，第二种含义"涉及价值实现"。这一解读，在编写组内部没有人提出异议，咨询委员会、审议专家也未提出异议，达成共识。

还有其他一些《资本论》中的问题，存在解读上的差异，这里不一一论述。哪种解读更符合马克思的原意，要看哪种解读的论证和论据更充分。只有论断而没有论据和论证的解读，无助于读者的学习。评价各种解读观点，既要看是否切合《资本论》的论述，又要看是否切合经济实际。本书力求解读准确，符合《资本论》的原意。但能否做到，还需由学界同仁和读者评论与指点。

本书是按照《〈资本论〉精选》的章节进行解读的。其中有些章节是我新写的，有些是以由我任第一主编的《〈政治经济学〉讲解》一书中关于《资本论》的讲解部分为基础修改而成的。

在本书编写过程中，何召鹏、黄林、冯志轩三位博士生为我做了许多具体工作，何召鹏还校对了全书清样。中国人民大学出版社从事策划和编辑工作的同志，为本书的出版尽职尽责，谨表谢意。

卫兴华

2014 年 3 月 24 日

---

① 《资本论》，2 版，第 3 卷，717 页，北京，人民出版社，2004。

② 《资本论》，2 版，第 3 卷，716 页。

③ 《资本论》，2 版，第 3 卷，717 页。

*关于标注方法的一点说明：为了便于读者查阅，我们后文采取以下标注方法：

1. 凡是引自《资本论》中的原文，均指《资本论》，2 版，北京，人民出版社，2004。
2. 在各卷的内容阐述中引自该卷的原文的，只注该书的页码，以便查阅。
3. 引自非本卷的原文，则用脚注形式标注。

目　录

第一卷　资本的生产过程

第二卷　资本的流通过程

第三卷　资本主义生产的总过程

第一卷

资本的生产过程

第一版序言

《资本论》的写作和出版概况

《资本论》分三卷，旨在研究资本主义生产关系、揭示资本主义经济规律。第一卷研究资本的生产过程；第二卷研究资本的流通过程；第三卷研究资本主义生产的总过程。实际上，还有第四卷，不过没有用《资本论》第四卷作书名，而是先后用《剩余价值学说史》和《剩余价值理论》的书名出版。《资本论》第一卷德文版出版于1867年9月。第二版出版于1873年，在体系结构上有不少改变，马克思原想再经过修订出版新版书，但没有完成。恩格斯于1883年出版了第三版。第三版的修订，是根据马克思遗留的有关资料和法文版的改动进行的。法文版是经过马克思亲自修订的，于1872年9月至1875年11月以44个分册陆续出版，后来合订为一卷。马克思在校订法文版时提出："在担负校正工作后，我就感到作为依据的原本（德文第二版）应作一些修改，有些论述要简化，另一些要加以完善，一些补充的历史材料或统计材料要加进去，一些批判性评注要增加。"① 恩格斯校订出版第三版和第四版时，都吸取了法文版的修改内容。第四版是1890年出版的，摆在读者面前的《资本论》第一卷中译本，是根据恩格斯校订的第四版出版的。

《资本论》第二卷和第三卷，是马克思逝世后由恩格斯整理并于1885年和1894年先后出版的。

《资本论》是马克思一生心血的结晶。马克思从1843年年底开始研究政治经济学，

① 《资本论》，2版，第1卷，27页。此后凡引自本卷的只于引文后标注页码。

到1867年秋《资本论》第一卷出版，花费了将近24年的时间。《资本论》第一卷出版后，马克思除了因参加实际斗争而不得不暂时放下自己的研究外，始终在十分艰苦的环境中继续修订《资本论》第二卷和第三卷的手稿，直到生命的最后一息。从开始研究政治经济学直到逝世，马克思几乎花了40年时光来完成自己的著作。为了给无产阶级革命提供理论武器，马克思个人做了巨大的牺牲。他在一封信中曾写道：我一直在坟墓的边缘徘徊。因此，我不得不利用我还能工作的每时每刻来完成我的著作，为了它，我已经牺牲了我的健康、幸福和家庭。

《序言》首先叙述了《资本论》第一卷和《政治经济学批判》一书的关系。马克思在19世纪40年代初成为无产阶级革命家时，就迫切地感到需要写一本经济学著作，来科学论述资本主义社会的生产关系，阐明无产阶级谋求解放的条件。马克思经过长期的研究于1859年6月出版了《政治经济学批判》一书。后来出版了《资本论》第一卷。在第一卷第一版中，马克思把《政治经济学批判》一书加以概括而编成专论商品和货币的一章，即第一章。在《资本论》第一卷第二版和以后各版中，马克思又把第一版的第一章改为第一篇，分为三章。在《政治经济学批判》一书中，原来还有三部分，即（1）关于商品分析的历史，（2）关于货币计量单位的学说，（3）关于流通手段和货币的学说。但在《资本论》中则把它们删去了，而在《资本论》有关章节的注释中增加了这两种理论历史的新材料。虽然《政治经济学批判》一书的基本内容已经包括在《资本论》中，但这部著作对于研究马克思的政治经济学来说仍然具有独立的意义。

分析经济形式要用抽象力

马克思说，《资本论》第一卷中较难理解的，是关于分析商品的部分。因为对商品和货币的研究虽然已有两千多年的历史，可是“两千多年来人类智慧对这种形式进行探讨的努力，并未得到什么结果”［8］。只有马克思第一次科学地阐明了商品和货币的理论。商品是资本主义社会的经济细胞，因此对于它的研究，就比对它的复杂形式的研究更为困难。“因为已经发育的身体比身体的细胞容易研究些。”［8］从商品和价值这种资本主义经济的细胞形式开始研究资本主义经济，也是马克思的抽象方法的运用。作为经济细胞形式的范畴，同时也是最简单最抽象的范畴。从资本主义复杂的经济机体中抽象出商品、价值范畴来，再由简单到复杂，由抽象到具体，上升到资本主义现实关系的各个方面，这样就可以建立起科学的经济学体系。马克思说：“分析经济形式，既不能用显微镜，也不能用化学试剂。二者都必须用抽象力来代替。”［8］“抽象力”是思维抽象能力，即通过思维抽象从复杂的现象中抽象出最本质的规定来。自然科学的研究，也要应用科学抽象法，可以在实验室进行科学抽象。但分析经济形式需要应用理论思维的抽象力。

资本论的研究对象

马克思指出，《资本论》的研究对象，“是资本主义生产方式以及和它相适应的生产关系和交换关系”[8]。马克思的这句话实际上就是说《资本论》要研究的是资本主义社会的生产关系体系或总和，包括资本主义所有制、生产资料和劳动力相结合的资本主义生产方式——资本和雇佣劳动相结合的方式，以及直接生产过程中的关系和交换关系等。

马克思一再说明，他创立的政治经济学是研究生产关系并揭示经济规律的。生产关系分广义和狭义两种。广义的生产关系是一定社会历史阶段的生产关系体系，包括作为生产关系基础和出发点的生产资料所有制形式以及生产资料和劳动力相结合的特定社会方式，既包括狭义的生产关系，即直接生产过程中的生产关系，也包括交换关系和分配关系等。《资本论》要研究资本主义生产关系和交换关系，这好理解。但这里讲要研究“资本主义生产方式”是指什么？学界的解读不同。有生产力说；生产力与生产关系统一说；生产力含义上的劳动方式说；作为生产力和生产关系中介的劳动方式说；广义生产关系说；等等。我们经过考证，认为是指在一定所有制条件下资本与雇佣劳动相结合的生产方式。资本主义生产关系的其他诸方面，都是与这种资本主义生产方式相适应而建立的。

马克思对资本主义社会的生产关系的研究，“主要用英国作为例证”。因为在当时英国是典型的和最发达的资本主义国家。马克思在英国亲自观察了这个资本主义社会，并阅读了英国大量的社会历史文献。但是，马克思在《资本论》里所阐述的资本主义经济规律，不仅适用于英国，也适用于任何其他资本主义国家。只要存在资本主义经济关系，资本主义经济规律就一样存在和发生作用。

马克思批判了德国资产阶级关于德国“特殊”的谬论。德国资产阶级看到英国工农业工人所处的恶劣情况，就认为德国的情况远不是那样坏。事实并非如此。确实，德国资本主义生产的发展落后于英国。但是，“问题本身并不在于资本主义生产的自然规律所引起的社会对抗的发展程度的高低。问题在于这些规律本身，在于这些以铁的必然性发生作用并且正在实现的趋势。工业较发达的国家向工业较不发达的国家所显示的，只是后者未来的景象”[8]。因此，英国的现在只是德国的将来。

即使撇开资本主义经济规律必然会发生作用这一点不说，德国在资本主义生产已经完全确立的地方，工人群众的状况事实上比英国还差。德国同当时西欧大陆所有其他国家一样，不仅存在着资本主义生产方式，而且存在着资本主义以前的封建生产方式。因此，德国工人群众不仅遭受资本主义的剥削和压迫，而且遭受封建主义的剥削和压迫。“不仅活人使我们受苦，而且死人也使我们受苦。”[9]“死人抓住活人”[9]使得德国工人群众的状况变得更加痛苦难当。

与英国相比，德国和西欧大陆其他国家的社会统计资料是很贫乏的。在英国，由于政府和议会定期指派委员会去工厂调查工人状况，所以拥有揭露出部分工人群众受残酷剥削和压迫的材料，英国资产阶级统治者之所以需要这样做，并不是出于什么“高贵的动机”，归根结底还是“为了自己的切身利益”，因为如果资本家对工人的剥削和压迫过于严重，势必会引起工人的反抗，从而会威胁到整个资产阶级的统治。在德国却连英国这种社会统计材料也不存在。因此，如果德国各邦政府和议会也像英国那样定期指派委员会去调查工人状况，那么德国工人群众所受剥削和压迫的残酷性和严重性就会暴露出来。“情况比英国要坏得多。”[9]

在序言中，马克思还指出了《资本论》的研究目的，“是揭示现代社会的经济运动规律”[10]。也就是揭示资本主义社会的生产关系的产生、发展和必然灭亡的规律。正如列宁所说，研究资本主义“这个历史上一定的社会的生产关系的发生、发展和衰落，就是马克思的经济学说的内容”①。资本主义经济运动规律是个总括的说法，它实际上包括许多特殊的资本主义经济规律。这些规律都是资本主义社会“本身运动的自然规律”。“自然规律”意指客观的必然的规律。即使揭示了这些规律，只要资本主义经济存在，就既不能跳过，也不能用法令取消这些规律发生作用的历史发展阶段。但是，认识了这些规律，就可以根据资本主义经济发展的成熟程度和所提供的主客观条件，促进资本主义被社会主义代替的过程，这就是马克思所说的“能缩短和减轻分娩的痛苦”。

资本主义矛盾当时在英国已经暴露出来。工人运动的高涨、工人阶级的阶级斗争觉悟的提高，都预示着英国社会的未来发展趋势。虽然英国资产阶级为了稳固自己的统治地位，力图缓和阶级矛盾，缓和工人阶级的斗争，但是，资本主义必然要被社会主义所代替的客观规律性，是不以人的意志为转移而起着作用的。

社会经济形态的发展是一种自然历史过程

《资本论》从“社会经济形态的发展是一种自然历史过程”②的历史唯物主义观点出发，提出不能要个人对这些阶级关系负责的论点。就是说，资本主义社会经济形态的产生和存在也是“自然历史过程”，即客观必然过程。资本主义经济关系中的每个人，都“只是经济范畴的人格化，是一定的阶级关系和利益的承担者”[10]。因此，每个人包括资本家和地主个人的经济活动都是经济关系的产物，是历史的必然，并不要他们个人对资本主义经济关系负责。

马克思在《资本论》中把人看成只是经济范畴的人格化，没有像某些人如拉萨尔那样咒骂资本家。并不是要“用玫瑰色描绘资本家和地主的面貌”[10]，而是根据社会历史发展的客观必然性，根据历史唯物主义原理，来看待资本家和地主个人。

① 《列宁选集》，3版，第2卷，428页，北京，人民出版社，1995。

② 《马克思恩格斯全集》，中文1版，第23卷，12页，北京，人民出版社，1972。

政治经济学的阶级性

马克思指出，政治经济学是一门具有强烈阶级性的科学。政治经济学的研究对象是社会的生产关系，而对待一定的生产关系，不同的阶级有不同的观点。因此，并不存在统一的适合社会各阶级利益的政治经济学。在资本主义社会对资本主义生产关系的真正的科学研究，由于牵涉到作为统治阶级的资产阶级的切身利益，因此必然会激起他们的强烈反抗，把他们“心中最激烈、最卑鄙、最恶劣的感情，把代表私人利益的复仇女神召唤到战场上来反对自由的科学研究”［10］。“自由的科学研究”，是指不受资产阶级偏见束缚的科学研究。资产阶级庸俗经济学总是抱着资产阶级狭隘的阶级偏见，故意否认和抹杀资本主义的矛盾，把资本主义说成是永恒的、万古不朽的制度。

随着资本主义社会的阶级矛盾和阶级对抗的发展，资本主义的暂时性和历史性就越来越明显地暴露出来了。英国当时发表的一份蓝皮书和美国副总统的一次演说，都承认资本主义社会生产关系的变革是不可避免的。“这表明，甚至在统治阶级中间也已经透露出一种模糊的感觉：现在的社会不是坚实的结晶体，而是一个能够变化并且经常处于变化过程中的有机体。”［10～13］但是，资产阶级统治者并不会实行社会制度的根本变革，他们至多只是在资本主义范围内搞些改良而已。

《资本论》的理论内容是马克思长期的革命斗争实践和系统的科学研究的结果，表现出高度的科学性和革命性的严密结合，因此，马克思一方面欢迎对《资本论》的诚实的、科学的批评，另一方面，对于资产阶级出于阶级偏见的恶意攻击则毫不让步。马克思引用了中世纪意大利佛罗伦萨诗人但丁在他的《神曲》中的一句话，作为序言的结束：“走你的路，让人们去说罢!”［13］意思是说：不管资产阶级出于阶级偏见如何攻击《资本论》，丝毫也不能改变或动摇马克思的理论研究和经济学观点。

第二版跋

1873年，马克思出版了《资本论》第一卷的第二版。在第二版跋中，他论述了第二版的修改情况，更重要的是阐述了资产阶级政治经济学的演变过程，论证了《资本论》中应用的方法，指出了马克思的辩证法和黑格尔的辩证法之间的根本区别，揭示了历史唯物主义的研究方法。

《资本论》第二版中所做的修改

《资本论》第一卷问世以后，马克思继续从事第一卷的校订工作，以准备德文版的再版和出版其他外文译本。马克思在第二版中对第一版的内容作了大量的修改。在第一版中，全书只分为六章，但在出版第二版时，马克思对全书的结构作了很大的改动，把全书改为七篇，共25章。有许多章还分为若干节。因此，《资本论》第二版和第一版相比较，“很明显的是，篇目更加分明了”。

至于内容方面，马克思在第二版中对第一章的第一节、第三节、第四节，第三章的第一节，第七章的第二节，都作了重大的补充和修改。对《资本论》第一卷中较难理解的分析价值形式的部分（第一章第三节），甚至作了全部改写。马克思还在文字上作了许多修辞上的改进。

对德国资产阶级政治经济学的评论

马克思阐述了德国的历史条件决定了德国的资产阶级政治经济学不可能在科学上有任何成就；只有无产阶级的政治经济学在科学上能够做出成就。因为在1848年德国资产阶级民主革命以前，德国还没有完全走上资本主义生产方式的发展道路，封建生产方式还占相当的优势，因此，政治经济学在当时的德国还缺乏生存的基础。德国的资产阶级经济学家一直是英、法两国的资产阶级政治经济学的贩卖者。但是，他们并不理解英、法两国的资产阶级政治经济学。德国资产阶级经济学家把从英、法两国输入进来的资产阶级政治经济学，“用包围着他们的小资产阶级世界的精神去解释，就是说，被曲解了”[15]，变成了既维护资产阶级利益，又维护封建地主阶级利益的东西。因此，马克思指出，这些资产阶级教授们为了“在一个实际上不熟悉的领域内充当先生，于是就企图用博通文史的美装”[15]来打扮自己。同时他们还从德国在中世纪就已产生的“官房学”中抄袭和拼凑了许多杂乱的、毫无关系的材料，来掩饰他们在政治经济学研究上的无能。

1848年革命后，德国的资本主义生产方式迅速发展起来，但当时已不再容许在资产阶级视野内对政治经济学进行科学的研究。因为资产阶级的政治经济学“只有在阶级斗争处于潜伏状态或只是在个别的现象上表现出来的时候，它还能够是科学”[16]。当无产阶级的阶级斗争日益明显和普遍地发展起来的时候，资产阶级就不可能对政治经济学进行真正的科学研究了。这也决定了德国资产阶级政治经济学的命运。在1848年以前，由于资本主义生产方式没有获得发展，所以资产阶级政治经济学在德国还没有研究条件。1848年后，当德国资本主义生产方式迅速地发展起来的时候，资本主义生产方式所固有的对抗性却早已在英、法两国暴露出来，而且德国工人阶级的斗争也已经蓬勃开展，德国无产阶级在理论上已经有了更明确的阶级意识。因此，当德国资产阶级经济学家似乎可以对资本主义生产方式进行科学研究的时候，他们为之服务的德国资产阶级所处的境况却“已经不再容许他们在资产阶级的视野之内进行不偏不倚的研究了”[16]。

资产阶级古典政治经济学

马克思还以英国为例，阐述了英国资产阶级古典政治经济学的产生、发展及其被庸俗政治经济学所替代的历史过程。马克思指出，古典政治经济学是产生和发展于资本主义生产方式已经开始建立起来，但无产阶级和资产阶级的阶级斗争还没有充分地展开的年代。当时被提到首位的社会矛盾，是资产阶级和封建地主之间的矛盾。古典政治经济学反映了资产阶级还没有完全取得社会统治权力时的利益，并成为资产阶级反对封建制度及其残余的理论武器。古典政治经济学的特征是，它虽然把资本主义看作永恒的生产方式，但力图研究资本主义经济内部的事实联系。因此，它还具有科学性。

英国古典政治经济学的完成者是19世纪初的大卫·李嘉图。他反对英国政府为维护大地主的利益而限制和禁止谷物进口于1815年所颁布的谷物法，在分析经济现象的内部规律时，有意识地把资本主义社会各个阶级之间利益的相互对立作为自己研究的出发点。在他看来，由于谷物法禁止和限制了廉价谷物的自由输入，所以抬高了地主贵族所得的地租，从而影响了工人的工资和降低了工业资本家的利润。他说：除了地主以外，一切阶级都将因为谷物价格上涨而遭受损失。从这个观点出发，李嘉图论证了工资和利润、利润和地租之间是相互对立的，它们是按相反方向变动的。但是，由于资产阶级的局限性，李嘉图不是从资本主义社会生产关系中，而是从所谓的自然因素中去寻找这种对立的根源。如马克思所说："他天真地把这种对立看作社会的自然规律。"[16] 这样，由于他把资本主义生产方式看成是永恒的生产方式，"资产阶级的经济科学也就达到了它的不可逾越的界限"[16]，因为超过这个界限，就势必要承认资本主义生产方式的历史暂时性。与李嘉图同时代的法国古典政治经济学的完成者西斯蒙第，站在小生产者的立场上，事实上在自己的著作中已经提出了对资本主义永恒性的怀疑。西斯蒙第虽然揭露了资本主义社会劳动群众的生活日益贫困，指出生产和消费之间的矛盾，说明了生产过剩危机的必然性等，甚至否认资本主义是合理的、自然的制度，但是，西斯蒙第既不理解资本主义对抗性矛盾的实质，也不能找到解决矛盾的道路。他站在小资产阶级的立场上，把小商品生产加以理想化，要求把资本主义社会退回到小生产占优势的状态。

资产阶级庸俗政治经济学

古典政治经济学从它产生到终结，大约经历了一个半世纪的历史过程，在19世纪20年代，英国开始逐渐出现了庸俗政治经济学。马克思指出：当资产阶级在英国和法国夺取了政权，阶级斗争日益鲜明并威胁到资产阶级的时候，"它敲响了科学的资产阶级经济学的丧钟"[17]。庸俗经济学不去研究经济现象的内部联系，而只限于描述从经济现象表面所见到的似是而非的外表联系。古典经济学家虽然有其阶级局限性，但仍不失为资本主义实际情况的研究者。而庸俗经济学家却与此相反，他们为了资本家的私利而蓄意为资本主义辩护，故意抹杀资本主义矛盾。

法国和英国资产阶级自从夺得了政权以后，在意识形态领域就开始走下坡路。马克思说："1830年，最终决定一切的危机发生了。"[17] 阶级斗争发展了。在资产阶级经济学领域"现在问题不再是这个或那个原理是否正确，而是它对资本有利还是有害，方便还是不方便，违背警章还是不违背警章。无私的研究让位于豢养的文丐的争斗，不偏不倚的科学探讨让位于辩护士的坏心恶意"[17]。

1848年欧洲大陆的革命激起了英国工人运动的高潮，这进一步加强了资产阶级政治经济学的庸俗化过程。当时产生了"以约翰·斯图亚特·穆勒为最著名代表的平淡无味的混合主义"[17]。约·斯·穆勒"不愿单纯充当统治阶级的诡辩家和献媚者的人，力图使资本的政治经济学同这时已不容忽视的无产阶级的要求调和起来"，这是政治经济学家的庸俗化。他指出了资本主义社会工人贫困化的事实，认为"现在劳动产品的分配是同劳动成反比的：产品的最大部分属于从来不劳动的人，次大部分属于几乎只是名义上劳动的人，而且劳动越艰苦和越不愉快，报酬就越少，最后，从事最劳累、最费力的体力劳动的人甚至连得到生活必需品都没有保证”[705]。因此，马克思说：“约·斯·穆勒这类人由于他们的陈旧的经济学教条和他们的现代倾向发生矛盾，固然应当受到谴责，但是，如果把他们和庸俗经济学的一帮辩护士混为一谈，也是很不公平的。”[705] 约·斯·穆勒得出一个结论：支配生产领域的是永恒不变的自然规律，而支配分配领域的则是人类的意志。因此，可以在分配领域实行改良，以克服资本主义矛盾。他企图在保持资本主义生产方式的基础上，用社会改良来满足无产阶级反对资本主义剥削制度的要求，实际上宣告了资产阶级政治经济学的破产。

1848 年德国走上资本主义道路以后，资本主义生产方式所固有的对抗性矛盾已经完全暴露出来，因此德国资产阶级政治经济学没有经过古典的阶段，而是一开始就庸俗化。在 1848 年以后，德国资产阶级经济学家分成两个流派。一个流派是从法国庸俗经济学家巴斯夏那里贩卖来“阶级利益调和论”，肆意抹杀资本主义社会的矛盾；一个流派则是追随英国约·斯·穆勒，鼓吹社会改良。在阶级斗争尖锐化的情况下，鼓吹社会改良只能起麻痹工人阶级革命斗志的反动作用。因此，“德国人在资产阶级经济学衰落时期，也同在它的古典时期一样，始终只是学生、盲从者和模仿者，是外国大商行的小贩”[18]。

《资本论》出版的重要意义

由德国社会的特殊历史条件决定，德国的资产阶级政治经济学不可能在科学上有什么成就。而无产阶级作为在资本主义社会发展起来的先进生产力的代表，其“历史使命是推翻资本主义生产方式和最后消灭阶级”[18]。马克思适应无产阶级的历史使命和需要，总结了整个欧洲工人运动的经验，批判地汲取了人类思想所建树的一切优秀成果，创立了科学的马克思主义政治经济学。

马克思的《资本论》的出版，在人类思想史上开辟了一个新的时代。但是，在《资本论》刚刚出版的时候，资产阶级企图用沉默抵制的办法来扼杀马克思的这部伟大的著作。随着《资本论》的广泛传播，资产阶级就转而对《资本论》进行各种别有用心的批评。德国资产阶级经济学家指责《资本论》的文体和叙述方法，说它是一部使人无法理解的著作。

资产阶级学者对《资本论》的方法的各种评论

在德国庸俗经济学家恶意攻击《资本论》的同时，俄国彼得堡却在 1872 年出版了《资本论》的优秀俄译本，并且初版三千册很快就销售一空。俄国基辅大学经济学教授尼·季别尔称颂《资本论》的作者，认为“使西欧读者在阅读他的这本出色的著作时感到惊异的，是纯理论观点的始终一贯”[19]。季别尔还认为，马克思的价值、货币和资本理论的要点是斯密和李嘉图有关学说的发展。

资产阶级学者对《资本论》中应用的方法发表了各种各样相互矛盾的评论，这些评论有：

（1）巴黎《实证论者评论》杂志上的评论。

法国叶·瓦·德罗贝尔蒂在《实证论者评论》① 1868年11月至12月的第3期上，曾发表过一篇对《资本论》的短评。作者是实证主义哲学家孔德的信徒，而《实证论者评论》也是宣传孔德主义的一个刊物。

奥·孔德是19世纪上半期法国资产阶级哲学家和社会学家，“实证论”的创始人。“实证论”是主观唯心主义的一种变种。孔德既否认自然界的客观规律性，也否认社会生活的客观规律性，认为人类的认识不可能超过感性知识的范围，因此科学的任务似乎只是描写人的主观感觉。孔德的信徒德罗贝尔蒂正是根据孔德的这种基本思想，一方面责备《资本论》是形而上学地研究经济学；另一方面则责备马克思只限于批判地分析既成的事实，而没有为未来的食堂开出调味单。事实上，马克思既分析了资本主义社会生产关系的客观规律，又揭示了它的发展趋势必然是由社会主义代替资本主义。因此，马克思在谈到德罗贝尔蒂的这个责备时，讽刺地说：难道要开出一个孔德主义的“调味单”吗？

关于德罗贝尔蒂对《资本论》所加的“形而上学的责备”，季别尔作了比较公正的评论。他指出，马克思的方法，“其优点和缺点是一切最优秀的理论经济学家所共有的”[19]。不过，季别尔把马克思的方法和英国古典学派的方法看成是完全一回事，看不出马克思“所使用的分析方法至今还没有人在经济问题上运用过”[24]，则是不正确的。

季别尔把马克思的方法说成是英国古典学派的演绎法，这表明了他并没有完全理解《资本论》中应用的唯物辩证法。

（2）莫里斯·布洛克的评论。

莫里斯·布洛克是法国资产阶级统计学家和经济学家。他指出马克思的方法是分析的方法，说马克思通过《资本论》这部著作而成为一个最出色的具有分析能力的思想家。这个评论基本上是对的。不过应当了解，马克思的分析方法是同综合方法结合在一起的。

分析的方法是同综合的方法相对而言的。分析就是把现象或事物分为简单的组成部分，而综合则是把现象或事物的各个部分联合成一个整体，把现象或事物看成是一个统一的东西。马克思在分析了资本主义生产方式的各个方面、各个要素之后，又作出了综合，这种综合就是从资本主义生产方式的整体，从它的各个方面和各个规律的辩证的相互联系，来说明资本主义生产方式。

（3）彼得堡的《欧洲通报》上发表专谈《资本论》的方法一文。

① 应是《实证哲学·评论》，见《资本论》，2版，第1卷，898页，注释29。

这是指伊·考夫曼所写的《卡尔·马克思的政治经济学批判的观点》。伊·考夫曼是俄国的资产阶级经济学家，彼得堡大学教授。他发表在《欧洲通报》上的文章，对《资本论》的方法的评述，得到了马克思的赞同。马克思在引述了考夫曼很长的一段话之后说：考夫曼“把他称为我的实际方法的东西描述得这样恰当，并且在谈到我个人对这种方法的运用时抱着这样的好感，那他所描述的不正是辩证方法吗?”[21] 考夫曼所描述的马克思的辩证方法可分为以下几点：

考夫曼对马克思的辩证方法的描述

第一，在马克思看来，重要的不是对现象的描述，而是发现他所研究的那些现象的规律。

第二，研究规律时，不仅要揭示当某些现象具有完成形式和处于稳定时期时的规律，更重要的是揭示这些现象变化的规律、发展的规律，即由一种形式过渡到另一种形式的规律。

第三，马克思一旦发现了规律，就详细地考察这个规律在社会生活中表现出来的各种后果。他通过准确的科学研究来证明一定的社会关系秩序的必然性，因为这种必然性正是规律发生作用的结果和表现。

第四，只要通过规律的揭示，证明了现有社会经济秩序的必然性，那么，同时也就证明了这种社会经济秩序不可避免地要过渡到另一种秩序的必然性。

第五，马克思把社会经济运动过程看作不是偶然的或由人们主观意志、意图决定的过程，而是受一定的规律支配的自然历史过程，即客观必然过程。

第六，经济规律不是永恒地在一切社会中都一样起作用。每个社会经济形态都有自己特有的规律。不能把经济规律同物理定律和化学定律相比拟。有必要说明，这里讲的是特定经济关系特殊运动的规律。这种经济规律与特定的经济关系一同存在，一同退出历史舞台。至于少数社会经济规律，如生产关系一定要适合生产力状况的规律，只要存在社会生产，它就存在和发生作用。

第七，不同社会的经济规律之所以不同，是由于生产关系不同，而生产关系的不同又是由生产力水平不同决定的。马克思正是从这个观点出发，去研究资本主义经济制度的。

第八，考夫曼最后指出《资本论》“研究的科学价值在于阐明了支配着一定社会机体的产生、生存、发展和死亡以及为另一更高的有机体所代替的特殊规律。马克思的这本书确实具有这种价值”[21]。也可以说：《资本论》研究的科学意义就在于它揭示了资本主义经济制度的产生、生存、发展、死亡和必然要为社会主义生产关系所代替的客观规律。

总之，马克思所引用的考夫曼论文中的这一长段话，系统地描写了马克思的辩证法，也描写了这个方法的唯物主义基础。但是，考夫曼作为资产阶级经济学家，不可能接受马克思的革命理论。他既反对马克思的劳动价值论和剩余价值论，又反对马克思的唯物辩证法。考夫曼把《资本论》的研究方法和叙述方法割裂开来，断言马克思的“研究方法是严格的实在论的，而叙述方法不幸是德国辩证法的”[20]。他所说的“德国辩证法”就是指黑格尔的唯心主义辩证法。因此，考夫曼并没有完全和真正理解《资本论》中应用的方法。

研究方法和叙述方法

实际上，马克思的研究方法和叙述方法都是建立在唯物主义基础上。“当然，在形式上，叙述方法必须与研究方法不同。”[21] 在研究中，“必须充分地占有材料”[21] 并探寻出它们的内在联系，即事物本身的规律。因此，研究方法在形式上就表现为从复杂的、具体的事物出发，通过从感性认识跃进到理性认识的思维活动，概括出最简单的、最抽象的概念来。当事物的内在联系一旦得出来之后，叙述方法在形式上就同研究方法不同，它是采用从简单的关系到复杂的关系、从抽象的概念到具体的概念的方法。

实际上是先根据大量的事实材料，完成了从具体到抽象的研究，然后才有从抽象到具体的叙述。马克思应用了这种方法，即在研究中从具体到抽象，辩证地分解了整个资本主义生产关系，在叙述中又从抽象到具体，把这个辩证地分解了的抽象规定，完全按照它的具体的统一性和多样性再现出来，因此，这就使全部《资本论》成为一个有严密结构和科学体系的整体。

马克思的辩证法同黑格尔的辩证法的不同

马克思指出：“我的辩证方法，从根本上来说，不仅和黑格尔的辩证方法不同，而且和它截然相反。”[22] 黑格尔的哲学体系是建立在唯心主义的基础上。根据他的唯心主义观点，人类的思维过程创造了世界。他把这种独立的思维过程称为“绝对观念”。黑格尔的整个哲学体系就是阐述所谓“绝对观念”在其发展过程中如何产生自然界、社会和人类本身等等。马克思说，“我的看法则相反，观念的东西不外是移入人的头脑并在人的头脑中改造过的物质的东西而已。”[22]

黑格尔哲学中有价值的东西是辩证法。他在阐述所谓“绝对观念”在其发展过程中如何产生出自然界、人类社会时，应用了关于发展的学说，即量变到质变的转化、矛盾是发展的源泉、否定之否定。但是，正因为黑格尔的辩证法是用来论证所谓“绝对观念”是如何发展的，所以他的辩证法被神秘的外壳包围着，同他的唯心主义哲学体系密切地联系着。因此，黑格尔的辩证法是倒立着的。“必须把它倒过来，以便发现神秘外壳中的合理内核。”[22]

还在1843年，马克思就已经对黑格尔辩证法的神秘方面进行了批判，得出了唯物主义的结论，并推动了马克思去研究政治经济学。马克思在《资本论》中应用的唯物辩证法就是在批判黑格尔辩证法的神秘外壳的基础上，汲取了它的合理内核的结果。所以马克思说：“我公开承认我是这位大思想家的学生。”[22]“辩证法在黑格尔手中神秘化了，但这决没有妨碍他第一个全面地有意识地叙述了辩证法的一般运动形式。”但是，当时德国的一些资产阶级哲学家，如毕希纳等也批判黑格尔的哲学。然而，当他们在批判黑格尔的哲学时，却把黑格尔当作一条“死狗”，连黑格尔辩证法的神秘外壳中的合理内核也全部否定了。

黑格尔在政治上是一个保守分子，他一方面承认必须按照资产阶级的方式，使德国落后的封建关系现代化；但另一方面他不希望根本改变德国的封建贵族制度。因此，黑格尔的辩证法和他的形而上学观点之间存在着深刻的矛盾。他的辩证法把整个自然的、历史的和精神的世界，看成是一个不断运动、变化和发展的统一过程。但是，在社会生活中，他只看到过去的发展，而认为普鲁士君主制是社会历史发展的终极。在精神领域中，他认为自己的唯心主义体系就是全部哲学发展的顶点。这样，似乎哲学发展到了黑格尔，社会发展到了普鲁士国家，就不再向前发展而停止下来。因此，正是在这个意义上马克思说：“辩证法，在其神秘形式上，成了德国的时髦东西，因为它似乎使现存事物显得光彩。”[22] 但是，“辩证法，在其合理形态上，引起资产阶级及其空论主义的代言人的恼怒和恐怖，因为辩证法在对现存事物的肯定的理解中同时包含对现存事物的否定的理解，即对现存事物的必然灭亡的理解”[22]。马克思在应用唯物辩证法来分析资本主义社会生产关系时，得出了这种理解：资本主义代替封建主义，这是必然的；但资本主义发展的结果，必然会造成自身灭亡的条件，由社会主义代替资本主义。“辩证法不崇拜任何东西，按其本质来说，它是批判的和革命的。”[22]

资产阶级代言人是不承认辩证法的。但是，资本主义社会周期性爆发的生产过剩危机，甚至使实际的资产者也“最深切地感到资本主义社会充满矛盾的运动”[23]。当时马克思预言，一次新的危机“又要临头了”[23]。确实不久，1873 年 5 月在德国以“大崩溃”开始，爆发了一场十分深刻并一直延续到 20 世纪 70 年代末的长期危机。这次危机沉重地打击了在 1870—1871 年普法战争前后大发其财的德国地主资产阶级暴发户。因此，不管资产阶级如何反对辩证法，资本主义必然要由社会主义代替，这是不以人们的意志为转移的客观规律。

法文版序言和跋

《资本论》第一卷法文版的序言和跋，文字都很短，《〈资本论〉精选》只选了序言。1872年2月初，约·鲁瓦开始进行《资本论》法文版的翻译工作，他自1871年12月底起，陆续从马克思那里获得德文第二版的手稿。就是说，《资本论》法文版是德文第二版的译本。马克思在校订法文版时，多处做了修改。他在1875年4月28日写的法文版跋中说明："不管这个法文版本有怎样的文字上的缺点，它仍然在原本之外有独立的科学价值。"[27] 他准备对德文第二版进行修改时，要参照法文版的修改之处，恩格斯完成了这一任务。

学习《资本论》第一卷法文版序言，要重视这里所讲的两个要点：其一，马克思在《资本论》中的分析方法，"还没有人在经济问题上应用过"[24]。这表明，马克思分析经济问题的方法与前人不同。马克思所应用的方法，是辩证唯物主义和历史唯物主义的方法，是抽象法。他分析商品经济关系，不是如前人那样，从经济发展的事后结果开始，即从价格、货币开始分析。马克思遵循与历史实际发展相一致的道路，从原始物物交换的简单价值形式进行分析，最后分析作为发展的结果的货币形式。这是理论逻辑和历史逻辑相一致的方法。

其二，由于马克思分析经济问题的方法具有独特性，是一种新的区别于流行方法的方法，所以，"这就使前几章读起来相当困难"[24]。加之"法国人总是急于追求结论"[24]，马克思担心法国的读者"一开始就不能继续读下去而气馁"[24]。马克思鼓励读者要耐心地继续读下去，万事开头难。他提醒读者："在科学上没有平坦的大道，只有不畏劳苦沿着陡峭山路攀登的人，才有希望达到光辉的顶点。"[24] 这句名言很有教益。读《资本论》的前几章，好比沿着陡峭山路攀登山峰。其实，科学工作包括社会科学和自然科学，都没有平坦的大道可走，需要付出艰辛刻苦的努力才可能"达到光辉的顶点"[24]。

第一篇

商品和货币

第一章 商 品

这一章在《资本论》中是最难理解的一章，马克思在第一版序言中指出“万事开头难，每门科学都是如此。所以本书第一章，特别是分析商品的部分，是最难理解的”[7]。因此，学习第一章，需要下一定的功夫，只要认真研读，就能基本上掌握其基本内容。

第一章商品共分四节。第一节，通过对商品二因素的分析，着重阐明价值的质和量的问题；第二节，阐明决定商品二因素的劳动二重性；第三节，“价值形式”，阐明价值的内容和形式的关系，即价值如何通过交换价值而表现出来及其发展历史；第四节，阐明价值的本质和现象的关系，说明劳动为什么要表现为价值，劳动表现为价值后如何产生了拜物教，掩盖了价值所体现的社会关系。

本章的任务是建立马克思主义的科学的劳动价值理论。

1. 商品的两个因素：使用价值和价值（价值实体，价值量）

这一节的任务是，通过对商品的分析，阐明价值的内容，包括价值的质的和量的规定，即价值实体和价值量。价值实体是指凝结在商品中的抽象劳动；价值量是指决定商品价值大小的社会必要劳动时间。古典经济学虽然提出了劳动价值论，但它只注重价值的量的方面，而忽视质的方面。马克思的价值理论则首先揭示了价值的本质，然后再考察价值的量的规定。

《资本论》的分析为什么从商品开始和所分析的商品的性质

《资本论》的分析为什么要从商品开始呢？第一章第一段首先回答了这个问题。“资本主义生产方式占统治地位的社会的财富，表现为‘庞大的商品堆积’，单个的商品表现为这种财富的元素形式。因此，我们的研究就从分析商品开始。”[47]

《资本论》第一章分析的是资本主义社会的商品，还是简单商品或是商品一般？学界有不同的看法。需要把握马克思的分析方法。

马克思讲，之所以要从商品开始进行研究，是因为资本主义的社会财富，表现为庞大的商品堆积。马克思是把商品作为资本主义“经济的细胞”[8]来剖析的。因此并不是完全离开资本主义社会而孤立地去分析商品，但又不是专门分析资本主义社会的商品。在第一章中分析商品时，是暂时抛开了资本主义关系，单纯分析商品本身的。这里所阐明的商品的质的规定和量的规定以及商品生产的内在规律，是适用于一切商品和商品生产的。另一方面，从《资本论》的分析过程来看，是从原始社会末期开始进行简单商品分析。恩格斯指出：马克思是“从被他当做历史前提的简单商品生产出发”①，再进入对资本的研究的。这里所讲的是“简单商品”。其实，《资本论》开始所研究的商品，既可以说是简单商品，也可以说是商品一般，又可以说是作为资本主义经济细胞的商品，三者是统一的。商品和商品生产本身并不具有特定的社会制度属性，因而可以与多种经济制度相结合。

本节研究的重点是价值

这一节的基本内容，可归结为五个问题：(1) 使用价值，(2) 交换价值，(3) 价值，(4) 价值量，(5) 使用价值和价值的关系。

虽然出发点是商品二因素，但对使用价值因素没有多加考察。这是因为，第一，使用价值作为商品的自然属性，只表示人和自然的关系，而不表示生产关系。马克思说：“作为使用价值的使用价值，不属于政治经济学的研究范围。”② 第二，使产品成为商品的，不是使用价值因素，而是价值因素。分析商品关系，实质上是分析价值关系。因此，尽管商品具有二因素，但考察的对象侧重在价值方面。

使用价值

对于使用价值，《资本论》中说明了以下几点：什么是使用价值；使用价值的质；使用价值的量；作为商品的使用价值的特点。

使用价值是指物的效用，指物满足人某种需要的属性。这种效用离开物不存在，离开人也不存在，因此，使用价值是物和人的关系，是因人的需要而存在。

使用价值包括质和量两个方面，质的方面是指一定物品有一定的效用即用处，不

---

① 《马克思恩格斯文集》，第7卷，17页。

② 《马克思恩格斯全集》，中文2版，第31卷，420页，北京，人民出版社，1998。

同物品的效用差别，就是使用价值的质的差别。同一个物品的效用可以是多方面的，这种多方面的效用是随着社会历史的发展而逐步被发现的。

使用价值的质的差别，表现为物品本身的性质的差别，离开物体，使用价值就不能存在。因此，马克思又把有用物本身称作使用价值，既可以说一个物品有使用价值，又可以说一个物品是一个使用价值。使用价值的性质，或不同物品的不同性质，与人的劳动量无关。使用价值的量的方面，是指使用价值总是存在于一定量的物品中，有用物的量的多少，就表示使用价值量的多少。衡量使用价值的量，要有一定的社会尺度，这种社会尺度有多种形式，如布几尺或几码，粮食几斤或几磅等。

使用价值是用以满足人的需要的手段或对象，而人的需要有的是共同的，有的是不同的，因此，有的物品对人普遍具有使用价值，如粮食、衣服等；有的则只对某些人有使用价值，如近视镜、纸烟等。这是只就使用价值本身来讲的。如果从商品的角度来看，使用价值便具有了社会的形式，这是指：（1）商品对它的所有者不是使用价值（不是用以满足所有者需要的），而是对别人的使用价值即社会的使用价值。（2）使用价值是交换价值和价值的物质承担者。

马克思所强调的是作为商品的使用价值。使用价值的社会形式是政治经济学的研究对象。

这里，对使用价值的考察着重从质的规定或物质内容着眼，把使用价值的量作为既定的，不分析使用价值的需求量的问题。在《资本论》第三卷中，才考察使用价值的需求量。那里将会说明，在商品经济中，从质的规定来看具有使用价值的产品，从量的规定来看，如果它超过了社会需要，也会成为失去社会使用价值的东西。

交换价值

商品的使用价值是比较容易理解的，但商品不仅作为使用价值而存在，而且作为交换手段而存在。对于商品所有者来说，商品的使用价值还是交换价值的物质承担者。

“交换价值首先表现为一种使用价值同另一种使用价值相交换的量的关系或比例。”[49] 有人把这句话当作交换价值的定义，理解不准确。其实，这句话还没有指出交换价值的本质，而只是从表现形式加以考察。要注意马克思讲的是交换价值“首先表现为……”，这是从现象到本质的分析方法，经过分析以后，才能够看出交换价值的内容或实质。

通过对交换价值的考察，马克思得出结论：（1）同种商品的多种交换价值应该是反映同一个东西；（2）交换价值只能是某一内容的现象形态。然后就进一步追踪这个内容或共同物，最后找出隐藏在交换价值背后的人类一般劳动，即抽象劳动，由此揭示了价值的性质。所以，交换价值是价值的表现形式。

把交换价值同价值严格地区别开来，这是马克思的科学贡献，以往的经济学者往往把两者相混淆，不过这种混淆有两种不同的情况：一种是以交换价值代替价值，认为价值就是商品交换的比例关系，从而否认商品有内在的价值；另一种是把交换价值当作价值的同义语，而不是当作价值的现象形态。

价值

通过对交换价值现象形态的分析，揭示商品的价值，阐明价值的实质，必须遵循正确的方法。承认不同商品交换比例关系的后面有某一共同物，这是某些以往的学者也可以做到的。关键在于说明，这个共同物究竟是什么。

应注意马克思解决这个问题的辩证方法和历史唯物主义的方法。首先，要肯定这个共同物不能是商品的物质属性，即不是其几何学的、物理学的或化学的等等性质，因为在现实的商品交换关系中，不同商品的物质属性是不同的，相同的商品是不需要交换的。马克思指出，商品交换关系的特征，正好是它们的使用价值的抽象。那就是，无论各种商品的使用价值或物质属性如何不同，作为交换价值，它们都是相等的。马克思既肯定使用价值是交换价值的物质承担者即物质基础，没有使用价值的东西不会有交换价值；又在确定交换价值的内容即共同物时，将使用价值抽去，这就在肯定使用价值的作用的同时，否定了资产阶级学者把效用、使用价值当作决定价值的因素的说法。马克思指出：作为交换价值，“不包含任何一个使用价值的原子”[50]。

其次，商品交换关系是一种社会经济关系，因此，交换价值和价值的内容，也应该是一定的社会实体，而不是自然物。分析价值问题时，既不应从物的属性出发，也不能从人与物的关系出发，而是要从社会经济关系出发。

再次，这个共同物应该在质上是统一的，只有量的差别。

遵循这样的方法来考察作为交换价值内容的共同物，只能是抽象的人类劳动。这种抽象的一般劳动，作为商品“共有的这个社会实体的结晶，就是价值——商品价值”[51]。

不能把价值同劳动的凝结等同起来，不能反过来说，一切劳动凝结都是价值。原始社会的生产品也凝结了劳动，但不知价值为何物。价值属于商品经济范畴。

价值量与社会必要劳动时间

前面说明了价值的质的规定。任何事物的质都存在于一定的量中，价值也不例外。价值量是由劳动量决定的，但不是由每个劳动者生产商品的实际劳动耗费量即个别劳动时间决定的，而是由社会必要劳动量决定的。生产某种商品的社会必要劳动量的多少，取决于劳动的主观条件与客观条件。劳动的主观条件是指劳动的熟练程度和劳动强度，客观条件是指生产资料的装备水平或简称生产条件。综合这些条件，马克思得出了社会必要劳动时间的概念，给它下了一个定义：“社会必要劳动时间是在现有的社会正常的生产条件下，在社会平均的劳动熟练程度和劳动强度下制造某种使用价值所需要的劳动时间。”[52]

在价值量的决定问题上需要注意四个问题：

第一，价值的质的规定与量的规定是相联系的。价值的实体既然是劳动，价值量自然就应以劳动量决定，同时，价值实体既然是无差别的一般人类劳动，那么，在价值量的决定上，也同样应把各种个别的劳动还原为同一级劳动，即社会必要劳动。

第二，社会必要劳动的概念，是从部门内部的个别劳动的差别中抽象出来的，是指某一部门生产同一种使用价值的必要劳动，不应扩大为一切部门统一的社会必要劳动。不同的部门各自生产一种使用价值的社会必要劳动量是不同的。

第三，这里所讲的社会必要劳动时间，一般可作为平均必要劳动时间，即同一部门不同生产者个别劳动时间的平均化。这是假定供求平衡条件下的价值决定。

第四，在这里考察同一部门价值量的决定时，把同类使用价值的质的差别抽去了，假定同类商品在质上是相同的。“单个商品，是当作该种商品的平均样品”[52]，因此，社会必要劳动时间是指生产同质的任一个使用价值所必要的劳动时间。

马克思不是从静止的观点而是从运动的观点来考察价值量的决定的。生产一个使用价值的社会必要劳动量不是固定不变的，它随着劳动生产力的变化而变化。马克思说：“生产商品所需要的劳动时间随着劳动生产力的每一变动而变动。劳动生产力是由多种情况决定的，其中包括：工人的平均熟练程度，科学的发展水平和它在工艺上应用的程度，生产过程的社会结合，生产资料的规模和效能，以及自然条件。”[53] 马克思概括价值量、劳动量和劳动生产力之间的关系，得出了一个一般的规律：一个商品的价值量，与实现在其内的劳动的量成正比例变动，与实现在其内的劳动的生产力成反比例变动。

应注意：这里所指的是单个商品的社会价值与实现在其中的社会必要劳动量成正比，与社会劳动生产力（部门平均劳动生产力）成反比，而不是与每个生产者的个别劳动量成正比，与个别劳动生产力成反比。因而这个规律不适用于同一部门内部不同企业之间的关系。它是把整个部门作为统一的整体，从运动过程来考察价值决定问题的。如果是考察同一部门内不同生产者的生产状况，那么，劳动生产力高低的差别，会形成价值收入的差别。这个问题，将在后面的章节中论述。

使用价值和价值的关系

前面分别考察了使用价值与价值的规定，这里综合说明使用价值和价值的关系。这种关系有两个基本方面。一方面，使用价值是价值的前提，没有使用价值的东西没有价值，即使它包含了很多的劳动也是如此，所用的劳动不算作社会必要劳动。因此，我们说价值是抽象劳动的凝结，是指在有用物中的凝结，而不是任意的在无用物中的凝结。由此也可以看出，创造价值的抽象劳动总是寓于一定的有用劳动之中。劳动者如果生产了废品，他的劳动便是白费，不创造价值，甚至还损失了原有的一部分价值，这是使用价值与价值的统一的方面。

但另一方面，决不能像某些经济学者那样，把使用价值与价值混用起来，使用价值是价值的物质承担者，但不是价值的实体，而且可以同价值相分离而独立存在，即一物可以有使用价值而无价值。马克思讲了两种情况：一种是自然物；另一种是用以满足自己需要的劳动产品。自然物如果是无限的（从相对意义上说）因而未被人占有，它就既没有价值也没有交换价值，如空气、阳光等。自然物如果是有限的，而且已被私人占有，它虽没有价值，但如果可出卖，就有交换价值，如原始土地、森林等。某些自然物为什么会有交换价值呢？这个问题是在马克思的地租理论中得到说明的。

马克思指出生产物只有在一定的交换关系下才成为商品，劳动才形成价值。这里所讲的交换是等量物化劳动的交换或等价交换，而不是任意的生产物交换，如"礼尚往来"的礼品交换。自产自用的产品有使用价值而不计价值。

2. 体现在商品中的劳动的二重性

劳动二重性学说的意义

一般认为，马克思是在已经阐明使用价值和价值的基础上，进一步提出具体劳动和抽象劳动的区别的。其实不然。如果不首先提出抽象劳动范畴，价值的性质是不能说明的。那么为什么还要有专门的一节阐述劳动的二重性问题呢？马克思已经在这一节的开头一段话中回答了这个问题：因为劳动二重性"是理解政治经济学的枢纽，因此，在这里要较详细地加以说明"[55]。由此可见，第一，这一节是对劳动二重性的进一步的较为详细的说明，不是开始的说明；第二，劳动二重性的学说，并不是仅仅服从于对商品二重性的说明，而是服从于对整个政治经济学理论的说明。正是因为它是理解政治经济学的枢纽，而前人又没有对它加以说明，所以这里必须详细地予以说明。

马克思在1867年8月写给恩格斯的一封信中强调了《资本论》的"最好的地方"①之一，是在第一章就着重指出了劳动的二重性，"这是对事实的全部理解的基础"②。可见，马克思对劳动二重性学说的意义是提得很高的。

为什么说劳动二重性学说是理解政治经济学的"枢纽"和"基础"呢？

（1）阐明商品的二重性，要以阐明劳动的二重性为前提。懂得劳动二重性学说，才能科学地说明劳动价值理论。而劳动价值理论是马克思政治经济学的出发点和基石。

（2）运用劳动二重性学说，才能建立不变资本与可变资本的学说，才能科学地说明资本主义生产的二重性即劳动过程与价值增值过程，才能科学地建立马克思的剩余价值学说。

（3）运用二重性学说，才能科学地分析社会资本的再生产问题。

后两方面的理论问题，将在后面的章节中阐述。劳动二重性学说，是由马克思首先说明的。古典经济学派，从配第到李嘉图，虽然把价值归结为劳动，但没有明确说明劳动二重性问题。

---

①② 《马克思恩格斯文集》，第10卷，268页，北京，人民出版社，2009。

具体劳动

马克思用“20码麻布＝1件上衣”［62］这个等式来说明劳动二重性问题。先说明具体劳动，应把握以下几点：

（1）具体劳动的规定。具体劳动是一定种类的生产活动，是特殊的有目的的生产活动，或如马克思所说的，具体劳动“是人类劳动力在特殊的有一定目的的形式上的耗费”［60］。不同性质的具体劳动，是由不同的操作方法、对象、手段和结果规定的。由于不同的劳动会生产不同的使用价值，产生一定的有用效果，因而具体劳动也叫作“有用劳动”，即有一定效用的劳动。在20码麻布＝1件上衣的关系中，是两种性质不同的劳动即缝劳动和织劳动相对立。商品交换是以不同的具体劳动的产品相对等为前提的。

（2）生产各种商品的具体劳动的总和，表现了社会分工体系。社会分工，正是独立经营的具体劳动发展的结果。它是商品生产的存在条件，但并不是有社会分工就必然有商品生产。亚当·斯密以分工来说明商品交换，他把分工和商品交换看作都是永恒的社会现象，这是不对的。马克思指出：商品交换固然以分工为前提，但分工并不是以商品交换为前提。同时指出：只有各自独立而不互相依赖的私人劳动的生产物，才相互当做商品来对待。

（3）具体劳动既然是生产使用价值的有用劳动，它就是一切社会形态中人类存在的自然条件，因此，它与一定的社会生产关系无关。

（4）“种种商品体，是自然物质和劳动这两种要素的结合。”［56］为准确理解和把握这一论断的含义，需要做一些说明：劳动是价值的唯一源泉，但劳动并不是使用价值即物质财富的唯一源泉，这两个问题必须分开。斯密肯定了价值由商品中所包含的劳动时间决定，这是对的，但他却错误地认为劳动是物质财富的唯一源泉，“在这里他完全没有看到自然要素”①。马克思和恩格斯在自己著作中的许多地方一再强调自然物质在生产使用价值中的意义。在《资本论》中，引用配第的一句话，形象地说明了在生产使用价值中劳动和自然物质的关系，即“劳动是财富之父，土地是财富之母”［56～57］。这里所讲的土地是广义的，泛指自然物质。马克思指出：经济学上所说的土地，是指不经人类劳动而自然存在的一切劳动的对象。

马恩一再强调这个问题有什么意义呢？

第一，有利于区别使用价值与价值的不同规定。有些学者，把使用价值同价值混同起来，因而把作为使用价值源泉的自然物质，也当做价值的源泉。而另一方面，有的经济学者，如亚当·斯密，否认自然物质是价值的源泉，这是对的，但同时又忽视了自然物质是使用价值的源泉这一事实。而马克思则批判了这两种错误，科学地说明了使用价值或财富的源泉不同于价值的源泉。这样才能真正把使用价值和价值区别开来。

---

① 《马克思恩格斯全集》，中文2版，第31卷，453页，北京，人民出版社，1998。

第二，学界存在这样的解读：劳动不是财富的唯一源泉。劳动和生产资料共同构成财富的源泉。这样理解不准确。马克思是说，劳动和“自然界”（或“自然物质”）是财富的源泉。《资本论》中讲：“种种商品体，是自然物质和劳动这两种要素的结合。如果把上衣、麻布等等包含的各种不同的有用劳动的总和除外，总还剩有一种不借人力而天然存在的物质基质。”[56] 举例来说，一件棉布上衣，是由制衣劳动和棉布构成的；而棉布是由织布劳动和棉纱构成的；而棉纱是由纺纱劳动和棉花构成的；而棉花是棉农劳动和棉籽借助自然界的阳光、水分、土壤等形成的。概括起来，归根到底，就是“各种不同的有用劳动的总和”与自然界“两种要素的结合”。生产上衣的其他生产资料并不构成上衣的源泉或实体。

第三，强调劳动不是财富的唯一源泉，才能说明在存在阶级剥削的私有制社会中，劳动者光凭自己的劳动是不能形成财富的。如果一个人除劳动力外别无所有，他就只能为占有物质条件的人去干活，受剥削。

抽象劳动

马克思用上衣和麻布按一定比例具有相等的价值来进一步论证和说明抽象劳动。这里把上一节中对这个问题的说明展开了。

(1) 先说明抽象劳动的规定。商品上衣与麻布作为价值是同质的。在价值的等一性中，使用价值的差异性被抽去了，从而劳动的有用性被抽去了。价值是劳动形成的，但等质的价值只能由等质的劳动形成，这种等质的劳动就是抽去了劳动的具体形态的人类劳动力的支出，是“人的脑、肌肉、神经、手等等的生产耗费”[57]，是一般人类劳动。这种一般劳动就是抽象劳动。

在这一节中，马克思用两个事例来证明不同形式的劳动都是一般人类劳动支出的不同形态。第一个事例：在多种不同的社会形态中，都可以存在缝劳动和织劳动由同一个人进行的情形。缝劳动和织劳动是不同的，但同一个人时而缝衣时而织布，不同的劳动只是同一个人的劳动力支出的不同形态。可见不同的具体劳动可以还原为同一的劳动力的支出。这里可以显然地看出不同劳动形态的共同点。

第二个事例：在资本主义社会中，有一部分工人的劳动是经常变换的。他们可以时而干这，时而干那。对工人来说，劳动是维持生活的手段，干什么事都无关紧要。同一个工人的劳动力支出，可以表现为各种不同的具体形态，反过来也就证明了，劳动的不同形态只是同一的劳动力的支出，具体劳动可以还原为抽象劳动。

(2) 抽象劳动是现实的抽象，体现一定的社会关系。抽象劳动并不是单纯的思维抽象，而是现实的抽象。自然，也不能由此否认，抽象劳动作为政治经济学的范畴，是通过马克思的科学抽象而提炼出来的。尽管在实际生活中，存在着劳动的现实的抽象，但如果不应用科学的思维抽象，也还是不能区别劳动的二重性，正如同以往的经济学者未能正确区别它那样。

从马克思的说明可以看出，具体劳动还原为抽象劳动，是现实的社会生产过程中存在的，而不是在计算价值时才进行抽象。在交换中则是证明或表现了劳动的一般性、社会性。

如果说生产使用价值的具体劳动体现了人与自然间的关系，那么，生产价值的抽象劳动则体现了一定的社会生产关系，将各种不同的劳动还原为一般无差别的人类劳动这种抽象的可能与必要，就表明了在社会生产中人们之间的劳动的联系和关系。在商品经济中，抽象劳动作为价值的实体，则表示一定的商品价值关系。

(3) 简单劳动和复杂劳动。要注意到这个问题是在讲劳动二重性的一节中提出的。它是从抽象劳动范畴引申出来的。既然要将各种不同的劳动还原为无差别的一般劳动，那就不仅需抽去劳动的具体的有用性的差别，而且要抽去劳动的复杂程度的差别，还原为简单的劳动。马克思指出："比较复杂的劳动只是自乘的或不如说多倍的简单劳动，因此，少量的复杂劳动等于多量的简单劳动。"[58] 为什么不还原为复杂劳动而要还原为简单劳动？因为简单劳动力是一般劳动者都具有的。马克思指出：简单劳动构成资产阶级社会劳动总量的绝大部分。复杂劳动还原为简单劳动的问题，既是服从于说明价值的同质的规定性，也是服从于说明价值的量的规定性。一般容易把它理解为只说明价值量的决定问题，那是不全面的。

简单劳动与复杂劳动的区别是相对的。没有一个确定的统一的绝对水平，只能从一定国家一定时期的状况来划分。

商品经济中，复杂劳动还原为简单劳动，往往是在生产者背后自发地实现的。但人们也能测量熟练劳动和非熟练劳动、脑力劳动和体力劳动、科技劳动和普通劳动的劳动差别，以及由此形成的劳动报酬上的差别。

(4) 综合说明劳动二重性及其商品二重性的关系。前面分别说明了具体劳动和抽象劳动，这里将进一步作出综合的概括说明。主要说明三点：①具体劳动和抽象劳动是从不同的角度被考察的劳动。它们回答不同的问题。具体劳动是从质的方面被考察的劳动，它表明劳动性质的不同，回答的问题是何种劳动和如何劳动；抽象劳动是把各种劳动还原为同质的劳动从而可以从量的方面被考察的劳动，抽象劳动没有质的差别而只有量的差别。这种量的差别是回答劳动多少或劳动时间多长的问题。②劳动二重性的差别可以引起使用价值量和价值量的对立的运动。劳动生产力变化时，同一劳动时间内生产的使用价值量变化而价值量不变，因而更多的使用价值量可以代表相同的或更少的价值量。劳动生产力是指具体劳动的生产力，与抽象劳动无关，因而劳动生产力的变化，便只会影响到一定时间内具体劳动的结果——使用价值量的变化，而不会影响到一定时间的抽象劳动的结果——价值的变化。③用简短的总结性说明结束了这一节：抽象劳动是人类劳动力在生理学意义上的支出，它形成商品的价值，具体劳动是人类劳动力在特殊的合乎一定目的的形态上的支出，它生产使用价值。

所谓人类劳动力在生理学意义上的支出，就是前边所说的脑、肌肉、神经、手等在生产上的消耗，是对前面的说明的概括。

3. 价值形式或交换价值

为什么要研究价值形式

价值形式学说是马克思劳动价值学说的重要组成部分。通过对价值实体和价值量的分析，马克思揭示了价值的内容，使我们懂得了价值是抽象劳动的凝结，价值量是由社会必要劳动决定的。但是，由这种分析得出的价值还是抽象的，它还没有取得自己的具体的表现形式。价值，作为一种劳动的凝结，作为一种社会经济关系，不能够自己表现出来，而是必须通过商品交换社会关系表现出来。价值的性质决定了价值的表现形式，正如一切事物的内容决定了它的表现形式一样。价值的表现形式就是商品的交换价值。

交换价值或价值形式是分析价值的出发点，马克思正是通过交换价值这种现象形态，探索到隐藏在交换比例关系背后的价值及其规律的。但前面进行分析时，对于交换价值本身并没有作为对象加以考察。现象虽然是分析和研究的出发点，但在本质尚未被揭示以前，现象还是一种混沌的表象，是不能够对它有科学的认识的。因此，在价值未被说明以前，交换价值是不能被科学说明的。而当价值的内容被说明以后，再回过头来考察交换价值，它就成为理性的可以科学认知的东西，呈现为有规律的现象。因此，现在把交换价值作为对象进行专门考察时，它就不再是好像偶然的现象，而是价值的必然的表现形式。

“价值形式或交换价值”一节的任务，就是在已经阐明价值的基础上，进一步阐明价值（包括价值的质和量）是如何表现出来的。

在不同的商品交换发展阶段，存在有不同的价值形式，最后发展为完成的形式即货币形式。因此要阐明商品价值如何通过价值形式表现自己，就必须考察各种不同的价值形式及其发展过程，最后揭示货币的产生及其本质。

不应当把马克思对价值形式的考察，仅仅看成是为了揭露货币的本质。当然这个方面也是重要的。但揭露货币的本质，是考察价值形式的结果，而不是价值形式学说的全部目的。价值形式学说，是马克思价值学说的重要组成部分，缺少这个部分，劳动价值学说就是不完整的。价值的内容和价值的形式是不可分割的统一的整体，不说明价值形式，价值还只是一种抽象。只有通过价值形式的考察，才能看出价值的社会性质和历史性质。同时只有科学地说明价值形式，将它与价值的内容统一起来，才能完全证明劳动价值理论的正确性和现实性。有些经济学者不了解价值和价值形式的关系，以现象代替本质，把交换价值与价值混为一体，认为价值只是商品交换的比例关系，必然否定商品的内在价值。

只考察价值量的规定而不理解价值的质的规定，就是不理解价值是无差别的抽象劳动的凝结，是社会劳动的体现。这样就会把价值和劳动时间简单地等同起来。因而就不会理解价值作为商品的社会形式，必须通过商品和商品的社会关系来表现自己。自然也就不会把交换价值看作是价值的必然的现象形态。

古典经济学派李嘉图等把资本主义的商品生产看作是永恒的社会生产方式，因而把商品价值也看作是永恒的东西。他们从来没有考虑过，为什么劳动要表现为价值，为什么劳动量要表现为价值量。这样，也就把价值当作是自然的而不是社会的形式，从而不会去进一步考察商品价值关系的发生和发展过程，更不会去考察价值形式的发展过程。

马克思考察了价值表现的四种形式。首先考察的是简单的价值形态，而且占的篇幅最长，内容最多。这是因为，一切价值形式的秘密都隐藏在简单的价值形式中。因而，对这种形式的分析是最困难的。形式上这里是分析简单的价值形态，但事实上是在分析一切价值形态的基本的一般的关系。简单价值形式分析中得出的一切原理和规定，都适用于其他的形式。

对价值形式的分析，从简单的价值形式开始，到扩大的价值形式、一般的价值形式、货币形式，既是理论的逻辑发展过程，也是现实的历史发展过程。这里逻辑的分析是以历史的发展过程为基础的。

商品是具有使用价值和价值的二重物。使用价值是商品的自然形式，它是人们可以看得见摸得着的自然存在。价值是商品的社会形式，它作为一定的社会关系是看不见、摸不着的，本身不能自我表现出来，只能通过商品与商品的相互交换才能表现出来。因此，价值和交换价值是内容和形式的关系，价值是内容，交换价值是形式。研究价值形式及其发展过程，说明了货币的起源和本质。这是资产阶级经济学从来没有做过的事。货币形式虽然是人人都熟悉的价值形式，但货币为什么能够作为价值的表现形式却具有了谜的性质。因此，有必要研究价值形式是怎样从最简单的价值形式逐步发展到货币形式的。这样，货币的谜就会随之消失。

A. 简单的、个别的或偶然的价值形式

简单价值形式的概念

最初的商品交换，只是发生在原始公社之间的交接处，是一种偶然的、个别的现象，因而商品的价值也只是偶然地、简单地表现在另一个商品上。显然，最简单的价值关系就是一个商品同另一个不同种的商品的价值关系。用公式可以表示为：20 码麻布＝1 件上衣。

简单价值形式隐藏着一切价值形式的秘密。这就是说，在简单价值形式中包含了其他依次发展了的价值形式的内容，在简单价值形式的分析中所得出的结论，完全适用于其他价值形式，简单价值形式的各种规定性又是分析其他价值形式的基础。因此，分析简单价值形式是“确实困难”的。

（1）价值表现的两极：相对价值形式和等价形式。

相对价值形式和等价形式的概念及其作用

在简单价值形式 20 码麻布＝1 件上衣这一公式中，20 码麻布和 1 件上衣是价值表现的两极。麻布的价值不能靠自己来表现，它只有和另一种商品（在这里是上衣）相交换，才能把自己的价值相对地表现出来，因而麻布就处在相对价值形式的地位上。而上衣则成为表现麻布价值的材料，因而它是处在等价形式的地位上。一个商品究竟是处于相对价值形式，还是处于等价形式，完全取决于它当时在价值表现中所处的地位。就是说，要把自己的价值相对地表现在另一种商品上的商品，就处于相对价值形式，而用来表现另一种商品价值的商品，就处于等价形式。

相对价值形式和等价形式在价值关系中起着两种不同的作用。相对价值形式起主动作用，因为处于相对价值形式上的商品是主动地把自身的价值表现在另一种商品上。等价形式则是起被动作用，因为处于等价形式上的商品是被其他商品用来充当其表现价值的材料。

下面，马克思对相对价值形式和等价形式分别进行分析。

（2）相对价值形式。

（a）相对价值形式的质的内容。

相对价值形式的质的规定性怎样表现

分析相对价值形式的内容，就是要阐明价值的内容或质的规定怎样表现出来。不同的商品只有首先化为同单位的内容，才能进行量的比较。在 20 码麻布＝1 件上衣的等式中，先不考察它的量的比例关系，即不论 20 码麻布＝1 件上衣，还是＝20 件上衣，它们能够交换，就表明麻布和上衣作为价值量是同一单位的表现，是同质的东西。因此，麻布＝上衣是这一等式的基础。

虽然麻布和上衣被看作是同质的东西，但它们所起的作用是不同的。在上面的等式中，只有麻布的价值得到表现。它是怎样表现的呢？是通过把上衣当作与自己的价值相等而能够与自己相交换的东西表现出来的。在这个交换关系中，上衣成为价值的存在形式，麻布自身的价值则得到了独立的表现。麻布的价值之所以能通过上衣表现出来，是因为它们都是价值物。就是说，只有麻布本身有价值，才能和上衣相交换来表现自身的价值。同样，上衣只有作为价值物，它才能用来表现麻布的价值。

在麻布的价值通过上衣而得到表现的价值关系中，上衣以自己的自然形式，即使用价值来表现麻布的价值。因此，商品麻布的价值是表现在商品上衣的使用价值上，商品上衣的使用价值就成为商品麻布的价值形式，或者说，成为反映商品麻布价值的镜子。这样，麻布通过与上衣相交换，就把它所包含的价值，即它的内容或本质完全表现出来了。

(b) 相对价值形式的量的规定性。

价值形式不仅要表现商品价值的内容，而且要表现商品的价值量。在 20 码麻布＝1 件上衣的等式中，上衣不仅用它的使用价值来表现麻布的价值，而且用 1 件上衣来表现 20 码麻布的价值量。1 件上衣就成为表现 20 码麻布的价值量的等价物。马克思在分析了商品价值的质的规定是怎样表现的以后，接着分析了商品价值的量的规定是怎样表现出来的。

劳动生产力的变化对相对价值量的影响

20 码麻布＝1 件上衣的等式说明，在现有的劳动生产力条件下，20 码麻布的价值量通过 1 件上衣表现了出来。但生产 20 码麻布或 1 件上衣的社会必要劳动时间，会随着织或缝的劳动生产力的变化而发生变化。麻布或上衣的价值量发生变化，就会影响商品价值量的相对表现，也就是影响其交换价值的大小。这种影响有以下四种情况：

①麻布的价值发生了变化，而上衣的价值不变。如果种植亚麻的劳动生产力下降，生产麻布的必要劳动时间增加一倍，从而麻布的价值也增大一倍，这时，20 码麻布就不是等于 1 件上衣，而是等于 2 件上衣了。相反，如果织机发生技术革新，生产麻布的必要劳动时间减少一半，从而麻布的价值也减少一半，这时，20 码麻布就等于二分之一件上衣。因此，在这种情况下，麻布的相对价值量的增减与麻布价值的变化成正比。

②麻布的价值不变，上衣的价值发生变化。如果羊毛歉收，生产上衣的必要劳动时间增加一倍，从而上衣的价值量增加一倍，这时，20 码麻布就不是等于 1 件上衣，而是等于二分之一件上衣。相反，如果上衣的价值减少一半，20 码麻布就等于 2 件上衣。因此，在这种情况下，麻布的相对价值量的增减与上衣价值的变化成反比。

上面两种变动情况表明，麻布相对价值的量的变化可以由完全相反的原因引起。如麻布的价值增加一倍，或上衣的价值减少一半，都同样可以使原来 20 码麻布＝1 件上衣的比例关系变为 20 码麻布＝2 件上衣。

③在麻布的价值和上衣的价值按同一方向、同一比例同时发生变化的情况下，不管两种商品的价值发生什么变化，仍然是 20 码麻布＝1 件上衣，即麻布的相对价值量不变。这时，它们的价值变化只有同价值不变的第三种商品相比较才能表现出来。如果所有商品的价值都按同一方向、同一比例同时发生变化，它们的价值变化就只能通过在同一劳动时间内所生产的使用价值的多少表现出来。

④麻布的价值和上衣的价值，可以按同一方向但以不同的比例同时发生变化，或者按相反的方向发生变化，等等。这种价值变化的不同组合情况对麻布相对价值量的影响，可以根据上述三种情况推算出来。

以上分析表明：商品价值量的实际变化，不可能明确地和完全地反映在它的相对价值量上。商品的价值量不变，它的相对价值量却可能发生变化；商品的价值发生变化，它的相对价值量却可能不变；即使商品的价值量和它的相对价值量都发生变化，但变化的方向和程度却可能很不一致。懂得这个道理很重要。有时人们容易认为，既然交换价值是价值的表现，那么只有交换价值同价值的变动在方向上和程度上完全一样，交换价值和价值才会相一致。学习了上面关于相对价值形式的量的表现的理论，就会知道那种看法是一种误解。

(3) 等价形式。

等价形式的性质

前面分析了价值表现的一极，即相对价值形式的内容和量的规定性。现在开始分析价值表现的另一极，即等价形式。

什么是等价形式？“一个商品的等价形式就是它能与另一个商品直接交换的形式。”［70］在 20 码麻布＝1 件上衣这个等式中，上衣就具有能与麻布直接交换的形式，从而成为等价形式。

等价形式的特点

分析等价形式的特点，是要为阐明货币的特点提供理论基础。因为货币是充分发展了的等价物，所以简单价值形式中的等价物特点在其他一切等价物中都存在。

等价形式的第一个特点是：使用价值成为它的对立物，即价值的表现形式。等价形式以自己的使用价值代表价值，以自己的使用价值量代表价值量，使用价值成为价值的化身。在 20 码麻布＝1 件上衣的等式中，上衣的使用价值就成为麻布价值的存在形式或化身。因此，作为等价物的商品如上衣就具有了谜的性质，似乎它天然就是价值的代表。这种谜的性质在货币作为等价物的条件下，就表现为金银天然是货币。实际上，处于等价形式的商品的使用价值，之所以能作为价值的化身出现，是因为在商品交换的价值关系中，别的商品的价值通过它来表现。一旦离开了这种价值关系，使用价值就不能成为价值的化身。

等价形式的第二个特点是：具体劳动成为抽象劳动的表现形式。理解了等价形式的第一个特点，就可以比较容易地理解它的第二个特点。因为充当等价物的商品的使用价值，既然是价值的化身，它就总是被当作抽象劳动的化身。而等价物商品的使用价值又是具体劳动的产物。因此，这种具体劳动就成为抽象劳动的表现形式或存在形式。例如，在 20 码麻布＝1 件上衣的等式中，生产上衣的具体劳动就成为抽象劳动的存在形式。

等价形式的第三个特征是：私人劳动成为它的对立面，即直接社会形式的劳动。在以私有制为基础的商品生产中，生产商品的具体劳动，具有私人劳动的性质，但它又是以社会分工为基础的社会总劳动的构成部分。而私人劳动只有通过商品交换才能成为社会劳动。作为等价物的商品，能够直接同别种商品相交换，因而生产它的私人劳动就成为直接社会形式的劳动，即成为社会劳动的代表，别的商品的劳动的社会性就通过它表现出来。

在有些论著中，表述等价形式的特点不够准确，往往这样表述：等价形式的特点是，上衣的使用价值成为麻布的价值的表现形式；生产上衣的具体劳动成为麻布的抽象劳动的表现形式；生产上衣的私人劳动，成为麻布的社会劳动的表现形式。这种表述是重复前面已讲清的相对价值形式与等价形式的关系。其实等价形式的特点，已隐含了货币的特点，是指等价形式自身具有的特点，即等价形式是作为价值的代表、抽象劳动的代表、社会劳动的代表而存在。或者可以说，等价形式（包括货币）成为价值、抽象劳动、社会劳动的化身而发挥作用。

（4）简单价值形式的总体。

交换价值表现价值和价值量

上面马克思对简单价值形式的两极，即相对价值形式和等价形式分别作了考察。现在则要对简单价值形式的总体进行分析，即把相对价值形式和等价形式统一起来进行综合考察。

一个商品的价值是通过将其表现为交换价值而得到独立的表现，因此，交换价值是由商品的内在价值产生的，它只是价值的表现形式。说商品是使用价值和交换价值，严格来说，这是不很科学，应该说商品是使用价值和价值。但只要知道了价值和交换价值的相互关系，价值要表现为交换价值，这时我们说商品是使用价值和交换价值也就没有错误了。

简单价值形式是不充分的胚胎的形式

简单价值形式是一种不充分的胚胎形式。这表现在两个方面：①相对价值形式仅仅是简单的相对价值形式。商品A的价值只表现在商品B上，商品A只同另一种商品发生交换关系，而不是同许多商品发生关系。因此，简单价值形式就不能充分表现商品的质的等同和量的比例。②等价形式仅仅是个别的等价形式。它是与简单相对价值形式相适应的。既然只是商品A的价值通过商品B来表现，那么，商品B就只是对商品A来说，才具有等价形式或能直接交换的形式。所以，商品B就只是个别等价形式。

商品A的价值虽然只是表现在另一种商品上，但它具体表现在哪种商品上，是上衣、铁还是小麦等等，都是一样的。随着商品生产和商品交换的发展，一种商品已不限于偶然地只与另一种商品相交换，而是与较多的商品相交换了。这时，同一商品就有了种种不同的简单价值表现，它可能有的价值表现的数目，只受与它不同的商品种类的数目的限制，就是说，有多少种与它不同的商品，就可能有多少种简单价值表现。这样，商品的个别的价值表现就转化为一个可以不断延长的、不同的简单价值表现的系列，简单价值形式就过渡到总和的或扩大的价值形式。

B. 总和的或扩大的价值形式

> 什么是总和的或扩大的价值形式

随着商品交换范围的扩大，一种商品可以同一系列别的商品相交换，从而一种商品的价值可以表现在其他一系列商品上，具有无数的简单价值表现。由于这种价值形式实际上是许多个简单价值表现的总和，是简单价值表现的扩大，因而就成为总和的或扩大的价值形式。它可以用下面的等式来表示：

20 码麻布 ｛
＝1 件上衣，或
＝10 磅茶叶，或
＝40 磅咖啡，或
＝1 夸特小麦，或
＝2 盎司金，或
＝1/2 吨铁，或
＝其他商品

马克思对这个价值形式的两极，即扩大的相对价值形式和特殊等价形式进行了详细分析，并指出了这种价值形式的缺点。

（1）扩大的相对价值形式。

> 扩大的价值形式使价值真正表现为无差别人类劳动的凝结

在扩大的相对价值形式下，一种商品，如麻布的价值是通过一系列其他商品来表现的，每一种其他商品体都成为反映麻布价值的镜子。这时，商品的价值才真正表现为无差别的人类劳动的凝结，因为现在麻布不再是只同另一种商品发生社会关系，而是同整个商品世界发生社会关系。生产麻布的劳动现在和生产其他任何一种商品的人类劳动都是等同的，而不管它们是凝结在上衣、小麦、铁还是金等商品中。同时，麻布的价值通过一系列其他商品来表现，这就表明，商品价值是同它借以表现的使用价值的特殊形式没有关系的，真正表现了商品价值的质的等同性。

> 扩大的相对价值形式量的表现总是一样大

在简单价值形式即 20 码麻布＝1 件上衣中，麻布和上衣能以 20 码与 1 件的量的比例相交换，可能是偶然的事情。但在扩大的价值形式中，麻布的价值无论表现在上衣、咖啡还是铁等任何一种别的商品上，总是一样大的。在这里，偶然的比例消失了，商品的价值量得到了明确的表现。商品的交换比例是由价值量来调节并明显地表示出来。

（2）特殊等价形式。

在扩大的价值形式中，每一种其他的商品，如上衣、茶叶，小麦、铁等等都表现麻布的价值，它们都处在等价形式的地位上。由于许多商品都充当麻布的等价物，因而每一种商品就成了一个特殊的等价形式，与其他许多特殊等价形式并列。同样，生产每一种作为特殊等价形式的商品的具体劳动，现在就成为一般人类劳动的特殊实现形式或存在形式。

（3）总和的或扩大的价值形式的缺点。

扩大的相对价值形式的缺点

扩大的相对价值形式的缺点是：①商品的价值表现是未完成的，因为它的表现系列永无止境，只要出现一种新的商品，价值表现的系列就会延长。②价值表现形式是互不关联、杂乱无章的，因为每一种商品同其他各种商品相交换，就形成了许多不同的互不关联的价值表现。③价值表现是不统一的。麻布可以处于相对价值形式，具有一个价值表现系列。其他商品同样也可以作为相对价值形式，具有各自的价值表现系列。因此，各种商品的价值表现系列是不同的，没有一种统一的价值表现形式。

特殊等价形式的缺点

扩大的相对价值形式的缺点反映在特殊等价形式上，使特殊等价形式也具有以下缺点：①等价形式具有局限性。因为每一种商品都是一个特殊的等价形式，因而有无数的特殊等价形式相并列，商品世界还没有一个统一的等价形式，即用一种商品来表现其他一切商品的价值。②每个特殊等价物中包含的具体劳动，都只是人类一般劳动的特殊的因而是不充分的表现形式，人类一般劳动还没有获得统一的表现形式，即用一种商品中包含的具体劳动来表现其他一切商品的人类一般劳动。

扩大的价值形式必然发展到一般价值形式

扩大的价值形式的以上缺点，会使商品交换过程发生困难。例如，一个人要拿谷物去换上衣，但上衣的所有者不要谷物，而要盐，盐的所有者不需要上衣，而需要谷物，而谷物的所有者又不需要盐。这时，商品交换过程就发生了困难。谷物的所有者为了换得上衣，只好先用谷物换来盐，然后再用盐换来上衣。扩大的价值形式的缺点，决定了它必须向前发展，过渡到另一种新的价值形式。事实上，如果一个人用他的麻布和其他许多商品相交换，那么，其他许多商品所有者也就必然要用他们的商品同麻布相交换。因此，在扩大的价值形式中包含着倒转过来的关系。随着商品交换的发展，这种倒转的关系被固定了下来，各种不同的商品的价值表现在唯一的一种商品上，就出现了一般价值形式。

C. 一般价值形式

一般价值形式是指从商品世界中分离出去一种商品，它直接交换其他各种商品，而其他一切商品的价值都通过它来表现。一般价值形式可用等式表示如下：

$$\left.\begin{array}{r}\text{1 件上衣}=\\ \text{10 磅茶叶}=\\ \text{40 磅咖啡}=\\ \text{1 夸特小麦}=\\ \text{2 盎司金}=\\ \text{1/2 吨铁}=\\ \text{x 量商品 A}=\\ \text{其他商品}=\end{array}\right\}\text{20 码麻布}$$

（1）价值形式的变化了的性质。

相对价值形式的性质变化

一般价值形式与扩大的价值形式相比，不仅是在形式上发生了变化，而且发生了根本的质的变化。相对价值形式的性质变化表现在：①商品价值的表现是简单的，因为现在商品的价值只表现在一种商品上。②商品价值的表现是统一的，因为一切商品的价值都表现在同一种商品上。正因为这里的价值表现既是简单的，又是统一的，因而称之为一般价值形式。

由于一切商品的价值都表现在同一种商品上，它们的价值得到了一个统一的共同表现，于是，一切商品作为价值，现在不仅与它本身的使用价值相区别，而且与其他一切商品的使用价值相区别，这进一步表明，价值是一切商品共同的和同质的东西。这时，一切商品作为价值也可以相互发生关系了。

在一般价值形式下，一切商品不仅都通过同一种商品表现自己的价值的质的规定，而且同时也表现自己的价值量。由于一切商品都通过同一种商品来反映自己的价值量，这些价值量也就可以互相反映，就是说，一切商品都表现为可以比较的价值量。

等价形式的性质变化

在一般价值形式下，从商品世界中排挤出一种商品，如麻布来表现其他一切商品的价值，它就成为一般等价物。一般等价物，就是指作为等价物的商品的自然形式成为一切商品共同的价值形式，因而能够同其他一切商品直接交换；生产它的私人劳动，成为一般社会劳动的化身，取得了一般的社会形式；生产它的具体劳动，成为抽象劳动的一般表现形式，当作一般人类劳动的化身。它把生产各种商品的一切具体劳动化为共同的人类劳动力的耗费，从而使一切商品作为价值在质上相同，在价值量上可以相互比较。

以上对一般价值形式的分析可以看出，一般价值形式是商品世界的社会表现。这包含两层意思：①一般价值形式是商品世界共同活动的社会产物；②它更明显地表现出价值形式是商品世界的社会生产关系。

（2）相对价值形式和等价形式的发展关系。

等价形式的发展只是相对价值形式发展的表现和结果。

等价形式的发展程度是同相对价值形式的发展程度相适应的。这里，相对价值形式是主动的，等价形式是被动的。因而等价形式的发展是由相对价值形式的发展引起的，是相对价值形式发展的表现和结果。价值形式的发展过程充分地证明了这一点。在简单价值形式下，一种商品把自身的价值表现在另一种商品上，就使这另一种商品成为个别的等价物。在扩大的价值形式下，一种商品把自身的价值表现在其他一系列商品上，就使其他一系列商品取得种种不同的特殊等价形式。在一般价值形式下，一切商品的价值都表现在一种商品上，就使这种商品成为一般等价形式。

（3）从一般价值形式到货币形式的过渡。

一般价值形式的缺点

在一般价值形式下，只是从商品世界中排挤出一种商品充当一般等价物，但充当一般等价物的商品还没有最终固定在一种商品上，它可以是任何一种商品，可以因时因地而不同。例如，在商品交换发展的历史上，充当一般等价物的商品在不同的地方、不同的时间往往是各不相同的，有的地方用过牛，有的地方用过贝壳，一个时期用兽皮，过一个时期又用羊，等等，这种情况不利于商品交换的进一步发展。

从一般价值形式过渡到货币形式

随着商品生产和商品交换的发展，一般等价物的职能就最终固定在一种特殊的商品上。这时，商品世界的统一的相对价值形式就获得了客观的固定性和一般的社会效力。当一般等价形式同一种特殊商品的自然形式结合在一起时，这种特殊商品就成为货币商品，执行货币的职能。在商品交换历史的发展过程中，有一种商品夺取了充当货币的特权地位，这种商品就是金。金一旦成为货币，一般价值形式就发展为货币形式。

D. 货币形式

在货币形式中，货币成为表现其他一切商品价值的固定的一般等价物。货币形式可用等式表示如下：

$$\left.\begin{array}{r}20\text{ 码麻布}=\\1\text{ 件上衣}=\\10\text{ 磅茶叶}=\\40\text{ 磅咖啡}=\\1\text{ 夸特小麦}=\\1/2\text{ 吨铁}=\\x\text{ 量商品 A}=\end{array}\right\}2\text{ 盎司金}$$

可见，货币形式与一般价值形式的区别，只是在一般价值形式中用商品金代替了其他商品如麻布。就是说，发生变化的只是用商品金来固定地充当一般等价物。一般价值形式发展到货币形式，并没有发生本质的变化。

在货币形式中，整个商品世界分成了两极：一极是各种各样的商品，它们表现为特殊的使用价值；另一极是货币，它作为价值的化身而存在。现在，一切商品只有通过货币才能表现自身的价值。

商品金充当货币是商品交换长期发展的结果

商品金充当货币，并不是金所具有的天然属性。商品金能够充当货币，是因为它本身也是商品，具有价值。在商品交换的历史上，它早就起过等价物的作用：在简单价值形式中，它充当过个别等价物；在扩大的价值形式中，它充当过特殊等价物；在一般价值形式中，它在或大或小的范围内充当一般等价物。只是随着商品交换的发展，它排斥其他一切商品充当一般等价物而独占了这一职能，从而成为货币。商品金之所以能独占充当货币的特权地位，是因为商品金具有同质性、易分割、不变质、体积小而价值大、便于携带等特点，这使它最适于充当货币的材料。可见，金充当货币，是商品交换关系所赋予它的一种特殊社会职能，是商品交换长期发展的自然结果。因此，货币并没有什么神秘的。

价格是商品价值的货币表现

由于货币形式的出现，一切商品的价值就都表现在货币上。这时，商品的相对价值表现就是价格形式。如 20 码麻布＝2 盎司金。这个等式就表示 20 码麻布的价格是 2 盎司金。因此，价格是商品价值的货币表现，是交换价值最为发展的形式，从而一切商品的价值就都通过价格而表现出来。

4. 商品的拜物教性质及其秘密

商品的神秘性不是从使用价值产生的

最初一看，商品好像是一种很简单、很普通的东西。但前面对商品的分析表明，它是一种相当复杂、充满神秘性的东西。商品的神秘性质是从何而来的呢？显然，不是来源于商品的使用价值，因为使用价值作为满足人们某种需要的属性，是很清楚的。同样，商品的使用价值作为人类劳动的产品，也没有什么神秘的地方。例如，把木头做成桌子，木头的形状改变了，但桌子还是木质材料，仍然是一个普通的可感觉的物。可是，桌子一旦作为商品出现，即作为使用价值和价值的统一体出现，就变成一个可感觉而又超感觉的物了。桌子作为使用价值，它是可感觉的；而作为价值，它是一种社会关系的体现，是看不见摸不着的，因而又是超感觉的。人们对它内涵的价值及其变化难以理解。

商品的神秘性是从商品形式本身产生的

商品的神秘性质究竟是从哪里产生的呢？是从商品形式本身产生的。这是因为，①劳动产品采取了商品形式，人类劳动的等同性就采取了相同的商品价值对象性的形式。所谓价值对象性，是指价值的客观存在并表现为物的形式。②由于劳动产品成为商品，用劳动时间计量的劳动量，便采取了产品的价值量的形式。③商品生产者之间相互交换劳动的社会生产关系，采取了商品之间即物与物之间的社会联系的形式。这样，人们之间的社会关系，就被物的关系所掩盖，并采取了物与物的关系的虚幻形式。对此，马克思从宗教世界的幻境中找到了一个比喻。在那里，神是人脑的产物，但它表现为赋有生命的、独立于人而存在的、与人发生关系并主宰人的命运的东西。在商品世界里，商品是人手的产物，但也表现为独立于人之外而存在，并支配着人的活动和命运的自行运动的东西。商品的价值量及其表现形式的价格在自发地变动着，不受人们的支配和控制，人们反而受它控制。有的人在商品关系运动中发财致富，有的人则赔钱破产。从这一点来说，商品的神秘性是同宗教相一致的，因而把它称为商品拜物教。但商品拜物教和宗教又不完全一致。上帝是人脑的产物，是一种虚幻的观念，商品则是人手的产物，商品形式客观上把人和人的关系表现为物和物的关系，而物的关系掩盖了人的关系。正因为客观上发生了这种关系的颠倒，才会有商品和货币的运动支配人的活动和命运的客观现象出现，从而才会有人们对商品的神秘观念。可见，商品拜物教观念是产生于商品拜物教的客观存在。商品拜物教是客观的商品价值经济关系的歪曲表现。人们容易把“商品拜物教”理解为错误观念，有的解读为拜金主义，这并不准确。商品拜物教是指在商品世界中，人的生产关系表现为物的关系，物的关系掩盖了人的关系，并控制着人们，是指生产关系的颠倒表现。由此产生的拜物教观念，才是意识形态的东西。

马克思讲商品拜物教是由商品形式本身产生的，指的是私有制商品生产形式。商品拜物教是同私有制基础上的商品生产分不开的。至于社会主义公有制条件下的商品经济中是否存在商品拜物教，若存在的话是完全意义上的还是残余性质的，学界存在不同的看法，需要进一步讨论。

生产商品的劳动所特有的社会性质是产生拜物教的更深刻根源

以上分析表明，商品拜物教是从商品形式本身产生的，但商品形式本身为什么会产生商品拜物教呢？马克思指出：“商品世界的这种拜物教性质，像以上分析已经表明的，是来源于生产商品的劳动所特有的社会性质。”[90] 所谓生产商品的劳动所特有的社会性质，是指在私有制度下的商品经济中，每个商品生产者的劳动都直接地是私人劳动，但同时这种私人劳动又是整个社会总劳动的有机组成部分，因而它又具有社会性。可是，这种私人劳动的社会性不能直接表现出来，正因为如此，只能通过商品交换才能表现出来。劳动的彼此等同的性质，便采取了商品价值的等同性质的形式，人们劳动的社会联系、社会性质就被掩盖起来，歪曲地表现为物与物之间的关系，从而产生了商品拜物教。

马克思在这里讲到价值规律对商品生产者的强制作用。他指出：在商品交换过程中，“在私人劳动产品的偶然的不断变动的交换比例中，生产这些产品的社会必要劳动

价值规律对生产者的支配强化了商品的神秘性

时间作为起调节作用的自然规律强制地为自己开辟道路，就像房屋倒在人的头上时重力定律强制地为自己开辟道路一样”。价值规律，就是商品按照由社会必要劳动时间决定的价值进行交换的必然过程。就是说，价值规律作为一种客观规律，是强制地贯彻自己，是不以人们的意志为转移的自然的必然趋势。它强化了商品拜物教。因为价值规律的强制贯彻自己的作用，支配着商品生产者的命运，依然表现为物支配人的行为。马克思指出：即使我们认识了隐藏在商品运动后面的规律，即价值量由社会必要劳动时间决定的规律，也只能消除商品的价值量纯粹是偶然决定的这种假象，却不能消除它所采取的物的形式，即商品拜物教。

从货币形式开始分析不能揭示商品拜物教

马克思主义以前的政治经济学，一直没能揭示出商品拜物教的性质和根源，这是和它们所采取的分析方法分不开的。它们“对人类生活形式的思索，从而对这些形式的科学分析，总是采取同实际发展相反的道路。这种思索是从事后开始的，就是说，是从发展过程的完成的结果开始的”[93]。它们以为，只有从商品价格开始分析，才能发现价值量的决定，只有从货币形式开始分析，才能确定商品的价值性质。这种从事后开始，从发展过程的完成结果，即从货币形式开始分析的方法是一种错误的方法，采用这种方法不但不能揭示出商品拜物教的本质和根源，反而被商品拜物教所迷惑。因为“正是商品世界的这个完成的形式——货币形式，用物的形式掩盖了私人劳动的社会性质以及私人劳动者的社会关系，而不是把它们揭示出来”[93]。货币形式进一步把人的关系表现为物的关系，具有更为耀眼的神秘性。

马克思分析商品价值和货币关系时采取了科学抽象分析方法，而这种“分析方法至今还没有人在经济问题上运用过”[24]。马克思运用这种科学的方法，从最抽象的简单价值形式开始分析，一步步揭示了货币的起源和本质，从而揭露了商品拜物教的本质和根源，在资产阶级经济学家看到的物与物之间关系的地方，马克思都揭示了人与人之间的关系。

未来自由人的联合体中没有商品拜物教

马克思这里所讲的“自由人联合体”[96]是指未来的新社会制度，也就是社会主义制度。这种制度的特点是：实行生产资料公有制；生活资料归联合体成员消费；有计划地调节劳动时间在不同部门之间的分配，使劳动时间的分配符合各种需要的比例；消费品的分配，以各个生产者提供的劳动为尺度。实际上，提出了社会主义经济制度的三大特点：生产资料公有制；计划调节生产；按劳分配。这样的生产关系没有被物的关系所掩盖，不会产生商品拜物教。

第二章　交换过程

这一章只节选了《资本论》中的小部分，学习这部分需掌握以下几个要点：

(1) 商品交换表现为商品所有者的意志行为。只有通过商品交换双方的共同一致的意志行为，才能完成交换关系。这是一种法权关系，但商品交换又是一种经济关系。法权关系或意志关系是经济关系的反映，是由经济关系决定的。而经济关系又是通过双方的意志关系实现的，这是马克思历史唯物主义的分析方法。

(2) 商品使用价值和价值的矛盾，引发交换过程的矛盾。要求产生一种代表商品世界共有价值的一般等价物，以解决商品交换过程中的困难或矛盾。这种一般等价物最终落到贵金属身上。本章论述了贵金属金银的自然属性最适宜于担任货币的职能：一是因为贵金属是同质的，宜于表现同质的价值；二是因为价值没有质的差别，只有量的差别，需要由只有量的差别的贵金属来表现；三是因为贵金属能够按需要进行分割或合并，宜于表现不同量的商品价值。

(3) 马克思指出：货币是作为一般等价物的一般商品，而与货币相对应的一切商品，是作为特殊等价物的特殊商品。应注意马克思的原话："因为其他一切商品只是货币的特殊等价物，而货币是它们的一般等价物，所以它们是作为特殊商品来同作为一般商品的货币发生关系。" [109] 长期以来，我国的一些政治经济学教材和有关教材中，将货币的本质定义为"作为一般等价物的特殊商品"，将其他一切商品看作是一般商品，颠倒了马克思的原意。其实"一般商品"是与"一般等价物"相对应的，而特殊商品是与特殊等价物相对应的。这里的"一般"概念，是具有普遍适用性的意思。因为货币作为一般等价物，普遍适用于表现其他一切商品的价值。

马克思关于货币是"一般商品"的论述，在其论著的许多地方讲过。由于受苏联有关教材中错解的影响，我国也以讹传讹，流行了多年。

第三章　货币或商品流通

前两章中已经阐明了货币的起源和本质，第三章将进一步阐明货币的职能。货币产生以后，商品的物物交换变成了商品流通，因而我们的研究，也从第二章的商品交换转到第三章的商品流通。但这里考察商品流通，是服从于阐明货币的职能的。货币与商品流通是分不开的，不但随着货币的出现而形成了商品流通，而且随着商品流通的发展，货币的职能也获得了发展。因此，考察货币和考察商品流通是一致的。这正是第三章题为“货币或商品流通”的原因。

货币的职能并不是独立于它的本质而存在的。相反，货币的职能正是由货币的本质决定的，而货币的本质则体现在它的各个职能中。货币的职能越发展，它的本质也表现得越充分。考察货币职能的发展，也是考察商品价值关系的进一步发展。

1. 价值尺度

这一节要弄清三个主要问题：价值尺度；价格标准；价格形态。

价值尺度

什么是价值尺度？那就是货币作为商品价值表现的材料，“把商品价值表现为同名的量，使它们在质的方面相同，在量的方面可以比较”[114]。价值尺度，就是衡量一切商品价值大小的普遍尺度。因此，只有作为一般等价物的货币才能作为价值尺度。这里所讲的货币是以金为代表的。“金只有在一切商品都用它来计量自己的时候才成为价值尺度。”① 作为价值尺度，是货币的第一个职能，也是最基本、最重要的职能。其他职能是以这一职能为基础拓展开的。

货币作为价值尺度，使商品在流通以前取得了一个价格形态，这个价格形态是观念上的想象的形态。这是商品流通的准备阶段，因为在实际流通以前，必须先在观念上确定各种商品的价格。因此，作为价值尺度的货币，是观念上的货币。但这种观念上的货币或价格，并不是观念的产物，而是以实在的货币为基础的。实际的货币材料不同，商品的观念上的价格形态也不同。

价格标准

货币作为价值尺度，将各种不同商品的不同价值，表现为不同的观念上的货币量或价格量。为了比较和测量货币或价格的不同量，在技术上有必要把一定的金属量作为衡量单位，使它与各种商品的价值发生关系，并把这种单位再分为各种等份，这样就成为价格标准。如我国的货币单位是“元”，又分为“角”、“分”等。可见，价格标准是货币的计量单位及其各种等份，而不是货币的社会职能。

我们讲货币的职能时，一般不包括价格标准，因为它只是一种技术性的职能，而其他的职能则是社会的职能。而且，价格标准的技术职能是从价值尺度的职能中派生出来的，是实现价值尺度职能的技术手段。

价值尺度和价格标准的区别可以归结为以下几点：

①作为价值尺度，货币是以社会劳动的体化物出现的；作为价格标准，货币量是以一定的金属重量出现的。即以两种不同的资格充当两种不同的职能。

---

① 《马克思恩格斯全集》，中文2版，第31卷，462页，北京，人民出版社，1998。

②货币作为价值尺度是用以测量各种商品的价值，将其转化为想象的价格；而货币作为价格标准是用以测量各种不同的价格量即货币量。

③作为价格标准，货币单位中的金属量越是固定不变越好。而作为价值尺度，货币本身的价值却不可能固定不变，而是会随着生产贵金属的劳动的变化而变化。

价格形态

货币作为价值尺度引出了价格形态。价格只是商品价值的相对表现。因而，前面考察相对价值形态的量的规定时所阐述的相对价值表现的规律，也适用于价格形态。

什么叫商品价格与价值相符合？人们往往认为价格与价值同方向、同比例变动就是相符合，这是误解。即使商品价格符合价值，也会有二者变动上的差异。商品价格的变动要取决于商品价值和贵金属货币价值的变动，因而价格的变动不能绝对和充分反映商品价值的变动。商品价值变了，价格可能不变；商品价值不变，价格可以变动。商品价值与价格可以同时变动，但变动的程度或方向可以不一致。只有在货币价值不变的条件下，价格才可能与价值同方向、同比例变动。

在现实经济生活中，由于各种因素的作用，价格与价值的变动往往可以出现不相一致的多种情况。应区分价格与价值变动不一致的两种情况：一种是价格符合而价值的变动不一致，另一种是价格背离价值的不一致。由于商品供求关系的变动，价格可以高于或低于价值。即使这样，价格的性质并不会改变。它依然是商品价值的货币表现形态，价格与价值的量的差别不会改变二者的质的关系。

马克思强调指出：价格与价值量相背离的可能性，并不是价格形态的缺失，反而是由价格形态自身决定的。因为，第一，价格是现象形态，现象与本质是可以不一致的；第二，更重要的是，在以私有制为基础的商品生产方式内，一切经济规律都是作为盲目发生作用的平均规律来贯彻的。因而价格与价值的量的一致，也只能通过价格与价值运动不一致的平均来贯彻。

2. 流通手段

当商品物物交换发展为由货币作为交换媒介时，货币就具有了流通手段职能。货币作为流通手段，引起了两种流通形式，一种是商品流通，另一种是货币流通，这两种流通结合在一起。同时，在流通中，货币发展为铸币的形式，进而由价值符号作为流通手段。这一节考察了这些方面的三个问题：A. 商品的形态变化（即商品流通）；B. 货币的流通；C. 铸币·价值符号。

A. 商品的形态变化

分析顺序：首先论述商品形态变化的内容，接着分别考察商品流通的两个阶段，即买和卖，然后又将买和卖统一起来考察商品的总形态变化，最后考察商品流通与商品直接交换的区别。

商品形态变化的物质内容

商品形态变化是商品交换过程所包含的矛盾的运动形式和解决形式。物物交换的困难解决了商品使用价值和价值的对立，表现为商品与货币的外部对立的运动形式，即表现为 W—G—W。

这里考察的是简单商品交换过程，不是资本主义商品交换过程，它通过商品形态的两次变化而完成。商品形态变化包括两个相反的交换行为，即卖（W—G）和买（G—W），是这两个行为的统一。为买而卖是它的目的。简单商品交换中的商品形态变化表明，简单商品流通（W—G—W）既与物物交换（W—W）区别开来，又与资本的流通（G—W—G）区别开来。

商品的第一形态变化

商品的第一形态变化即卖（W—G），这在私有制的商品经济中是决定性的阶段，是商品的"惊险的一跃"。这个飞跃如不成功，商品所有者就会受到打击。社会分工和私有制的存在，使生产物对其所有者只代表交换价值，它必须转化为货币。但另一方面，在私有制度下，社会分工是自发地形成的，无论在质的方面还是量的方面即生产什么和生产多少都是如此。这样的社会条件不能保证 W—G 的顺利实现。

马克思举了许多事例来说明使商品出卖困难的一些情况。从产品的质的方面来看，首先，新产品只有在唤起新的需要时才能卖出；其次，各类商品的供给量与需要量经常变动不居，只有商品的品种结构与需求结构相一致时才能卖出。再从产品的量的方面来看，社会对某种商品的需要有一定的量的界限，也许今天全部商品为社会所需要，但明天可能成为过剩的。

退一步来说，即使商品能够卖出，但并不能保证每个商品的价值得到全部支付。

尽管商品的第一形态变化会有上述各种困难，但在这里考察商品形态变化时，假定商品都能正常地卖出，这样我们才能由卖引出买来，才能全面地考察商品流通。

商品的第二形态变化

商品的第二形态变化即买（G—W）。马克思对 G—W 的说明比较简短，因为用货币购买商品，一般来说是没有什么困难的，货币是一般等价物，它可以买到任何商品；因此，马克思称它是"绝对可以让渡的商品"[131]。货币转化为商品的能力，在质的方面是无限的，即它能转化为任何商品；但在量的方面是有限的，即一定量的货币只能转化为一定量的商品。这种量的界限，一方面取决于商品的价格，另一方面取决于货币本身的量。

商品的总形态变化

商品的第一形态变化和第二形态变化，统一构成商品的总形态变化。两个形态变化是相互对立和互为补充的运动过程。在这个过程中，商品所有者时而当作卖者，时而当作买者。作为卖者时与另一个买者相对立，作为买者时与另一个卖者相对立。因此，"一个商品的总形态变化，在其最简单的形式上，包含四个极和三个登场人物"[133]。

(甲)W—G;(乙)G—W

(甲)G—W;(丙)W—G

商品的总形态变化构成一个商品的循环，即W—G—W。每个商品的循环都是与其他商品循环不可分割地相互交错与结合着的。

商品界有许多种商品。每个商品都在运动中形成一个循环并与其他商品循环结合为无穷的锁链。这种各个商品循环的错综运动，就是商品流通。

商品流通与物物交换的区别

两者的区别不只是形式上的，而且是实质上的。实质上的区别可从两方面来看：一方面解决了直接生产物交换中的困难，打破了直接交换中的时间和空间的限制，促进了商品交换的发展，但另一方面，也使商品经济中的矛盾进一步发展。人们对自己在商品交换中的得失成败和社会关系越难以控制，市场的自发势力越是统治着人们的行为和命运。

在商品流通中，原有的物物交换的直接同一性，分裂为买和卖的对立性。买与卖，作为商品循环的两个阶段来说，是相互补充的，存在着内在的统一性。但内在的统一表现为外部的对立。即买与卖不再是在同一个过程中完成，而是分裂为两个对立的过程。这两个过程在时间和空间上可以分离开来，“谁也不会因为自己已经卖，就得马上买”[135]，而“没有人买，也就没有人能卖”[135]，这样就有了产生经济危机的可能性。内部的统一性与外部的对立性的矛盾，在资本主义阶段，会引起危机产生的现实性。

马克思阐明了商品流通与物物交换的本质区别，便于进一步去批判资产阶级经济学者关于商品流通的错误观点。有些人宣称，买与卖总是保持平衡的，不会产生生产过剩，不会有经济危机。如詹姆斯·穆勒所说：“一切商品从来不会缺少买者……总起来看，一切商品的买者和卖者必然保持平衡。”① 这种观点违反经济实践与历史事实。

B. 货币的流通

货币作为流通手段，取得了自己的独立的运动形态，具有独立的运动规律。因此，需要在说明商品形态变化的基础上，来进一步说明货币流通自身的规定。

主要说明两个问题：(1) 货币流通与商品流通的区别与联系，这是属于货币流通的质的规定问题；(2) 流通中所需要的货币量的规律，这是属于货币流通的量的规定问题。

先考察第一个问题。

货币流通与商品流通的区别与联系

两者的区别主要是：第一，商品流通对每个商品所有者都表现为商品循环，即卖出商品，买回商品，W—W。而货币流通却不是循环，货币不断离开它的出发点。第二，在商品循环中，每个商品只走一段便已退出流通，它只参加循环过程的半

① 《马克思恩格斯全集》，中文2版，第31卷，491页。

段，而货币则参加商品循环的全部过程。商品在流通中不断退出流通而进入消费，货币则不断以相反的方向填补商品空出的位置。作为流通手段，它不停地在流通中运动着。

货币不断地离开自己的出发点，不断地由一个所有者手中转到另一个所有者手中，这就是货币流通。

货币流通的特点，掩盖了货币流通和商品流通之间的真实关系。由于流通中运动的连续性完全落在了货币一方，所以从表现上看来，似乎商品的流通是由货币的流通引起的，似乎是货币通过不断实现商品的价格而使商品流通。其实，货币只是商品流通的媒介，货币运动是由商品的买和卖这样两方面的运动形态引起的，因而只是商品流通的表现。是商品流通决定货币流通，而不是货币流通决定商品流通。

流通中所需要的货币量的规定

货币作为流通手段，在一定的时间内需要多少货币量呢？马克思具体考察了决定流通手段量的各个因素。假定货币的价值是既定的，流通手段量取决于两个总的因素，一个是待实现的商品价格总额，另一个是货币流通速度。待实现的商品价格总额又可以分为两个因素，一个是商品量，另一个是商品的价格。因此，也可以说流通手段量取决于三个因素。

这三个因素可以有各种错综复杂的变动，各个因素的变动又可以有不同的方向和不同的比例。马克思说明了各种变动的组合对流通手段量的影响。最后得出结论说，即使各个因素都不断变动，但由于它们会相互抵消，因而在一定时期内流通所需要的货币量可以没有大的变动。

$$\text{一定时期内流通中所需要的货币量}=\frac{\text{商品价格总额}}{\text{同名货币的流通次数}}$$

马克思批评了货币数量论。货币数量论认为，流通手段量的多少会决定商品价格的高低。这一观点可以概括为如下公式：

$$\frac{\text{货币总量}}{\text{商品总量}}=\text{商品价格}$$

马克思指出，货币数量论的根本错误在于：(1) 它认为，在进入流通的时候，商品是没有价格的，货币也没有价值。(2) 它抹杀了货币作为流通手段以外的其他职能，以为任何数量的货币都只作为流通手段。

其实，根据前面揭示的流通所需的货币量的规律，不是货币量决定商品价格，而是相反，货币流通量首先决定于商品价格总额。流通中的货币量不是任意的，而是一定的。

C. 铸币·价值符号

前面说明了货币作为流通手段的质的规定和量的规定，这里进一步说明流通手段的形式。流通手段的形式也是发展和变化的，由金属货币到铸币，由足价的铸币到不足价的铸币，由不足价的铸币到纸币。流通手段怎样和为什么采取这样或那样的形式，这就是本节所考察的对象。

铸币和纸币

前面所讲的货币，都假定为金块。但在流通的发展中，货币采取了铸币的形态。这是由货币作为流通手段的技术上的需要产生的，是为了使货币的流通不因技术困难而受到阻碍。铸币和金属块，只是形式的区别，但铸币具有地方性和政治性，它穿有民族的服装，在国内流通。

铸币在流通中会逐渐磨损，它流通得越快越久，磨损也越大。这样，货币的名义价值同实际价值相分离了，即铸币的实际金属含量同名义金属含量相分离了。

要避免铸币的磨损是不可能的，但法律可以规定磨损的限度，越过这个限度，就不能再作为铸币流通。但法律的规定，事实上承认了不足价的铸币可作为足价铸币流通的合法性。

为了适应小规模交易的需要，国家发行了由银、铜或其他贱金属铸造的辅币。它们所代表的价值不是由自己的重量和实际价值决定的，而是由法律任意规定的。

铸币的名义价值和实际价值的分离，进一步发展为绝对的分离。本身没有什么价值的纸币，可以作为金属货币的象征起流通手段的作用。马克思把纸币称作“单纯价值符号”① 的形式。

为什么不足价的铸币和没有什么价值的纸币可以作为流通手段呢？这要从流通手段职能本身去说明。

在 W—G—W 的流通中，商品转化为货币，是为了放弃这个形式而再转化为商品。因此，货币作为商品价值的独立化的存在，只是表面的暂时的存在，是在仅仅作为流通手段的限度内瞬间的存在。因此，即使是实在的金属货币作为流通手段，它也只是起等同于价值符号的作用。正因为这样，货币才能由自己的符号来代替。

纸币的流通规律

纸币的流通既反映金属货币的流通规律，又有自己的特有规律。在纸币量不超过流通所需要的货币量的限度内，它只代表同名称的金属货币，只反映货币流通规律。但另一方面必须了解纸币流通所特有的规律。“这一规律简单说来就是：纸币的发行限于它象征地代表的金（或银）的实际流通的数量。”［150］如超过这个界限，随着纸币量的增加，每一纸币所代表的金量就按同一比例减少，而商品价格则同比例上涨。如果说流通的货币量取决于商品的价格，相反，流通的纸币的“价值”则取决于它自身的量是否符合流通所需的金属货币量。之所以如此，是因为纸币自身没有什么价值，

① 《马克思恩格斯文集》，第 6 卷，129 页，北京，人民出版社，2009。

它们如果失去了流通手段的职能，便是一文不值的废纸。因而任何数量的纸币都会进入流通，但它要受纸币流通规律的支配。

3. 货币

前面两节讲了货币的两个职能，第三节在“货币”标题下讲其他三个职能。为什么要这样安排呢？这是因为，货币的后三个职能有共同点，它们与前两个职能有不同之处。(1) 货币的贮藏手段、支付手段和世界货币的职能是货币的发展了的职能，而价值尺度和流通手段则是货币的原始职能。价值尺度和流通手段的统一，就是货币。这两个职能在历史上是同时出现的。(2) 在马克思所处的历史时代，必须是以金（或银）作为固定化的货币，才能使其职能发展为贮藏手段、支付手段和世界货币。这些职能既不能仅仅以观念上的货币完成，也不能仅仅以价值符号完成。

A. 货币贮藏

在这一小节中，主要说明几个问题：(1) 货币作为贮藏手段的形成；(2) 货币贮藏的形式；(3) 货币贮藏的作用。

货币贮藏的形成

贮藏手段的职能是以流通手段职能的存在和发展为前提的。一方面，货币只在流通中断，从而停止其流通手段的职能时才能成为贮藏货币；另一方面，因为货币随时可以作为流通手段购买任何商品，人们才愿意贮藏货币。

货币贮藏的形成有其不同的具体原因。最初，是通过商品流通把多余的生产物转化为金或银作为贮藏货币。所以那时的贮藏货币“是财富的社会表现”[153]，以后随着商品生产的发展，每个商品生产者都需要贮藏一定的货币，成为他维持正常生产和交换的条件。要不卖而能买，必须是以前曾卖而不买，把货币贮藏起来。在支付关系发展后，货币贮藏又是实行支付的前提。

贮藏货币的欲望是无止境的。因为货币是独立的价值形态，是社会财富的抽象形态和绝对形态，它既便于贮存，又便于随时变换为任何财富。货币在质的方面是无限的，即它代表一切商品价值的独立存在，因而它转化为商品的能力是无限的，但货币在量的方面又是有限的。正是这种质的无限性和量的有限性的矛盾，使货币贮藏的欲望成为无止境的。

货币贮藏的形式及其作用

货币贮藏有两种形式。一种是将贵金属货币保存起来，不进入流通，就是要攒钱。“因此，勤劳、节俭、吝啬就成了他的主要美德。”[157] 另一种货币贮藏形式，是马克思称之为“美的贮藏形式”[157]。除了直接贮藏货币外，也可以贮藏金银制的商品。这一般是富人们追求的一种贮藏形式。这种形式的贮藏占很大的比例。据统计，美国在 1839 年这种形式的贮藏同直接形式的货币贮藏之比为 2∶1。

在商品经济中，货币贮藏有很大作用。从商品流通的范围来看，货币贮藏是流通中的货币的蓄水池。在《政治经济学批判》中，马克思称之为“引水渠和排水渠”。我们知道，流通中所需货币量，会随着商品价格总额或货币流通速度的变化而扩大或收缩，这就要求一国的现有金银量，必须大于作为流通手段的金银量。它等于流通中的货币量加贮藏货币量。这样，货币贮藏就成为蓄水池，当价格总额减少或流通速度提高时，游离出来的那部分货币就被蓄水池吸收。反之，当价格上涨或流通速度降低时，贮藏货币的一部分便回到流通中去。这是指贵金属货币的贮藏手段作用。

B. 支付手段

支付关系的特点及其产生的作用

货币作为支付手段时的买卖关系，具有了新的特点。在货币作为流通手段时，货币与商品直接交换，使用价值的转移和价格的实现是同时完成的。而在支付关系中，这两个过程分裂开了。卖者的商品转移了，但只在观念上实现了商品的价格，只有到确定的支付时间，商品的价格才能真正实现。再从买者方面来看，他是用未来的货币购买商品的，他的货币没有实际转移，但货币转化为商品的过程却先实现了。

引起支付关系的原因是什么？原因有很多。在目前所考察的范围内，只能举出一些最简单的关系加以说明。马克思讲了三类情况：第一，不同种商品生产者在生产时间上互有差别。第二，不同商品的销售时间互有差别。这种生产时间和流通时间的差别，使某些商品生产者需要在自己的商品出卖前成为买者，而另一些商品生产者则需要在另一些人没有现款购买前成为卖者。这就引起了支付关系的必要。第三，有些特殊的商品是按时间出卖的，它的使用价值先实现了，需待以后再实现自己的价格，如房屋租赁、劳动力的买卖，等等。在支付关系中，出卖者成为债权人，购买者成为债务人。

在支付关系中货币所起的作用是：首先，货币作为价值尺度，规定商品的价格，从而规定了买者未来应支付的货币量。其次，货币只作为观念上的购买手段发生作用。当到期需支付货币时，它已经不是作为流通手段或购买手段，而是作为交换价值的独立存在或绝对存在，作为一般支付手段。

支付手段包含的矛盾

“货币作为支付手段的职能包含着一个直接的矛盾。”[161]一方面，如果在支付的链条中，各种支付可以相互抵消，货币支付只起观念上的价值尺度的作用。如甲欠乙、乙欠丙、丙欠甲的债务相等，到时相互抵消，不需要现实货币支付，或是债务不完全相等，则只需要支付债务差额。另一方面，在大量债务需要实际支付时，货币又当作交换价值的独立存在或是绝对存在，不是转瞬即逝的流通中介。前者是绝对虚的作用，后者是绝对实的作用。这种矛盾会在经济危机中爆发出来。在危机中，支付链条被打乱了，信用机构被破坏了。“货币就会突然直接地从计算货币的纯粹观念形态转变成坚硬的货币。”[162] 大家都要实在的货币，把货币看作唯一的绝对的财富。其他一切商品，在货币面前失去了光彩，它们的使用价值失去了意义，因为现在只有货币才是唯一的价值物。马克思说：“在危机时期，商品和它的价值形态（货币）之间的对立发展成绝对矛盾。”[162]

一定时期内所需流通货币总额

货币作为支付手段时，流通中所需要的货币量的规律发生改变。先考察货币只作为支付手段时所需要的量。一定时期的支付手段量首先取决于到期支付总额。它代表赊售商品价格总额。但实现这个总额所需要的支付手段量，又取决于支付手段的流通速度。而支付手段的流通速度又取决于两个因素：（1）许多支付关系形成的支付连锁的速度。如同一货币由甲支付乙，乙又支付丙，依此类推；（2）不同各个支付期间隔的长短，这是指社会范围的支付期限，不是单指个人的支付期限。支付期的间隔越短，需要的支付手段量越少。

支付手段需要量也取决于支付的集中程度和相互抵消的程度。支付越是在空间上集中，各种债务关系就越容易抵消，从而需要的货币量也就越小。这与货币作为流通手段时的情况相反，商品售卖越是在时间空间并行，就越为提高流通速度造成限制，从而需要的货币量也越大。

进一步考察货币作为流通手段和支付手段时所需要的货币量。

《资本论》中论述一定时期内的流通货币总额时提出的公式不易理解，学界有各种解释，其公式表示如下：

$$\text{一定时期内流通的货币总额}=\frac{\text{待实现的商品价格总额}}{\text{流通手段的流通速度}}+\frac{\text{到期支付总额}-\text{互相抵消支付}}{\text{支付手段的流通速度}}-\begin{array}{c}\text{同一枚货币时而当作}\\\text{流通手段时而当作支}\\\text{付手段的流通次数}\\\text{（重复计算的量）}\end{array}$$

实际上最后一项也是流通速度问题，不过它不是表示只作为流通手段或只作为支付手段的流通速度，而是时而作为流通手段时而作为支付手段的流通速度。因此这一公式也可以合并为下面的公式：

$$\text{一定时期内的货币流通量}=\frac{\text{待出售的商品价格总额}-\text{赊销商品价格总额}+\text{到期支付总额}-\text{互相抵消的支付总额}}{\text{作为流通手段和支付手段的货币的流通速度}}$$

C. 世界货币

货币作为世界货币，在世界市场上起一般等价物的作用。在世界经济发展的长时期中，作为世界货币起作用的只能是金银。纸币不能执行世界货币职能。马克思所讲的世界货币职能，是以当时的现实为依据的。所以，《资本论》中讲：世界货币职能只能由贵金属来完成。世界货币抛弃了在国内流通时的一切特殊形式，脱下了民族服装，还原为它的原始的形式。货币的计算名称还原为金属的重量名称，铸币形式还原为条块形式。在当代世界经济关系中，金本位制度已不存在，某个或几个在经济政治关系中具有世界影响和在世界贸易与金融关系中具有重要地位的国家的纸币，也可以充当世界货币，如美元、英镑等。

世界货币并不是独立于其他职能之外的一种特殊职能，而是其他职能在世界范围的发展。马克思指出，世界货币完成三种职能：(1) 作为一般支付手段，以支付国际贸易差额。(2) 作为国际购买手段。如单方面从国外购买粮食或军火时，就起这种作用。(3) 作为财富的绝对的社会体化物，由一国转移到他国。如贷款、赔款、资本外逃和向国外转移资财等等时所起的作用。

第二篇

货币转化为资本

第四章　货币转化为资本

本章的重要意义

从第四章开始，进入对资本主义经济制度的研究。《资本论》第一卷是研究产业资本的生产过程及其生产关系的。第一篇《商品和货币》，是为研究资本主义生产关系提供理论和历史前提条件，商品流通的发展，打破了自然经济，才会产生资本主义经济。第四章还没有直接进入对资本主义生产过程的研究，而是进入了资本主义的入口处，论述了决定资本主义生产关系和交换关系及分配关系的基础，也就是论述了生产资料和劳动力相结合的资本主义生产方式，即资本与雇佣劳动相结合的生产方式。这种结合方式体现着资本主义所有制关系。

第二篇只有第四章一章的内容。这是三卷《资本论》中仅有的一次。这表明马克思赋予这一章以独立的特殊意义，正是货币转化为资本，劳动成为商品，从而劳动成为雇佣劳动，才决定了生产过程的资本主义性质，决定了整个资本主义生产关系体系。

1. 资本的总公式

商品流通是资本的起点

商品流通是资本的起点。商品生产和发达的商品流通是资本产生的历史前提。这是因为：第一，资本主义生产是建立在商品经济发展的基础上的，它与自然经济绝不相容。第二，资本主义生产方式是在商品生产和商品流通发展到一定程度后，商品生产者之间出现两极分化的基础上产生的。第三，资本主义生产不仅需要国内市场，而且需要国际市场。而商品生产和商品流通发展到一定程度，必然会形成世界贸易和世界市场。世界贸易和世界市场在16世纪揭开了资本的近代生活史。

商品流通公式和资本流通公式的区别

不论在历史上还是在现实生活中，货币都是资本的最初表现形式。从历史上看，资本最初就是作为货币财产以商业资本和高利贷资本的形式出现的。从资本主义现实生活来看，每一个新资本，最初也是以货币形式出现在市场上，用于购买生产资料和劳动力。但是，货币本身并不就是资本，二者之间存在着本质的区别。

作为货币的货币和作为资本的货币的区别，首先在于它们具有不同的流通形式。单纯作为流通媒介的货币，它的流通形式是：商品——货币——商品，即W—G—W。这种流通形式称为商品流通形式。在这里，商品生产者首先把商品转化为货币，然后再用得到的货币去购买商品，整个过程是为买而卖。作为资本的货币，它的流通形式是：货币——商品——货币，即G—W—G。这种流通形式称为资本流通形式。在这里，货币所有者首先用货币购买商品，然后再出卖商品取得货币，整个过程是为卖而买。经过这种流通，货币就转化为资本。

资本流通与商品流通具有完全不同的经济内容。在商品流通中，流通过程的起点和终点是价值相等而使用价值不同的商品，因而流通的目的是要取得满足需要的使用价值，用于消费。相反，在资本流通中，货币是流通过程的起点和终点，流通的目的和动机是要重新取得货币，即交换价值本身。但是，货币本身没有质的区别，因而如果流通过程两极的货币量是相等的，那么，这个流通过程就是毫无内容的。只有当最后从流通中取得的货币量多于起初投入流通的货币量时，资本流通才有实际内容。因此，资本流通公式的完整形式应该是G—W—G′，其中的G′＝G＋ΔG，ΔG就是预付资本G的增殖额，这个增殖额就是剩余价值。可见，经过流通过程以后，原预付价值不仅在流通中保存了下来，而且发生了增殖，带来了剩余价值。这正是资本流通和商品流通的最本质的区别。马克思将G—W—G′称作资本的总公式。

资本家是资本的人格化

随着货币转化为资本，作为资本流通的有意识的承担者，货币所有者也就变成了资本家。作为资本家，他把货币投入流通的直接目的决不是为了使用价值，他的活动的主观目的和唯一动机是资本流通的客观内容，即价值增殖，占有剩余价值，而且他也不是为了取得一次利润，而是不断地、无休止地得到利润，获得越来越多的剩余价值。因为资本对价值增殖具有无限的贪欲，它只有不断带来剩余价值，才能生存。它带来的剩余价值越多，生命也就越旺盛。资本一旦不能带来剩余价值，其生命也就停止了。

可见，资本家只是人格化的、有意志和意识的资本，他的职能就是资本的职能。

在资本流通过程中，资本流通的主体是价值，货币和商品只是价值本身所采取的不同形式，价值不断地从一种形式转化为另一种形式，在这个运动中永不消失。价值作为资本流通过程的一个自动主体，改变着自己的价值量，带来剩余价值。因此，资本是能够不断自行增殖的带来剩余价值的价值。

2. 劳动力的买和卖

劳动力成为商品是货币转化为资本的前提

货币转化为资本，实现价值增殖，不可能发生在货币自身上，因为货币作为购买手段和支付手段，只是实现它所购买或支付的商品的价值或价格，不会引起价值量的变化。同样，价值增殖也不会发生在流通的第二行为，即 W—G′阶段上，因为这一行为只是使商品形式转化为货币形式，即商品价值的实现。因此，价值增殖只能发生在流通的第一行为，即 G—W 阶段中所购买的商品上，但也不是发生在这种商品的价值上，因为商品的等价交换不会使商品价值增加。价值增殖只能发生在所购买的商品的使用价值上，即从这种商品的使用上产生。就是说，货币所有者必须在市场上购买到这样一种商品，它的使用价值本身具有成为价值源泉的特殊属性，它的使用能够创造价值，而且能够创造出比自身价值更大的价值。这种特殊商品就是劳动力。因此，劳动力成为商品是货币转化为资本的前提。

劳动力成为商品的条件

所谓劳动力，是指存在于活的人体中的体力和智力的总和。它是人们在生产使用价值时所运用的劳动能力。劳动力是人类社会生产的永恒的要素。

但是，劳动力不是在任何社会形式中都成为商品。劳动力要成为商品，必须具备以下两个基本条件：(1) 劳动者必须是自己劳动力的所有者，是一个摆脱了人身依附关系的自由人，不再像奴隶或农奴那样在人身上依附于主人。因而他能够自由地支配和出卖自己的劳动力，而且在出卖劳动力时，只能以一定的时间一次一次地出卖，而不能一次全部卖完，否则，他就是卖身为奴了。(2) 劳动者失去了生产资料和生活资料，只能依靠出卖自己的劳动力为生。

劳动力成为商品的这两个条件只是在封建社会后期才逐渐形成的。这一形成过程就是小商品生产者发生两极分化的过程和资本原始积累过程，这一形成过程本身就是一部世界史。但马克思在这里没有专门分析这一过程，原始积累过程是在《资本论》第一卷第二十四章讲的。这里需要说明的是：劳动力成为商品既不是自然史上的关系，也不是一切历史时期所共有的社会关系，而是资本主义以前整个历史发展的必然结果。劳动力一旦成为商品，劳动便作为雇佣劳动存在。当雇佣劳动同非劳动者所有的生产资料相结合时，资本也就产生了，资本主义时代也就开始了。马克思把劳动力成为商品看作是资本主义时代所特有的现象，他把劳动力成为商品同雇佣劳动制度联系在一起。

劳动力商品的价值和使用价值

劳动力商品同其他商品一样，也具有使用价值和价值，但劳动力又是一种特殊商品，它的使用价值和价值具有特殊的规定性。

劳动力商品的价值和其他商品的价值一样，也是由生产和再生产这种商品所必需的社会必要劳动时间决定的。但是，由于劳动力是存在于活的人体中，因而劳动力商品的生产和再生产实质上就是活的人体的不断维持，而维持人的生存和健康，就必须消费一定量的生活资料。因此，生产和再生产劳动力商品所必需的社会必要劳动时间，就可以归结为生产和再生产劳动者所需生活资料的社会必要劳动时间。劳动力的价值就是维持劳动力所需要的生活资料的价值。这主要包括三个方面的内容：(1) 劳动者自己所必需的生活资料的价值。劳动者的体力和脑力耗费必须得到补偿，而且劳动得越多，所需要的补偿也就越多。这种补偿是通过对一定量的生活资料的消费实现的。这些生活资料的价值也就成为劳动力价值的首要部分。(2) 劳动者家属所必需的生活资料价值。劳动者是会衰老死亡的，为了保证劳动力商品能源源不断地提供，就需要保证工人家属的生存和子女的成长，因而劳动力的价值就应包括为延续劳动力，即工人养活家属所必需的生活资料的价值。(3)劳动者的教育和训练费用。社会经济越发展，越需要劳动者具有一定的文化技术知识。劳动者从事特定行业的劳动，尤其是从事一些比较复杂的劳动，还需要掌握特定的劳动技能，这就需要通过一定的教育和训练，花费一定的有关费用。这些费用随着劳动力性质的复杂程度而不同。对于普通劳动力来说，这种训练费用是较少的。随着生产劳动者所需要的生活资料的社会必要劳动时间的减少，这些生活资料的价值会相应降低，因而劳动力商品的价值也就同时降低。

劳动力商品的价值决定还有与其他普通商品的价值决定不同的方面，即包含着一个历史的和道德的因素。这是因为劳动者总是生活在一定的国家和一定的历史时期中，因而劳动力再生产所必需的生活资料的种类、数量和质量，必然要受到特定国家和特定历史时期的经济文化的发展水平、工人阶级的状况、自然条件特点、历史传统和生活习惯等因素的制约。例如，由于气候等自然条件不同，食物、衣服、取暖、居住等自然需要也就不同。劳动力再生产的需要会随着社会生产力的发展和社会文化水平的提高而不断提高或增加。但在特定国家的特定历史时期，它又总是可以确定的。

生产和再生产劳动力所必需的各种生活资料，由于其性质不同，消耗和补充的时间也就不同。一些商品，如食物、燃料每天都要消耗，因而每天都要补充。另一些商品如衣服、家具等可以使用较长的时间，因而只是经过一定的时间，如一个星期、一个季度或更长时间才需要补充。但不管补充这些商品的支出的总和在例如一年当中怎样分配，都必须由每天的平均收入来负担。假定每天需要补充的商品为 A，每星期需要补充的商品为 B，每季度需要补充的商品为 C，其他等等，这样，每天平均需要的商品量$=\frac{365A+52B+4C+其他等等}{365}$。如果平均每天需要的这些生活资料量包含 6 小时的社会必要劳动，这个劳动量就构成劳动力的日价值。假定 6 小时的社会必要劳动表现为 3 元钱，这 3 元钱就是劳动力日价值的价格。资本家按 3 元钱的价格购买一天的劳动力，就是支付了劳动力的日价值。劳动力日价值的概念对于揭示资本家剥削剩余价值的秘密具有重要意义。

劳动力商品的价值有一个最低限度，这个最低限度就是维持劳动力再生产所必不可少的生活资料的价值。如果劳动力价格低于这个最低限度，劳动者就得不到维持生命所必要的生活资料，劳动力就只能萎缩地再生产。马克思在分析剩余价值的来源时，假定劳动力是按其正常的价值出售的。

劳动力商品的使用价值就是劳动。它同普通商品的使用价值不同，普通商品的使用价值在使用或消费中会丧失，同时商品的价值也就随之而消失或转移到新产品中，而劳动力商品的使用或消费本身就是劳动，劳动是能够创造新价值的，因而劳动力商品的使用价值本身具有成为价值源泉的特殊性。劳动力商品的使用价值，对于揭示剩余价值产生的秘密和货币转化为资本具有极其重要的意义。

劳动力买卖的自由平等形式所掩盖的真实内容

劳动力的买卖是在流通领域中进行的，从形式上看，那里占统治地位的是自由、平等、所有权和边沁。自由：货币所有者和劳动力所有者自由地买卖劳动力，完全根据自己的自由意志缔结契约。平等：他们是法律上平等的人，都以商品所有者的身份发生交换关系，用等价物交换等价物。所有权：他们都是自己商品（包括货币商品）的所有者。边沁（英国资产阶级功利主义理论家）：他们都只顾自己，不管别人，都是为了追求各自的私人利益而相互结合在一起并发生关系。因此，劳动力买卖的流通领域，正是资产阶级及其学者所宣扬的天赋人权的真正乐园。其实，这种自由、平等和所有权完全是虚伪的，雇佣工人的自由、平等和所有权，实质上只不过是工人除了自己的劳动力以外一无所有，只有靠出卖劳动力，接受资本家的剥削为生。只要我们离开这个嘈杂的、讨价还价的流通领域，进入生产领域，资本主义剥削制度的真正面目就暴露出来了。在那里，就可以看到原来的货币所有者成为资本家，昂首前行，劳动力所有者成为他的雇佣工人，尾随于后。一个笑容满面，雄心勃勃；一个战战兢兢，畏缩不前，只有一个前途，就是让资本家榨取他的剩余劳动。

第三篇

绝对剩余价值的生产

第五章　劳动过程和价值增殖过程

从本章开始进入对资本主义生产过程的研究，任何社会生产都是生产力和生产关系的统一。资本主义生产表现为劳动过程和价值增殖过程的统一。劳动过程是任何社会生产都必要的过程，不是政治经济学研究的重点，资本主义生产的实质是剩余价值生产即价值增殖，因而是研究的重点。但价值增殖过程是在劳动过程的基础上进行的，所以又必须首先考察资本主义生产中的劳动过程。

1. 劳动过程

劳动过程的简单要素

劳动过程就是具体劳动生产使用价值的过程。在资本主义制度下，虽然使用价值的生产是为了资本家赚钱，并且是在资本家的监督下进行的，但这并不会改变劳动过程的一般性质，所以，劳动过程首先要撇开各种特定的社会形式来考察。

劳动过程包括三个简单要素：有目的的活动或劳动本身、劳动对象和劳动资料。劳动是劳动力的使用，是人以自身的活动来引起、调整和控制人与自然之间的物质变换的过程。这里所说的人是自然的人，他作为一种自然力与自然物质相对立，改变客观的物质形态以满足人们的需要。人在劳动中，不仅改造着自然，同时也改造着自己，使人类自身得到发展。劳动是专属于人类的，它同一般动物的本能不同，人的劳动是有意识、有目的的活动。因而劳动过程结束时得到的结果，在这个过程开始时就已经在劳动者的观念中事先明确地存在着。劳动者不仅使自然物发生形式变化，同时他还在自然物中实现自己的目的。

劳动对象是指在劳动过程中被加工的对象。它包括两类：一类是自然界原有的自然物，如处女地、地下矿藏、湖海中的鱼等。另一类是经过人类劳动生产出来的东西，如开采出来的矿石、机器制造厂使用的钢铁等。这类劳动对象被称为原料。一切原料都是劳动对象，但并不是一切劳动对象都是原料。劳动对象只有在它已经通过劳动而发生变化并进入新的劳动过程的情况下，才是原料。

比如，矿石是采矿劳动的产品。当铁矿用于炼铁时，它就是作为原料的劳动对象。

劳动资料也称劳动手段，首先包括生产工具。它是指劳动者置于自己和劳动对象之间借以把自己的活动传导到劳动对象上去的导体，劳动借助于它作用于劳动对象。劳动资料可分为两类：一是机械性劳动资料，主要是指生产工具。它构成劳动资料的主体，马克思称之为生产的骨骼系统和肌肉系统。二是容器性生产资料，如管、桶、篮、罐等。马克思称之为生产的脉管系统。从广义上说，劳动资料还包括劳动过程正常进行所需要的一切物质条件，如土地、厂房、道路、灯光等。这类劳动资料，虽然不直接参加劳动过程，但没有它们劳动过程便无法进行或只能不完全地进行。劳动资料特别是生产工具的重要意义在于：首先它是人类生产力发展的测量器，劳动资料的状况标志着人类生产力发展的水平。随着社会生产力的发展和科学技术水平的不断提高，作为社会生产力发展结果的劳动资料特别是生产工具也不断发展。劳动资料的发展先后经历的石器、青铜器、铁器、机器时代和目前以电子计算机、空间技术、自动控制装置为主要标志的时代，正是社会生产力的不同发展时期的标志。其次，劳动资料还是劳动借以进行的社会关系的指示器。由于生产关系一定要适合生产力的发展水平，它随着生产力的发展而发展，因此，各种经济时代的区别，就不在于生产什么，而在于怎样生产，用什么劳动资料生产。

马克思在这里所讲的劳动过程的简单要素，是指最抽象、最一般，从而最有普遍适用性的要素。劳动过程的三个简单要素就是在任何社会形式的劳动过程都必须具有的要素。但这并不是说任何生产时代的劳动过程都只包含这三个要素。事实上，随着社会生产的不断发展，劳动过程中会增加新的要素，如分工协作、管理、科技的发明与应用等。在现代化大生产条件下，科技的应用与创新、生产的管理与组织等，起着重要的作用。

在劳动过程中，生产出了新的满足人们需要的使用价值，因而劳动就物化在产品中，劳动者的活劳动变成了物化在产品中的死劳动。

因此，当从劳动过程的结果、从产品的角度来考察劳动过程的三个简单要素时，劳动资料和劳动对象就表现为生产资料，劳动本身则表现为生产劳动。马克思在这里仅从劳动过程一般的角度把生产劳动定义为生产物质产品的劳动。

同一个使用价值，既可以作为这一劳动过程的产品，又可以作为另一劳动过程的生产资料。它究竟是产品还是生产资料，完全取决于它在劳动过程中所处的地位和所起的作用。随着地位的改变，这些规定也就改变。如一台机器，当它退出生产它的劳动过程时，它是产品，而当它进入另一劳动过程用以生产产品时，它就成为生产资料。

在劳动过程中，消费劳动对象和劳动资料，这是生产消费。生产消费与个人消费不同，个人消费是把产品作为个人的生活资料来消费，消费的结果是维持了消费者自己。而生产消费则是把产品当作劳动的消耗资料来消费，消费的结果是生产出新产品。

综上所述，劳动过程就是劳动者使用劳动资料、作用于劳动对象生产出满足人们需要的使用价值的过程，是人和自然之间的物质变换过程，是人类生活的永恒的自然条件。因此，劳动过程所反映的是人和自然之间的关系，它是人类生活的一切社会形式所共有的。

资本主义劳动过程的特点

劳动过程在不同的社会制度下虽有其一般规定性但又具有不同的特点。在资本主义制度下，劳动过程表现为资本家消费劳动力的过程，它具有两个特点：（1）工人是在资本家的监督下劳动，他的劳动属于资本家。因为工人一旦把自己的劳动力作为商品出卖给资本家，在劳动期间，劳动力就归资本家支配，劳动也就不再属于工人自己。因此，工人必须按资本家的意志去劳动，听从资本家的指挥，在资本家的监督下劳动。（2）工人生产出来的产品不归工人所有，而是归资本家占有。因为资本家是主人，是所有者，他购买了劳动力商品，就把劳动力当作和生产资料一样的东西由他支配，他把劳动力同生产资料结合起来，进行劳动，作为劳动的结果的产品，自然就归他所有。

2. 价值增殖过程

资本家生产的目的是获得剩余价值

劳动过程是使用价值的生产过程。而资本家购买生产资料和劳动力从事生产，绝不是为了生产使用价值。他作为资本的人格化，只能执行资本的职能，追求价值增殖。资本家之所以要生产使用价值，只是因为使用价值是价值和剩余价值的物质承担者。所以资本家生产的目的，不仅要生产使用价值，而且要生产商品，生产价值；不仅要生产价值，而且要生产剩余价值。就是说，他要使生产出来的商品的价值，大于生产该商品所需要的生产资料和劳动力的价值总和。可见，资本主义生产过程不仅是生产使用价值的劳动过程，而且是生产剩余价值的价值增殖过程。劳动过程只是价值增殖过程的前提条件。价值增殖过程又以价值形成过程为基础。

价值形成过程

马克思为了分析价值增殖过程，首先分析了价值形成过程。这是因为，资本主义生产是商品生产，因而它也具有商品生产的一般性质。而商品生产是劳动过程和价值形成过程的统一。因此，只有首先分析商品生产一般所具有的价值形成过程，才能在此基础上进一步分析资本主义的价值增殖过程。现在我们先把生产过程作为价值形成过程来考察。

我们以棉纱生产为例，分析一下棉纱商品的价值是怎样形成的。

假定资本家只让工人劳动 6 小时，生产 10 斤棉纱。为此，首先必须要有原料棉花。于是，资本家在市场上购买了 10 斤棉花，价值为 10 元。其次，还必须有劳动资料，这里用纱锭代表纺纱用的一切劳动资料。假定在纺纱中耗费的纱锭价值为 2 元。最后，还要购买纺纱工人的劳动力。假定劳动力的价值为 3 元，是 6 小时的劳动凝结。这样，资本家生产 10 斤棉纱，就要首先预付 15 元的资本。

在纺纱过程中，纺纱工人消费棉花和纱锭的使用价值，生产过程结束后，棉花和纱锭的使用价值消失了，生产出了新的使用价值即 10 斤棉纱，但存在于棉花和纱锭中的价值并没有随着其使用价值的消失而消失，而是被转移到棉纱的使用价值中去了。因为没有棉花和纱锭的消费，棉花就不能纺成纱，因而生产棉花和纱锭所需要的劳动时间，也就是生产棉纱所需要的劳动时间的一部分，棉花和纱锭的价值也就应包含在棉纱中。这样，棉花的价值 10 元和纱锭的价值 2 元共 12 元就成为棉纱价值的组成部分。

在纺纱过程中，所消耗的生产资料（物化劳动）如棉花，也应是社会必要的耗费。如果这种耗费超过了社会平均耗费，超过的部分等于浪费，不能作为新产品价值的一部分。

工人的劳动还会创造新价值。在生产棉纱的劳动过程中，纺纱工人把新价值追加到棉纱的价值中，成为棉纱价值的另一个组成部分。纺纱工人的劳动作为形成价值的劳动，是抽象劳动。根据前面的假定，劳动力的日价值为 3 元，体现了 6 小时的劳动。而纺纱工人在 6 小时内把 10 斤棉花变成了 10 斤棉纱，同时又创造了 3 元的新价值，加到了 10 斤棉纱的价值中。

这样，作为生产过程结果的 10 斤棉纱的总价值就是 15 元。其中，包括由工人的具体劳动转移过来的生产资料即棉花和纱锭的价值 12 元，以及工人的抽象劳动创造的新价值 3 元。它补偿了资本家为购买劳动力所支付的劳动力日价值。可见，新产品棉纱的价值正好等于资本家购买生产资料和劳动力所预付的价值。价值没有增殖，没有带来剩余价值，货币没有转化为资本。这是价值形成过程，而不是价值增殖过程。

价值增殖过程

单纯的价值形成过程不能使价值发生增殖，这种生产结果是资本家绝对不能接受的，因为这对他来说没有任何实际意义，等于白忙活。资本是追求利润的，因此，价值形成过程就必须转化为价值增殖过程。这一转化的关键在于：劳动力一天的价值和劳动力使用一天所创造的新价值是两个完全不同的量。资本家购买的纺纱工人的劳动力的日价值为 3 元，体现为 6 小时的劳动，但这种情况并不妨碍资本家要工人劳动比如 12 小时，就是说，劳动力维持一天只需要 6 小时的劳动，而劳动力却能被使用 12 小时。资本家购买劳动力，正是看中了这个差额，因此，资本家会强迫工人不仅劳动 6 小时，只再生产出劳动力的价值，而是还要延长工人的劳动时间，让工人劳动 12 小时。这样，由于劳动时间加倍了，所消耗的生产资料也要加倍。资本家就需要购买 20 斤棉花，价值为 20 元，所耗费的劳动资料，即纱锭的价值也由 2 元增加为 4 元。因而工人的具体劳动就将棉花和纱锭的价值共 24 元转移到新产品即 20 斤棉纱中，同时，工人在 12 小时的劳动中创造了 6 元的新价值，并把它加到棉纱的价值中。因此，新产品 20 斤棉纱的总价值就为 30 元。但资本家购买生产资料和劳动力预付的价值仅为 27 元，这样，20 斤棉纱的价值就比资本家预付的价值多了 3 元。这 3 元就是剩余价值。戏法终于变成了，货币转化为资本了。

因此，货币转化为资本和剩余价值的产生，完全是在价值规律的基础上实现的。资本家对生产资料和劳动力都是按价值支付的，然后在生产过程中消费这些商品的使用价值，生产出新的商品，最后他又回到市场上来按价值出售商品。在这个买卖过程中，资本家丝毫也没有违反商品交换的规律，就取得了剩余价值，实现了价值增殖。就是说，货币转化为资本的整个过程，是既在流通中进行，又不在流通中进行。在流通中进行，是指剩余价值的生产以流通为媒介，以在劳动力市场上购买到生产资料和劳动力商品为前提。它又不在流通中进行，是指流通只是为价值增殖过程作准备，而价值增殖是在生产领域中进行的。

价值形成过程和价值增殖过程的相互关系

价值形成过程和价值增殖过程既有联系又有区别。它们的联系表现在：价值增殖过程不外是超过一定点而延长了的价值形成过程。所谓超过一定点，是指超过再生产劳动力价值所必要的劳动时间，超过的劳动时间形成了剩余价值。有必要说明：并不是只有“超过一定点”以外的劳动时间，才是价值增殖过程。实际上，再生产劳动力价值的劳动时间和生产剩余价值的劳动时间加在一起，是价值增殖过程。

价值增殖过程和价值形成过程的区别是，如果劳动时间只持续到这样一点，即资本所支付的劳动力价值恰好为新形成的价值所补偿，没有剩余价值产生，那就是单纯的价值形成过程。如果劳动时间延长，使价值发生增殖，就是价值增殖过程。

价值形成过程和劳动的关系

价值形成过程和劳动过程是同一商品生产过程的两个方面，劳动过程是具体劳动生产使用价值的过程。因此，考察劳动过程，只是从它的质的方面，即从它的特殊的方式和方法，从目的和内容方面来考察。因为正是由于各种具体劳动过程具有质的区别，才生产出各种不同的使用价值。而价值形成过程，是同一劳动过程所表现出的它的量的方面，因为形成价值的劳动是无差别的一般人类劳动，没有质的区别，只有量的差别。所以，考察价值形成过程，只是从它的量的方面着眼。

资本主义生产过程的两重性

通过以上分析，我们可以看到，作为劳动过程和价值形成过程的统一，生产过程是商品生产过程；作为劳动过程和价值增殖过程的统一，生产过程是资本主义生产过程，是商品生产的资本主义形式。资本主义生产过程的二重性，同商品生产过程的二重性一样，也是由生产商品劳动的二重性引起的。具体劳动形成生产使用价值的劳动过程，抽象劳动形成价值增殖过程。

资本主义生产过程二重性的主导方面是价值增殖过程，因为价值增殖是资本主义生产的特定内容和根本目的，资本家之所以生产使用价值，只是由于使用价值是价值和剩余价值的物质承担者。劳动过程只不过是价值增殖过程的手段。所以说，资本主义生产实质上就是剩余价值的生产，生产剩余价值或赚钱是资本主义生产方式的绝对规律。

第六章　不变资本和可变资本

本章的任务是：进一步阐明剩余价值的来源和本质，揭示出用于生产资料的那部分资本和用于劳动力的那部分资本在剩余价值生产过程中的不同作用，从而把它们区分为不变资本和可变资本。

劳动在价值形成中的二重作用

工人的劳动，一方面，作为抽象劳动，创造新价值，并把它追加到新产品中，另一方面，作为具体劳动，又消费生产资料，从而把存在于生产资料中的价值转移到新产品中，成为新产品价值的另一个组成部分。这种价值转移是在生产资料转化为产品时发生的。

但是，这种旧价值的转移和新价值的创造，并不是工人分别在两次劳动中实现的，而是在同一劳动时间内产生的双重结果。就是说，工人的同一劳动在创造新价值的同时，也将旧价值转移到新产品中。这是由劳动的二重性决定的：抽象劳动创造新价值；具体劳动转移旧价值。

具体劳动之所以能转移或保存生产资料的价值，只是因为它能够生产出满足人们需要的新的使用价值。这样，虽然生产资料的使用价值形态消失了，但生产资料的原有价值并没有因此而消失，而是被转移到新产品中了。

工人的劳动创造新价值，只是由于抽象劳动的单纯的量的追加；而转移或保存生产资料的旧价值，只是由于具体劳动的特殊性质。同一劳动由于它的二重性造成的二重结果，清楚地表现在下述几个方面：首先，如果劳动生产率提高，同一劳动时间内新创造的价值量不变，而由于消费的生产资料增多，转移的旧价值也增多。其次，如果劳动生产率不变，但生产资料本身的价值发生了变化，这样，同一劳动时间内工人新创造的价值量不变，但转移的旧价值却发生了变化。生产资料的价值提高，转移的价值也增加，生产资料的价值降低，转移的价值也就减少。最后，如果劳动生产率和生产资料的价值都不变，同一劳动时间内工人的劳动所转移的旧价值和创造的新价值成正比。就是说，工人加进的价值越多，他保存的价值也就越多。以上情况表明：劳动保存价值的属性和创造价值的属性在本质上是不同的，二者存在着明显的区别。

不变资本和可变资本的划分

在价值增殖过程中，用于生产资料的那部分资本和用于劳动力的那部分资本起着完全不同的作用。用于生产资料的那部分资本，在生产过程中只是把存在于原使用价值形态中的价值通过工人的具体劳动转移到新的使用价值形态中。生产资料能够转移到新产品中的价值，绝不可能大于它自身所具有的价值。就是说，能够转移的价值量只能以生产资料进入劳动过程时所具有的价值量为限，因为价值转移只不过是把生产资料原有的价值再现到新产品的价值中。

用于劳动力的那部分资本却不是这样。当工人的劳动作为具体劳动把生产资料的价值转移到新产品中保存下来的时候，工人的劳动作为抽象劳动，又每时每刻把新创造的价值追加到新产品中。至于资本家用于购买劳动力的那部分资本价值，工人以工资的形式获得后，便转化为自己所必需的生活资料而被消费掉了，这样，用于购买劳动力的这部分价值就不会转移到新产品中，而只能由工人的劳动再生产出来。是再生产，而不是转移。

以上分析表明：转变为生产资料，即原料、辅助材料、劳动资料的那部分资本，在生产过程中不会改变自己的价值量，使价值发生增殖。因此，马克思把它称为不变资本部分，或简称为不变资本。相反，转变为劳动力的那部分资本，在生产过程中会改变自己的价值量。它不仅再生产出了劳动力的价值，而且生产出了超过劳动力价值的价值，即剩余价值，这个剩余价值本身是可以变化的，是可大可小的。这部分资本价值从不变量不断变为可变量。因此，马克思把它称为可变资本部分，或简称为可变资本。

资本的这两个组成部分，从劳动过程的角度看，是作为生产资料和劳动力相区别的；从价值增殖过程的角度看，则是作为不变资本和可变资本相区别的。

不变资本和可变资本的区分，是马克思在劳动二重性学说基础上首先得出的。这一理论充分证明了资本家用于生产资料的那部分资本，不会产出新价值和剩余价值，即不是剩余价值的源泉，只是生产剩余价值的必要条件。只有用于劳动力的那部分资本才会创造剩余价值，是剩余价值的源泉，从而进一步揭示了剩余价值的真正来源和本质。不变资本和可变资本的区分，也为计算剩余价值率和建立资本有机构成理论奠定了科学的理论基础。

第七章　剩余价值率

本章的任务是：揭示和计量资本家对工人的剥削程度，阐述剩余价值率的计算方法。

1. 劳动力的剥削程度

剩余价值率是剩余价值同可变资本的比率

上一章的分析表明：资本家的预付资本分为两部分，一部分是转变为生产资料的资本部分即不变资本，另一部分是转变为劳动力的资本部分，即可变资本。以C代表预付资本，c代表不变资本，结束时所得到的商品的价值=c+v+m，其中c是生产资料转移过来的价值，v是工人再生产出来的劳动力价值或可变资本的价值，m是由工人的剩余劳动创造的剩余价值。资本家剥削工人所得到的剩余价值，表现为产品价值超过它的各种生产要素的价值总和而形成的余额，也就是表现为预付资本价值的增殖额。

但是，前一章的分析已经表明：不变资本价值在生产过程中不会发生价值量的变化，因而它不是价值增殖的源泉。剩余价值只是可变资本发生价值变化的结果。因此，v+m=v+Δv，其中Δv表示v的增殖额。在现实过程中，剩余价值表现为整个预付资本的增殖额，实际上是掩盖了真实的关系。这样，要考察和计算资本家对雇佣工人的剥削程度，就应该把产品价值中只是不变资本价值转移的那一部分完全抽去，假定其等于零。

假定不变资本等于零，预付资本就从c+v简化为v，产品价值c+v+m就简化为v+m。现在，剩余价值只表现为可变资本价值发生变动的结果。这样，计算资本家对雇佣工人的剥削程度，即剩余价值的相对量，就是把剩余价值同可变资本相比。剩余价值同可变资本的比率就是剩余价值率，用公式表示为 $m'=\frac{m}{v}$，m′表示剩余价值率。例如，假定可变资本为90万元，剩余价值为90万元，$m'=\frac{90}{90}=100\%$。

剩余价值率也可以表现为剩余劳动同必要劳动的比率

在资本主义生产过程中，工人的工作日实际上可分为两部分：一部分劳动时间再生产出劳动力的价值，用以补偿资本家预付的可变资本的价值。这部分工作日就是必要劳动时间，在这部分时间内耗费的劳动就是必要劳动。必要劳动对工人来说之所以必要，是因为工人为了维持生存，就必须耗费一定的劳动来获取生活资料，这是不以生产的社会形式为转移的。必要劳动对资本和资本世界来说也是必要的，因为它为资本再生产出作为剥削对象的劳动力。

工作日的另一部分，是工人超出必要劳动时间而劳动的那部分时间。在这段时间中，工人劳动的耗费只为资本家创造剩余价值，而不为工人自己创造任何价值，因而这部分工作日就称为剩余劳动时间，在这个时间内耗费的劳动就称为剩余劳动。可见，剩余价值是剩余劳动时间的凝结，是剩余劳动的物化。认识这一点，对于认识剩余价值具有决定性的意义。因为任何形式的剥削都是一部分人对另一部分人的剩余劳动的无偿占有，但在不同的剥削制度下，榨取剩余劳动的方式是不同的。在奴隶社会，奴隶主直接榨取奴隶的剩余劳动。在封建社会，农民的剩余劳动是以各种地租的形式被封建主所占有。在资本主义社会，工人的剩余劳动表现为剩余价值。因此，使各种社会经济形态，例如奴隶社会和雇佣劳动的社会区别开来的，只是从直接生产者身上榨取剩余劳动的不同形式。

由于可变资本的价值等于劳动力的价值，劳动力的价值又是由工人在必要劳动时间内耗费的必要劳动再生产出来的，而剩余价值则是由工人在剩余劳动时间耗费的剩余劳动创造的，因此，剩余价值率也可以用剩余劳动和必要劳动的比率来表示，因为剩余价值和可变资本之比等于剩余劳动和必要劳动之比。用公式表示为 $m'=\frac{m}{v}=\frac{剩余劳动}{必要劳动}$。剩余价值率的这两种表示方法，实际上是同一关系的两种表现形式。剩余价值和可变资本之比，是用物化劳动形式，即价值形式来表示的剩余价值率；剩余劳动和必要劳动之比，则是用活劳动形式来表示的剩余价值率。

剩余价值率是工人被剥削的程度的准确表现

剩余价值率明确地表示出：在雇佣工人所创造的全部新价值即v＋m中，被资本家无偿占有的部分占工人自己所得部分的比率究竟是多少。如剩余价值率为100％，就表明工人创造的全部新价值的一半被资本家无偿占有了。可见，剩余价值率是工人受资本家剥削的程度的准确表现。所以，剩余价值率也称为剥削率。但是，剩余价值率只表示剥削程度，即剩余价值与可变资本相比较的相对量，而不表示工人为资本家生产的剩余价值的绝对量。剩余价值的绝对量通常称为剩余价值量。如资本家甲预付了50万元可变资本，生产了50万元剩余价值，剩余价值率为$\frac{50万}{50万}=100\%$。资本家乙预付了60万元可变资本，生产了60万元剩余价值，剩余价值率为$\frac{60万}{60万}=100\%$。甲乙两个资本家虽然剩余价值率都是100%，但他们的剩余价值的绝对量却不同。因此，剩余价值率和剩余价值量是两个不同的概念。

产品价值和价值产品的关系

剩余价值率的计算方法简述如下：首先，在全部产品价值中抽去再现的不变资本的价值部分，假定其等于零，从而得出全部产品价值中由工人新创造的价值量，即在商品形成过程中实际生产出来的唯一的价值产品。在这里，必须理解马克思使用的产品价值和价值产品两个概念的内涵。产品价值是指凝结在产品中的社会必要劳动，它包括在劳动过程中转移到新产品中的生产资料价值和工人新创造的价值，也就是等于不变资本加可变资本再加剩余价值，即 c＋v＋m。价值产品则是指在产品价值中由工人新创造的价值部分，它等于可变资本加剩余价值，即v＋m。其次，在价值产品中，如果剩余价值已知，就从价值产品中减去剩余价值，得出可变资本；如果可变资本已知，就从价值产品中减去可变资本，得出剩余价值。最后，在剩余价值和可变资本都已知的条件下，把剩余价值和可变资本相比，即$\frac{m}{v}$，得出剩余价值率。

第八章　工作日

1. 工作日的界限

工作日的长短怎样确定

工作日是指工人一天内的劳动时间，由必要劳动时间和剩余劳动时间之和构成。如果说必要劳动时间在一定时期内是一个定量，那么剩余劳动时间却是一个可变量。

假定必要劳动时间是 6 小时，如果剩余劳动时间分别为 2 小时、4 小时和 6 小时，就可以形成 8 小时、10 小时和 12 小时三个长度不同的工作日。

由此可见，工作日不是一个不变量，而是一个可变量。它的一部分，即必要劳动时间，固然是由不断再生产工人劳动力所必需的劳动时间决定的，但是它的总长度却可以随着剩余劳动时间的变化而变化。因此，在资本主义制度下，工作日是可以由资方或劳资双方的斗争确定的，但工作日本身的长度是可以变动的。

工作日变动的界限

工作日虽然是一个可变的量，但它只能在一定的界限内变动。工作日的变动有一个最高界限。工作日的最低界限是无法确定的。当然，假如剩余劳动时间＝0，我们似乎可以找到一个最低界限，即把工作日确定为必要劳动时间。但是，资本主义生产方式的性质决定了必要劳动时间只能是工作日的一部分，否则，资本主义生产的性质就会被否定。因此，工作日决不会缩短到这个最低限度，也就是说，工作日总要高于必要劳动时间。工作日的最高界限是可以确定的。这个最高界限取决于以下两点。第一，劳动力的身体界限或生理界限。工人在一个24小时的自然日内，总要有一定的时间用来休息、睡眠、吃饭等等，以便满足生理或身体的需要。第二，社会的界限或道德的界限。工人除了满足身体或生理上的需要以外，还必须有一定的时间来满足精神和社会方面的需要，如抚育子女、与亲友交往、学习文化知识等。这种需要的范围和数量，由一个国家的经济文化发展状况决定。上述两个界限决定了工作日的长度只能在生理界限和社会道德界限以内变动。但是，这两个界限本身都具有极大的伸缩性，因而在资本主义现实生活中存在各种不同长度的工作日。

工作日的长度由阶级力量的对比决定

商品交换规律本身不能规定工作日的界限，也不能规定剩余劳动时间的界限。在买卖劳动力时，一方面，资本家会坚持商品购买者的权利，即他购买来的商品由他支配和消费，因而会尽可能延长工作日，如有可能，他愿意把一个工作日变成两个工作日。另一方面，工人也会坚持他作为商品出卖者的权利，要求把工作日限制在一个正常的长度以内。于是，这里出现了“二律背反”，买者的权利和卖者的权利相对抗。而这两种权利都是商品交换规律所承认的。在两个平等权利的对抗中，力量的对比起决定作用。所以，在资本主义发展的历史上，工作日的正常化过程表现为工人同资本家为规定工作日界限的斗争。这是全体资本家阶级和全体工人阶级之间的斗争。

有必要说明：《资本论》中讲工人的劳动时间时，往往假定为12小时。这反映了100多年前，马克思所看到的资本主义国家的实际情况。现代资本主义国家的工作日已经比那个时期大大缩短了。发达资本主义国家工人一周的劳动时间大约为40小时。这一方面是工人阶级长期斗争的结果，另一方面是由于劳动生产力有了很大的提高，工人阶级为资产阶级所生产的财富以惊人的速度增长了。在新的条件下，缩短劳动时间，依然可以保证资本家获得大量的剩余价值，而且有利于缓和阶级矛盾，从而有利于资本主义制度的相对稳定。

第四篇

相对剩余价值的生产

第十章　相对剩余价值的概念

相对剩余价值的含义

在工作日长度已定的情况下，资本家怎样才能延长剩余劳动时间，从而增加剩余价值的生产呢？

假定有一个工作日，它的总长度是12小时，用线段ac表示。其中必要劳动时间和剩余劳动时间的比例是已定的10小时和2小时，分别用线段ab和bc来表示，可用下图表示：

a————————————b——c

尽管工作日长度ac已定，但剩余劳动时间bc仍然可以延长，不过不是沿bc向外延长，而是向ab段的方向延长。假定延长1小时，即延长到b′，如下图所示：

a——————————b′—b——c

上图中，从b到b′是1小时，也就是说，在12小时工作日不变的条件下，剩余劳动时间向a的方向延长了1小时。这样，剩余劳动时间就由bc的2小时延长到b′c的3小时，从而剩余劳动时间就增加了50%。从上图中可以清楚地看到，如果必要劳动时间不同时从ab缩短到ab′，即从10小时缩短到9小时，要使剩余劳动时间从bc延长到b′c，即从2小时延长到3小时，是不可能的，所以，在工作日长度不变的情况下，只有通过缩短必要劳动时间，从而相应地延长剩余劳动时间，才能增加剩余劳动时间的绝对量和相对量。在这里，改变的不是工作日的长度，而是工作日中必要劳动时间和剩余劳动时间的划分。

由于必要劳动时间的长短是由劳动力的价值决定的，只有劳动力的价值降低了，工人再生产自己劳动力价值的必要劳动时间才会缩短。从上面的图示看，只有劳动力的价值降低十分之一，必要劳动时间才能减少十分之一，即从10小时减少到9小时，从而剩余劳动时间才能从2小时延长到3小时。

怎样才能把劳动力的价值降低呢？需要降低维持劳动力再生产所必需的生活资料的价值。要做到这一点，必须变革传统的生产条件和方法，提高劳动生产力。

马克思把通过延长工作日，从而延长剩余劳动时间而生产的剩余价值，叫做绝对剩余价值；把通过缩短工作日中的必要劳动时间，相对延长剩余劳动时间而生产的剩余价值，叫做相对剩余价值。

相对剩余价值和超额剩余价值

生产相对剩余价值，需要提高这样一些部门的劳动生产力：这些部门的产品或者直接属于工人日常生活资料的范围；或者是为生产生活资料的部门提供生产资料。这些部门的劳动生产力提高后，会降低工人所需要的消费品的价值，从而会降低劳动力的价值。这样才会缩短必要劳动时间，产生相对剩余价值。

工人的必要生活资料是多种多样的，它们是由各个特殊产业部门的产品组成的。劳动力价值的降低是所有上述特殊产业部门劳动时间减少的结果。个别有关商品价值的降低，只是按照该商品在劳动力价值决定中所占的比例，降低劳动力的价值。而且，从各个资本家来看，他提高劳动生产力使商品便宜的时候，其直接目的并不是要降低劳动力价值，从而减少工人的必要劳动时间，而是为了追逐超额剩余价值。正是对超额剩余价值的追逐，最终导致各个部门劳动生产力的提高和相对剩余价值生产的实现。

举例来说，假定某一部门每件商品的社会价值为2元，或者说，代表2小时社会必要劳动。个别资本家改进生产方法以后，每件商品只花费了1.5小时的个别劳动，其个别价值为1.5元。但是，商品的价值不是由生产它所实际花费的个别劳动时间决定的，而是由社会必要劳动时间决定的。商品的现实价值不是它的个别价值，而是社会价值。因此，采用新生产方法的资本家可以按2元的社会价值出售自己的商品，超出其商品的个别价值0.5元，这个0.5元就是超额剩余价值。

对于个别资本家来说，超额剩余价值实质上也属于相对剩余价值，因为它也是通过必要劳动时间的缩短和剩余劳动时间的相应延长而获得的。例如，一个12小时的工作日的产品价值是20元，其中12元属于转移的生产资料的价值，剩下的8元是追加的新价值。社会上12小时的同类社会平均劳动只创造6元的价值。如果这个资本家仍然和以前一样，只用5元支付劳动力的价值，那么，工人现在要再生产这5元价值，就用不着过去的10小时，只要7.5小时就够了。这样，工人的剩余劳动时间就相应增加了2.5小时，生产的剩余价值就从1元增加到3元。可见，采用先进生产方法的资本家比同行业的其余资本家，可以在一个工作日中占有更大的部分作为剩余劳动，从而占有更多的剩余价值。

个别资本家可以采用新技术，提高劳动生产力，全体资本家也可以这样做。一旦新的生产方法被普遍采用，劳动生产力普遍提高，商品的社会价值就会随之下降。原先采用新技术的企业，其商品的个别价值与社会价值的差额也就随之消失，从而超额剩余价值也就消失了。资本家要想继续获得超额剩余价值，就必须采用更新的生产技术和方法。这种对超额剩余价值的追求是无止境的，它会作为竞争的强制的规律，迫使他的竞争者也采用新的生产方法，提高劳动生产力。只有当劳动生产力的提高扩展到与工人的必要生活资料的生产有关的部门，才会引起劳动力价值的降低，相对剩余价值的生产才能实现。所以说，超额剩余价值是资本家追逐的目的，而相对剩余价值则是追逐这种目的时必然导致的社会结果。

超额剩余价值的来源是什么？学界有不同的看法。有人认为先进企业所获得的超额剩余价值，是由落后企业转移过来的价值构成的。根据马克思的说明不是这样。他说："生产力特别高的劳动起了自乘的劳动的作用，或者说，在同样的时间内，它所创造的价值比同种社会平均劳动要多。"［370］就是说，先进企业的个别劳动时间会被社会承认为较多的社会必要劳动时间，因而"创造的价值"要更多些。

相对剩余价值与劳动生产力成正比

我们知道，商品的价值与劳动生产力成反比。由于劳动力的价值是由作为工人必要生活资料的商品的价值决定的，因而劳动力的价值也同劳动生产力成反比。与此相反，相对剩余价值和劳动生产力却成正比。劳动生产力提高，相对剩余价值就增加；反之，相对剩余价值就减少。在货币价值不变的情况下，假定一个12小时的社会平均工作日生产的新价值是6元，劳动生产力提高以后，如果劳动力的日价值从5元下降到3元，剩余价值就从1元增加到3元。再生产劳动力的价值就从需要10小时劳动降到6小时。剩余劳动时间也相应增加了4小时，从而生产出相对剩余价值2元。这就是资本家改进技术、提高劳动生产力的内在冲动和经常的趋势。

上述分析表明：资本家关心的不是商品的绝对价值的高低，而是商品出售时所得到的剩余价值多少。由于相对剩余价值的增加与劳动生产力的提高成正比，而商品的价值与劳动生产力的提高成反比，所以在劳动生产力提高的同一过程中，商品的价值会降低，而其中包含的剩余价值却会增加。这就从理论上揭示了魁奈用来为难他的论敌的一个谜：为什么只关心交换价值的资本家，却总是力求降低商品的价值？

总之，资本家提高劳动生产力，使商品价值降低，其目的绝不在于缩短工作日，而在于缩短必要劳动时间，增加相对剩余价值的生产。

目前，在发达的资本主义国家，由于劳动生产力有了大幅度的提高，必要劳动时间已大体缩短到工作日的四分之一。如果工作日为 8 小时，必要劳动时间约为 2 小时。因此，剩余价值率一般提高到 300%左右。由于在劳动生产力有很大提高的条件下，同一劳动时间所生产的使用价值会几十倍地增长，所以工人以更少的必要劳动时间所获得的消费品不但不会减少，反而可能有较大增长。

第五篇

绝对剩余价值和相对剩余价值的生产

第十四章　绝对剩余价值和相对剩余价值

前面的章节已经阐述了绝对剩余价值的生产和相对剩余价值的生产的方法问题，本章将进一步论述绝对剩余价值生产和相对剩余价值生产之间的关系，二者是既相联系又有区别的。本章还提出了生产劳动概念内涵的发展，进一步分析了资本主义劳资关系的发展。

生产劳动内涵的发展

第五章讲劳动过程时指出："如果整个过程从其结果的角度，从产品的角度加以考察，那么劳动资料和劳动对象二者表现为生产资料，劳动本身则表现为生产劳动"[211]。同时在第五章脚注中指出："这个从简单劳动过程的观点得出的生产劳动的定义，对于资本主义生产过程是绝对不够的"[211]。现在研究的问题已进入资本主义剩余价值的生产，对生产劳动内涵的变化与发展，需要进行新的分析和说明。

前面讲劳动过程是从单个人的劳动过程进行考察的，而资本主义生产中的劳动过程是一种结合劳动和总体劳动，是许多人共同配合的劳动。当一个人进行生产劳动时是脑力劳动和体力劳动相结合，既用脑，又用手。如一个木匠靠手工劳动生产一件木器制品，自行设计，自己操作，脑体并用，没有社会分工协作，全部劳动过程都由自己完成。

在资本主义生产中，脑力劳动和体力劳动分离了。个体生产者的产品，转化为“总体工人即结合劳动人员的共同产品”[582]。“总体工人”也可以译作总体劳动者。这里既包括一般生产工人，也包括科技人员和管理人员，包括体力劳动者和脑力劳动者总体，因此，过去由一个劳动者完成的全部操作过程，现在分别由许多人分工完成了，有的劳动分工，不需要直接加工于劳动对象，“只要成为总体工人的一个器官，完成他所属的某一种职能就够了”[582]。

如产品设计人员不需要亲自动手生产产品，检验人员检查产品是否合格，也不需要参加产品的生产，但他们都是总体劳动的构成部分，都是生产劳动，这样，生产劳动的概念就扩大了。马克思说：“上面从物质生产性质本身中得出的关于生产劳动的最初的定义，对于作为整体来看的总体工人始终是正确的。但是，对于总体工人的每一单个成员来说，它就不再适用了。”[582]

为什么说“对于作为整体来看的总体工人”前述生产劳动的概念依然是正确的呢?因为从生产某种产品来说，由一个劳动者完成全部劳动过程，同由总体工人分工协作完成全部劳动过程，生产出同样的产品，其结果是一样的。

“但是，另一方面，生产劳动的概念缩小了。”[582] 因为资本主义生产不仅仅是物质产品的生产，更重要的是剩余价值的生产。在资本家看来，只有生产出剩余价值的劳动，才是生产劳动。因此，生产工人（生产劳动者）的概念“决不只包含劳动和效果之间的关系”[582]，“还包含一种特殊社会的、历史地产生的生产关系”[582]。古典政治经济学正是把生产剩余价值的生产看作生产工人的决定性特征。不过，由于对生产剩余价值的起源看法不同。对生产工人的界定也会不同。比如，重农学派认为只有农业劳动才提供剩余价值，所以认为只有农业劳动才是生产劳动。而在马克思看来，凡生产物质产品的劳动，无论是否提供剩余价值，都是生产劳动。

绝对剩余价值和相对剩余价值的关系

绝对剩余价值的生产是资本主义制度的一般基础，因为资本主义生产总是要将劳动时间延长到必要劳动时间之外。绝对剩余价值的生产又是相对剩余价值的生产的起点。因为先有必要劳动时间和剩余时间的既定划分，先有绝对剩余价值的生产，才可能在此条件下缩短必要劳动时间，相对延长剩余劳动时间。另外，绝对剩余价值的生产，在现有生产条件下通过延长工作日就可以进行；而相对剩余价值的生产，要求有劳动生产力的提高，要求“劳动的技术过程和社会组织发生彻底的革命”[583]。

马克思说：“相对剩余价值的生产以特殊的资本主义的生产方式为前提”[583]。何谓“特殊的资本主义的生产方式”？就是指在生产方法、生产条件和生产关系上发生了变革。比如，采用先进的科学技术，改进生产组织和管理等，以提高劳动生产力，这是属于生产力方面的变革。至于生产关系方面的变革，是指劳动对资本的从属关系发生了变化，由形式上的从属发展为实际上的从属。所谓劳动对资本的形式上的从属关系，是指在最初的资本主义绝对剩余价值生产中，还没有发生生产组织和劳动分工方面的根本变革，也没有发生科技革命，没有实现机械化生产，每个工人还可以独立地生产出某种产品，因而资本对劳动的统治，不是由于工人失去了独立劳动的技能，只是由于工人没有生产资料不得不靠出卖劳动力为生，因而劳动对资本的从属只是形式上的。而在相对剩余价值的生产中，由于发生了生产组织和分工的变革，特别是在机器生产中，每个工人只从事局部的劳动过程，失去了独立生产某种产品的技能，不得不从事雇佣劳动，从而由劳动形式上从属于资本，发展为实际上从属于资本了。

劳动生产率和自然条件对发展的意义

资本主义绝对剩余价值的生产和相对剩余价值的生产，都以一定程度的劳动生产率为前提，其实，一切剥削制度，包括奴隶制度和封建制度，都要以能够提供剩余劳动或剩余产品的劳动生产率的发展为前提。没有一定程度的劳动生产率，“就不可能有剩余劳动，从而不可能有资本家，而且也不可能有奴隶主，不可能有封建贵族，一句话，不可能有大占有者阶级”[585]。

在人类社会发展的前期，劳动生产力很低，依靠别人的剩余劳动生活的那部分人的数量也相对较少。随着社会劳动生产力的提高和剩余劳动的增加，这部分人的数量也增大起来。

劳动生产力的高低，与自然条件相联系。自然条件可分为两类。一是生活资料的自然富源，如肥沃的土壤、鱼类丰富的水域等；二是劳动资料的自然富源，如可利用的瀑布、河流、森林、矿藏等。在人类文化早期，第一类自然富源对人类社会的生存与发展有决定性意义。在人类社会发展的较高阶段，第二类自然富源则具有决定性意义。人类社会越发展，生产力越提高，第二类自然富源的作用就越重要，并需要开拓新的自然富源。

第六篇

工 资

第十七章 劳动力的价值或价格转化为工资

分析工资问题的理论意义

研究资本主义工资问题，阐明工资不是从现象上看的劳动的价值或价格，而实质上是劳动力的价值或价格，具有重要的理论和实际意义。在这里，工资理论是服从于建立剩余价值理论的任务的。在现实生活中，人们容易认为，工资是劳动的全部报酬，是劳动的价值或价格。资产阶级及其学者抓住这一现象，作为本质，进行理论宣传。他们讲：资本创造了利润，土地创造了地租，劳动创造了工资。工资作为劳动的价值或价格，就是工人全部劳动创造的价值，不存在剥削关系。

马克思的工资理论是要阐明：本质上工资是劳动力的价值或价格，不是劳动的价值或价格。因为工人出卖的是劳动力，而不是劳动，但工资在现象上表现为劳动的价值或价格，本质转化为现象，本质被现象掩盖了，所以，本章的标题是“劳动力的价值或价格转化为工资”。题义就已表明：劳动力的价值或价格转化为劳动的价值或价格了。

劳动不是商品因而没有价值，这在第四章已经说明，雇佣工人出卖给资本家的是劳动力商品，工人得到的是劳动力的价值或价格。但是，在资本主义社会中，工资却表现为对一定量的劳动支付的一定量的货币。资产阶级经济学家把工资视作“劳动价值”的货币表现，称之为劳动的“必要价格”或“自然价格”，把围绕它上下波动的价格称为劳动的“市场价格”。事实上，劳动不是商品，因而它没有价值和价格。这是因为：

第一，如果劳动是商品，它必须在出卖以前就已经独立存在。而能够在出卖以前独立存在的劳动，只能是物化劳动，而不是活劳动。但是，工人如果能使他的劳动作为物化劳动独立存在，他出卖的就是商品，而不是劳动。

第二，撇开上述矛盾不说，如果货币工资作为物化劳动，能和工人的活劳动直接交换，那么，就会引起这样的理论后果：或是否定在资本主义商品经济中充分发挥作用的价值规律，或是否定以雇佣劳动为基础的资本主义生产方式本身。举例来说，假定工人 12 小时的劳动生产了包含新价值 6 元的产品。如果是等价交换，工人就应以 12 小时劳动换取 6 元货币，他的劳动的价格等于他的产品的价格。这样，工人就不能为资本家生产剩余价值，资本主义生产的基础也就不存在了。如果是不等价交换，工人 12 小时劳动所得比 6 元货币要少，就是说，工人用 12 小时的活劳动只换取小于 12 小时的物化劳动。不等量的这种相等，否定了价值规律。

因此，从劳动的形式上的区分，即从物化劳动和活劳动的区分，企图引出较多量的活劳动可以同较少量的物化劳动相交换，是徒劳无益的。事实上，决定商品价值量的，是现在生产该商品的社会必要劳动时间，而不是过去生产该商品的已经物化的劳动。这样，上面的那种做法就显得更荒谬了。

第三，在市场上，与资本家的货币相交换的不是劳动，而是工人的劳动力。工人的劳动是在他出卖劳动力以后才开始的。这时，劳动已不再属于工人，而属于资本家，因而工人也就不可能再把它出卖。

总之，劳动是价值的实体和内在尺度，但是它本身没有价值，它不是商品。

工资是劳动力的价值或价格的转化形式

劳动力的价值或价格是怎样表现为劳动的价值或价格的呢？

我们假定，一个工作日是 12 小时，劳动力的日价值是 3 元，它代表 6 小时劳动创造的价值。工人在 12 小时劳动中创造的价值是 6 元。如果工人一天得到 3 元的工资，他就获得了在 12 小时内发挥作用的劳动力的价值。但在资本主义制度下，劳动力的日价值 3 元，被当作一日 12 小时劳动形成的价值，因而工人 12 小时劳动的报酬，也就成为 12 小时劳动的价值或价格。劳动力的价格同它的价值的偏离，也就表现为劳动的价格同它的价值的偏离了。

既然劳动的价值只是劳动力价值的不合理的用语，那么劳动的价值（实际上是劳动力价值）必定总是小于劳动的“价值产品”（即劳动创造的新价值＝v＋m），因为资本家总是把工人的劳动时间延长到再生产劳动力价值所需要的时间以上。在上述例子中，劳动力的日价值是 3 元，只体现着 6 小时劳动，而劳动力实际执行职能的时间是

12 小时，创造的全部新价值即价值产品是 6 元。这样，资本家才能无偿占有 3 元的剩余价值。因此，在劳动力价值表现为劳动的价值的情况下，我们可以明显地看到一个自相矛盾的结果：创造 6 元价值的劳动，它本身的价值只有 3 元。

工资掩盖了资本主义的剥削关系

劳动力的价值或价格采取了工资的形式，掩盖了资本主义的剥削关系。因为工资这种形式表现为劳动的价值或价格，从而消灭了工人的劳动分为必要劳动和剩余劳动、有酬劳动和无酬劳动的一切划分痕迹，工人的全部劳动都表现为有酬劳动。在实行徭役劳动的封建制度下，农奴为自己的劳动和为地主的劳动在空间上和时间上都是明显地分开的。在奴隶劳动制度下，由于奴隶本身属于奴隶主所有，因此奴隶为自己的劳动，也表现为好像在为奴隶主劳动，奴隶的全部劳动都表现为无酬劳动。相反地，在资本主义雇佣劳动制度下，由于工资表现为全部劳动的报酬，因此剩余劳动或无酬劳动都表现为有酬劳动。在奴隶劳动制度下，奴隶本身属于奴隶主所有的关系掩盖了奴隶为自己的劳动，而在资本主义雇佣劳动制度下，工资关系却掩盖了雇佣工人被资本家占有的无偿劳动。

总之，资本主义工资的本质和现象关系的颠倒，使资本主义剥削制度带有极大的欺骗性，因而对于资本的统治具有决定性的重要意义。上述颠倒的假象，其影响极为广泛和深刻，以致工人和资本家的一切权利观念，资本主义生产方式的一切神秘性，它所产生的一切平等自由的幻觉，庸俗经济学家们为资本主义剥削所作的一切辩护词，都是以这种歪曲现象为依据的。因此，揭示工资的本质及其颠倒的表现形式，对于揭露资本主义剥削的实质和教育工人阶级，都具有重大的理论意义。

第七篇

资本的积累过程

前面讲资本主义生产过程，讲剩余价值的生产，是从单个资本主义企业的一次生产过程进行分析的，但资本主义的生产过程是不断进行的，是下一个生产过程紧挨着上一个生产过程，这是再生产。再生产分简单再生产和扩大再生产，这里首先分析单个资本的简单再生产。社会总资本的再生产将在《资本论》第二卷中进行分析。

第二十一章　简单再生产

研究资本主义简单再生产，是为了进一步揭示资本家同工人之间的本质关系，阐明不仅工资是由工人自己的劳动生产的价值，而且经过一定的再生产过程，全部资本都会变成转化的剩余价值，并阐明工人的个人消费从属于资本再生产需要的性质。

再生产和简单再生产

在任何社会条件下，人们不能停止消费，也就不能停止生产。不论社会生产的形式如何，生产总是要连续不断地、周而复始地进行下去。如果我们不是把生产过程当作孤立的过程来看，而是从它的经常联系和不断更新的过程来看，那么，生产过程同时也就是再生产过程。任何一个社会要保证再生产能够顺利地不停歇地进行下去，就必须将社会总产品中的一部分再转化为生产资料。生产的条件同时也是再生产的条件。生产过程中已经消耗掉的生产资料，只有在实物形式上由数量相等的新物品补偿时，再生产过程才能继续进行。

再生产不仅是物质资料再生产，同时又是社会生产关系的再生产。人们在生产过程中所结成的生产关系，在再生产过程中必然要重新发生并继续下去。所以，生产具有什么样的社会形式，再生产也就具有什么样的社会形式。在资本主义生产方式下，生产物质资料的劳动过程，只是价值增殖过程的手段和条件，同样，再生产物质资料的劳动过程也是再生产剩余价值的手段。在这里，某个人之所以成为资本家，不是因为他参加了物质资料的再生产活动，而是因为他不断地把货币转化为资本并不断地以资本收入的形式获取剩余价值。

如果资本家把所获得的剩余价值全部用于个人消费，那么，在其他条件不变的情况下，生产过程就只能在原有的规模上重复进行，这就是资本主义简单再生产。例如，资本家预付资本 10 万元，其中不变资本为 8 万元，可变资本为 2 万元。假定剩余价值率为 100%，不变资本全部一次转移完，这样，经过一年生产，产品的价值就为 12 万元。资本家把 2 万元的剩余价值全部用于个人消费，使第二年投入生产的资本仍为 10 万元，即生产规模不变。资本主义的简单再生产并不仅仅是资本主义生产关系的简单重复，它具有为连续性所赋予的某些新的特征。这些特征在孤立地考察资本主义生产过程时是看不到的。

资本主义简单再生产呈现出的新特征

从孤立的一次生产过程看，资本家支付给工人的工资，是由资本家预付的。资本家只是在把由工人生产的商品出卖之后，才收回这些预付可变资本。然而，从再生产过程进行考察，工人只是在自己的劳动力发挥了作用、创造了价值和剩余价值，而且在价值和剩余价值实现之后，才得到工资。就是说，工人既生产了剩余价值，又生产了支付给他的可变资本。工人也只有不断地把自己的消费基金（表现为工资）再生产出来，他才会被资本家雇佣。工人这个星期的劳动或下半年的劳动是用他上星期的或上半年的劳动成果来支付的，因为他在这个时期劳动时，上个时期的产品已转化为货币。

在任何社会里，为维持和再生产劳动者所需要的生活资料基金（马克思又称劳动基金，因为是连续从事劳动所必需的），都只能由劳动者自己生产和再生产出来；只不过在资本主义制度下，这种基金采取了可变资本这种特殊的历史形式。劳动基金之所以能够不断以劳动的支付手段的形式回到工人手中，只是因为工人生产的产品不断地以资本的形式离开工人，被资本家占有。因此，劳动基金以可变资本的形式表现出来，丝毫不会改变资本家是把工人自己的劳动成果预付给工人这一事实。

此外，从资本主义简单再生产过程还可以看到，资本家的全部预付资本在连续进行的再生产中变成剩余价值的转化形式。

生产总有个起点。即便假定资本家最初用于购买劳动力的资本是自己垫付的，与雇佣工人的劳动无关，但是，资本主义再生产过程的连续性所引起的变化，会说明不仅可变资本是由工人自己创造的，而且全部预付资本都是工人劳动的产物。

例如，某个资本家预付资本100万元，每年可剥削到剩余价值20万元。假定这20万元全部用于个人消费，再生产总是在原来的规模上重复。这样，经过五年以后，他所消费掉的剩余价值量是20万元×5＝100万元，与原预付资本量100万元正好相等。这时，尽管资本家手中还拥有100万元的资本，但它只是靠资本家五年共消费了100万元的剩余价值才得以保存的。如果资本家不是靠剥削剩余价值过活，他每年消费20万元，在五年中就会把全部原资本100万元都消费掉。事实上，他现在手中之所以能保存100万元资本，是由于他五年中剥削了100万元的剩余价值。原资本的任何一个价值原子都不复存在了。因此，即使资本在开始进入生产过程时是资本家的私人财产，它在资本主义简单再生产过程中，也会迟早完全成为剩余价值的转化物，成为以货币、商品等形式存在的工人的无酬劳动。

由上可知，资本家的一切资本，不论是可变资本还是预付总资本，都是由工人创造出来的。因此，不是资本家养活了工人，而是工人养活了自己也养活了资本家。当工人阶级夺取了政权以后，剥夺资本家阶级的全部资本，只不过是把被资本家无偿占有的财产收回而已。

工人消费的实质

在考察资本主义简单再生产时，有必要考察工人的消费。工人的消费有两种：生产消费和个人消费。所谓生产消费，就是工人在生产过程中通过自己的劳动消费生产资料，生产出价值增大的新产品。所谓个人消费，就是工人把货币工资用于购买个人生活资料并消费这些生活资料。工人的生产消费是生产过程自身，它生产产品和剩余价值归资本家占有，因而属于资本家的事情，其结果是资本家的生存和致富。工人的个人消费，是在生产过程之外进行的，从形式上看，它属于工人自己的事情，其结果是工人自己的生存。但是，如果我们不是从孤立的生产过程而是从再生产过程来看，不是从单个资本家或单个工人来考察，而是从资本家阶级和工人阶级来考察，情况就大不一样了。

工人的劳动力是资本主义生产不可缺少的要素。工人的个人消费是再生产劳动力的必要条件，对资本家来说，具有极其重要的意义。如果没有工人的个人消费，便没有劳动力的再生产，资本的剥削就失去了对象。从社会范围内的资本主义再生产过程看，从工人和资本家两个阶级的整体关系看，工人的个人消费，不外是把资本用来交换劳动力的生活资料再转化为可供资本重新剥削的劳动力的过程。工人的个人消费，不论在生产过程以内还是以外进行，都如同给机器加油、给蒸汽机添煤加水一样，是资本生产和再生产的一个要素。所以，从实质上看，工人的个人消费与他的生产消费一样，对资本家都是必要的。资本家把资本的一部分变为劳动力时，他做了一举两得的事：既增殖了资本价值，从由工人那里取得的东西（剩余价值）中获益；又维持了劳动力的再生产，从他给工人的东西中获益。

资本主义生产关系的再生产

在资本主义再生产过程中，一方面不断地把工人生产的产品再转化为资本，转化为继续剥削工人的手段；另一方面又通过工人的个人消费，把劳动力出卖者再生产出来。从而，再生产出了劳动力和劳动条件的分离，使资本剥削工人的条件永久化。这样，资本主义生产的前提条件也就不断地被再生产出来，并成为资本主义再生产的前提条件，使工人在经济上永远隶属于资本。

总之，从再生产过程来看，资本主义的生产过程，不仅生产商品和剩余价值，而且生产和再生产了资本主义生产关系本身。它一方面使资本和资本家不断地被再生产出来，另一方面又使雇佣工人不断地被再生产出来。资本主义的再生产过程，是物质资料的再生产和资本主义生产关系的再生产的统一。

马克思关于资本主义再生产的理论，既揭露了再生产的资本主义特殊性，又揭示了再生产的社会一般性。从社会一般性来看，再生产总是物质资料再生产和生产关系再生产的统一；生产处于什么样的社会生产关系中，再生产也就必然在同样的关系下发生。在社会主义条件下，再生产必然是社会主义生产关系的再生产，社会主义公有制经济会再生产出社会主义公有制关系、按劳分配关系、社会主义劳动者之间的关系、走向共同富裕的关系。

但是，社会主义再生产过程，除具有再生产过程的一般性外，还有它自己的特殊的质的规定性。而且社会主义再生产过程，只有自觉地坚持社会主义方向和道路才能顺利实现，才能再生产出社会主义生产关系，这跟资本主义再生产会自发地实现其资本主义生产关系的再生产是根本不同的。社会主义企业的经济体制改革，只能是更有利于社会主义再生产的进行，更有利于社会主义生产关系的自我完善和发展，这样也才能更有利于生产力的发展。如果在理论和实践中离开了社会主义方向和道路，再生产也就会失去其社会主义的性质，就会再生产出非社会主义的或与社会主义相对立的关系来。

第二十二章　剩余价值转化为资本

上一章分析了资本主义的简单再生产。事实上，资本主义生产过程是不断扩大的。这一章就是分析单个资本的积累和扩大再生产过程。资本积累就是将剩余价值转化为资本，使资本不断扩大。在扩大再生产过程中，资本主义生产关系，首先是资本与雇佣劳动的关系进一步发展。

1. 规模扩大的资本主义生产过程。商品生产所有权规律转变为资本主义占有规律

资本积累

资本主义再生产的特征，不是简单再生产，而是扩大再生产。所谓扩大再生产，就是生产在扩大的规模上重复进行。为了进行扩大再生产，资本家就不能把所剥削到的剩余价值全部用于个人消费，而是应将其中的一部分转化为资本。把剩余价值转化为资本，也就是资本积累。

资本积累是资本主义扩大再生产的重要源泉。在其他条件不变时，资本家要扩大生产规模，就需要进行资本积累。假定资本家拥有资本100万元，其中不变资本为80万元，可变资本为20万元，在剩余价值率为100%时，一年可得到剩余价值20万元。第二年，在生产重新开始时，如果资本家把剩余价值中的10万元转化为资本，与原资本100万元一起投入再生产之中，资本便增大到110万元。如此继续下去，随资本积累的不断增大，资本主义再生产规模就会不断扩大。

剩余价值要转化为资本，需要具备一定的条件。首先，剩余价值必须以货币形式存在。资本价值最初是以货币形式预付的，而剩余价值则存在于剩余产品形式中。在这种形式上，剩余价值很难转化为资本。剩余价值只有先完成了从商品形式到货币形式的转变，才能在货币形式上用于积累，与原资本价值结合在一起。其次，必须有扩大再生产所需要的物质资料。要使剩余价值能够现实地转化为资本，市场上就必须有供资本家购买的追加生产资料和为追加劳动力所需要的生活资料。这些物质资料不能从天上掉下来，只能来源于生产，来源于工人的剩余劳动。因而，从整个社会来讲，要有一部分剩余劳动的产品用于制造追加的生产资料和追加的生活资料，使物质资料总量超过简单再生产的需要量。最后，还需要有追加的劳动。这些追加劳动虽然可以通过从外延方面延长在业工人的劳动时间，或通过从内涵方面提高在业工人的劳动强度来获得，但这是有限的，不能任意延长劳动时间和提高劳动强度。随着经济社会的现代化，劳动时间在缩短。由于这种限制，要扩大再生产，就必须有追加的劳动力。这些追加的劳动力，已由资本主义制度本身生产出来了。在劳动力价值的决定中，已经包含了繁殖劳动力需要的费用。资本家使追加的劳动力同追加的生产资料相结合，剩余价值向资本的转化，即资本积累，就现实地完成了，资本主义规模扩大的再生产就发生了。

商品生产所有权规律转变为资本主义占有规律

所谓商品生产所有权规律，就是以商品生产为基础的所有权规律。具体地说，就是商品经济的当事人在交换商品时必须相互承认对方的商品所有权，双方地位平等，实行等价交换。所谓资本主义占有规律，就是资本家占有产品、占有价值和剩余价值的规律。资本家与工人之间进行劳动力买卖时，资本家具有货币所

有权，工人具有劳动力的所有权。资本家按劳动力的价值支付货币，工人让渡劳动力，遵守了等价原则，完全符合商品交换规律和商品生产所有权规律。从形式上看，资本家与工人之间的劳动力买卖关系和一般商品交换关系一样，是以相互承认商品交换中的所有权为前提的。当资本家用积累的资本购买追加劳动力时，仍然遵守等价原则和商品生产所有权规律。但是，实际上，这种等价交换的内容已经发生了变化。它表现在：第一，用来购买追加劳动力的那部分可变资本，是资本家无偿占有工人剩余劳动的产物，是由剩余价值转化而来的。因而，它实际上是资本家用剥削工人的价值来购买工人的劳动力。第二，这部分资本价值在购买了工人的劳动力后，不仅要用工人在生产过程中创造出的新价值来补偿，而且要工人提供新的更多的剩余价值。由此，资本家和工人之间的等价交换关系，就只是一种停留在流通过程的表面现象，成为一种与内容没有关系并掩盖着内容实质的形式。简言之，劳动力买卖的等价关系只是形式，其内容是资本家用他无偿地占有的工人的剩余劳动来不断地换取更大量的工人的活劳动、占有更多的工人的剩余劳动。资本积累的实质就在于此。

在一般商品关系中，生产者对商品的所有权以自己的劳动为基础，买卖双方都是权利平等的商品所有者，谁也不能无偿地占有别人的产品。然而，这个商品生产所有权，在资本主义条件下，表现为资本家无偿地占有工人的无酬劳动的权利，对工人来说，则表现为失去占有自己的劳动产品的权利。所有权与劳动的分离和资本主义占有规律，并没有否定和损害商品生产所有权规律或等价交换规律，而是以遵守这种规律为前提的。资本家正是在完全符合商品生产所有权规律的条件下，进行生产，消费劳动力商品，并产生如下结果：(1) 产品归资本家所有，不归工人所有；(2) 资本家无偿占有产品价值中所包含的由工人创造的剩余价值；(3) 工人保持了自己的劳动力，需要把它继续出卖。资本主义一次生产的结果是这样，简单再生产的结果也是这样，扩大再生产的结果还是这样。不过在扩大再生产中表现得更明显、更深刻。商品生产所有权规律不仅没有被违背，而且不断地获得发挥作用的条件。而其结果，则是资本主义占有。

有的著作中，将马克思这里所讲的商品生产所有权规律转化为资本主义占有规律，解读为由简单商品生产转变为资本主义生产的规律，是一种误解。它讲的是资本主义扩大再生产中的规律，不是回头去讲由简单商品生产发展为资本主义商品生产的问题，后一问题，前面章节中已讲清楚了。

2. 剩余价值分为资本和收入。节欲论

资本积累与资本家的个人消费

在简单再生产条件下，资本家把全部剩余价值都用于个人消费，也就没有资本积累与资本家个人消费之间的问题发生。

在扩大再生产条件下，剩余价值的一部分要作为收入，用于资本家的个人消费，另一部分要作为资本，用于积累，这样，就必然发生二者之间的关系问题。

在剩余价值绝对量已定的条件下，用于资本家个人消费的部分越大，用于资本积累的部分就越小；反之，用于资本家个人消费的部分越小，用于资本积累的部分就越大。因而，在其他条件不变时，剩余价值分割为资本和收入的比例，就决定着资本积累的规模和生产规模的扩大程度。在剩余价值为 20 万元时，如资本和收入的比例为 5∶5，则有 10 万元可用于积累；如二者的比例为 6∶4，则有 12 万元可用于积累。当然，这种分割比例在直接关系上是由资本家决定的，但资本家的行为又是受客观规律制约的。

资本积累的客观必然性

资本家进行资本积累是资本主义经济发展的必然现象。它首先是由剩余价值规律决定的。资本家不过是人格化的资本，他只有实现资本运动的目的——获得剩余价值，才有存在的意义。剩余价值规律作为资本主义生产方式的绝对规律，必然驱使资本家去狂热地追求资本价值的增殖。这样，资本家就必然要不断地进行资本积累，在扩大生产规模的同时，扩大剥削范围。马克思从社会历史发展的更高角度来考察资本积累的历史必然性：资本家狂热地追求价值增殖，“迫使人类去为生产而生产，从而去发展社会生产力，去创造生产的物质条件；而只有这样的条件，才能为一个更高级的、以每一个个人的全面而自由的发展为基本原则的社会形式建立现实基础”［683］。就是说，资本积累促进生产力的发展，客观上是为将来过渡到社会主义制度创造物质条件。其次，资本家的积累行为又是由资本主义的竞争规律决定的。为了在竞争中取胜，就必须积极采用新的科学技术，增加先进设备，扩大生产规模，提高劳动生产率。而这一切又都要求以剩余价值的资本化为重要前提，因此，追求剩余价值作为内在的规律，竞争作为外在的强制规律，迫使资本家不断地进行资本积累。

随着资本主义生产方式的发展，资本积累不断进行，资本家的个人财富日益增加，资本家对待资本积累和个人消费关系的观念也在发生变化。古典的，即早期的资本家把眼光死盯在资本量的增加上，指责个人消费是违背自己职责的“节制”积累；而现代资本家则既注重扩大积累，又注意增加个人消费，认为早期资本家的那种禁欲主义热望带有浓厚的旧式货币贮藏者的偏见。现代资本家之所以这样看待积累和个人享受问题，是由他们所处的客观环境决定的。首先，资本主义生产的进步及发展为资本家的个人消费提供了一个享乐世界，使资本家有可能改变禁欲主义的消费方式，实现个人的享受；另一方面，投机和信用事业的发展开辟了千百个可以突然致富的道路，资本家可以通过信贷扩大生产规模，得到更多的剩余价值，而不再仅仅依靠自己的资本积累。其次，在资本主义发展的一定阶段上，奢侈挥霍已成为资本家显示实力、炫耀富有、争取信用的经常性手段。资本家扩大消费基金，把奢侈列入资本的交际费用，成为他的经营活动的必要条件。最后，资本家的财富增长不是直接同个人在消费上的节约成比例，而是直接同他所榨取的工人劳动多少成比例。只要剩余价值量增加，虽然个人消费部分增大，但资本积累也会增加。因此，资本家的挥霍和资本积累可以一同增加，一方不会妨碍另一方。

马克思关于资本积累的理论，如果舍去资本主义关系的内容，对研究社会主义积累问题也有指导意义。在社会主义建设中，积累仍是扩大再生产的重要源泉。因此，必须注意处理好积累与消费的关系。不可没有积累，也不可不重视消费。重积累轻消费的倾向和重消费轻积累的倾向，都是片面有害的。处理好积累和消费的比例关系，是社会主义建设中的重大问题。“一要吃饭，二要建设”，是处理积累和消费关系的重要原则。

第二十三章　资本主义积累的一般规律

这一章对资本主义经济关系和经济规律的研究进一步深化和展开，阐明资本主义不断积累必然引起的后果，包括资本有机构成的提高；相对人口过剩及其存在形式；资本的积聚与集中；财富在资本一端积累，贫困和劳动折磨在劳动者一端积累的一般规律等。

1. 在资本构成不变时，对劳动力的需求随积累的增长而增长

资本有机构成

资本的构成可以从价值形式和物质形式这两方面来研究。从价值方面看，资本可分为不变资本和可变资本。这两部分资本之间的比率，即比例关系就是资本的价值构成。例如，一个100万元的资本中，不变资本为80万元，可变资本为20万元，两者的比率为8∶2，这就是资本的价值构成。从物质方面看，在生产过程中，每一个资本都可分为生产资料和劳动力。生产资料和劳动力之间也存在着一定的量的比例关系。这种比例关系由生产的技术水平决定并反映着生产技术水平的高低，所以被称为资本的技术构成。

资本的价值构成与资本的技术构成之间有着密切的联系。首先，资本的价值构成是由资本的技术构成决定的。不变资本和可变资本之间的比率取决于生产资料和劳动力之间的比率。其次，资本的价值构成的变化反映着资本的技术构成的变化。既然资本的价值构成是由它的技术构成决定的，那么，在其他条件不变时，价值构成的变化总是由技术构成的变化引起的。例如，在纺织技术提高的条件下，1个织工所能操作的纺织机和加工的棉花增加了一倍。在其他条件不变的情况下，资本的技

术构成提高了一倍，资本的价值构成也随之提高一倍。后者的变化反映了前者的变化。马克思把由资本的技术构成决定并且反映着资本的技术构成的变化的资本的价值构成，称作资本的有机构成。用符号表示为C∶V。资本的价值构成变化，也可能是由生产资料的单纯涨价引起的，因而不反映资本的技术构成的变化。这种价值构成的提高，不能看作是资本有机构成的提高。同一部门的各个资本的有机构成高低不同，因此，将一个部门的各个资本的有机构成加以平均，可得出该生产部门的平均资本有机构成。同理，把一切生产部门的资本构成加以平均，可得出一个国家的社会资本的平均有机构成。

工资随资本积累而增长不会改变工人的经济地位

在资本有机构成不变的条件下，资本家要扩大生产规模，就要同比例地购买追加的生产资料和追加的劳动力。随着资本量的增长，可变资本量也会同比例地增大，从而资本对劳动力的需求和工人的工资也会相应增长。由于剩余价值每年都有一部分转化为资本，而且资本是在不断增大的规模上增殖价值，这样，资本会不断增大，对劳动力的需求也不断增大。另外，在特殊的致富欲刺激下，例如，在社会需求的发展开辟了新的市场和新的投资领域等条件下，资本家只要改变把剩余价值分为资本和收入（积累和消费）的比例，就能突然地扩大积累规模，对劳动力的需求也会突然增加，并会超过劳动力的供给。这时，就会发生工资提高的现象。在英国，15世纪和18世纪上半叶出现过这种情况。

工资提高，对于雇佣工人维持生活和繁殖后代是有利的，但它不会使资本主义生产的基本性质发生变化。从简单再生产来看，它不断地再生产出资本主义生产关系本身：一方面再生产出资本和资本家；另一方面再生产出雇佣工人。从扩大再生产来看，它以扩大的规模再生产出资本主义生产关系：一极是更多更大的资本和资本家，另一极是更多的雇佣工人。在所有这些场合，劳动力的再生产都只是资本自身再生产的一个因素。尽管工人可以把劳动力卖给这个资本家或那个资本家，但他总是不能脱离资本的支配。资本对劳动力需求的增加，只不过意味着无产阶级数量的增加。

在上述对工人较为有利的积累条件下，工人对资本的从属关系变得更宽松了。资本家对工人的剥削和统治关系不是随资本的增长而加强，而是在范围上更加扩大。现在，在由工人所生产的日益增多的产品中，会有一个较大的份额由资本家以支付手段的形式付给工人，使工人能够扩大一点享受范围，如可以吃得好一些，穿得好一些，甚至积蓄一小笔货币。但是，它不能消除雇佣工人对资本的从属关系和资本对雇佣工人的剥削关系。马克思指出，工资随资本积累而提高，“实际上不过表明，雇佣工人为自己铸造的金锁链已经够长够重，容许把它略微放松一点”［714］。只要是在资本主义生产方式下，工人就必须出卖劳动力，为资本家提供剩余价值。因而，雇佣工人只有在能把生产资料当作不变资本来保存，能把劳动力的价值当作可变资本再生产出来，并且使自己的剩余劳动成为追加资本的源泉的条件下，才能出卖自身的劳动力。就是说，雇佣工人只有在接受资本剥削并具有满足资本剥削要求的能力的条件下，才能将劳动力卖出去。所以，不论工人的工资提高到什么程度、生活状况有了什么改善，工人总是要不断地出卖自己的劳动力，不断地增大资本家的财富，使资本主义的生产规模不断扩大。总之，工人阶级在资本主义社会中的经济地位，不会因工资随资本积累的增长而根本改变。

2. 在积累和伴随积累的积聚的进程中资本可变部分相对减少

劳动生产率提高决定了资本有机构成的提高

资本主义经济制度确立以后，在资本积累的进程中，社会劳动生产率的提高起着积极而重要的作用，它直接决定着资本有机构成的提高，从而可变资本部分相对减少的变化趋势，成为促进资本积累的最强有力的杠杆。

如果撇开自然条件和单个生产者的劳动技巧不论，那么，社会劳动生产率的高低，就表现为一个工人以同样的劳动时间所生产的产品量和所使用的生产资料的数量的多少。一般来说，在劳动时间长度、劳动强度已定条件下，一个工人所使用和加工的生产资料数量越多，劳动生产率就越高。在劳动生产率的提高中，工人所使用的生产资料起着两种作用。其一，一些生产资料的增加是劳动生产率提高的结果。例如，由于采用了机器生产，提高了劳动生产率，单位时间内加工的原材料便增多了。其二，有的生产资料的增长是劳动生产率提高的重要前提。例如，使用技术水平更高的新机器设备，就能在单位时间内生产出更多的产品，就需要有更多的生产资料，这类生产资料的增长是劳动生产率提高的物质条件。但是，不管是条件还是结果，只要与使用生产资料的劳动力数量相比，生产资料的相对量增长了，就表示劳动生产率在提高；劳动生产率的提高，也表现为劳动的量比它所推动的生产资料的量相对减少。

劳动生产率提高，使资本的技术构成发生变化，在其他条件相同时，必然要引起资本价值构成的相应变化。这意味着资本有机构成的提高，即不变资本部分相对增加，而可变资本部分相对减少。也可以说，不变资本的相对量同积累的增进成正比，而可变资本的相对量同积累的增进成反比。这种变化趋势，既适用于同一国家的不同经济时代，也适用于同一时代劳动生产率发展程度不同的国家。

在劳动生产率提高引起资本有机构成提高的过程中，有两个问题需要注意：

第一，资本价值构成中可变资本部分比不变资本部分相对减少，只是近似地反映了资本技术构成中劳动力和生产资料之间的比例变化。例如，资本价值构成中的不变资本与可变资本的比例由 5∶5 上升为 7∶3，但同一时期，一个劳动力所推动的生产资料数量可能已经增长了几倍或几十倍，即资本技术构成的提高快于其价值构成的提高。

这种情况之所以发生，是因为在劳动生产率提高的过程中，不仅每个劳动者所使用和加工的生产资料数量大大增加了，而且生产资料自身的价值也因劳动生产率的提高而下降了。因而，生产资料的价值量不可能和它的使用价值量同比例增长。因此，在劳动生产率提高的过程中，资本价值构成虽能反映资本技术构成的变化，但不能完全反映，只能近似地反映。马克思用历史事实说明了这种变化情况：在马克思写《资本论》的当时，投入纺纱业的资本价值中，不变资本占$\frac{7}{8}$，可变资本占$\frac{1}{8}$，而在 18 世纪初，不变资本只占$\frac{1}{2}$。"目前一定量纺纱劳动在生产中所消费的原料、劳动资料等等的量却比 18 世纪初要多几百倍"[719]。

第二，随着资本有机构成的提高，可变资本在预付总资本中所占的比重会减少，但这绝不意味着可变资本的绝对量也一定会减少。例如，当总资本为 100 万元时，不变资本和可变资本的比例为 5∶5，可变资本为 50 万元。在资本有机构成提高到 8∶2 时，如果资本总量增长到 300 万元，那么，可变资本的绝对量就增长到 60 万元。因此，可变资本的绝对量可以在它的相对量下降时增加。

资本积累和劳动生产率提高相互推动，引起资本有机构成提高

前面已经讲过，社会劳动生产力的提高，是以大规模的协作为前提条件的，因为只有在这种条件下，才能合理地组织劳动的分工和结合，使生产资料得到合理的使用，使那些只能够共同使用的劳动资料如机器体系等产生出来，使巨大的自然力为生产服务，使科学技术在生产过程中得到应用，等等。在这种条件下，社会劳动生产力发展所需要的大规模的协作条件，只有通过单个资本家的资本量增长来实现。

在资本主义生产中，一切提高社会劳动生产率的方法，同时也就是增加剩余价值生产、加速资本积累的方法。资本积累会促进劳动生产率的提高，而劳动生产率提高又反过来促进资本积累。这两种经济因素相互推动的复合力量，推动资本的有机构成不断提高。

资本积聚

资本积聚是指由资本积累而引起的单个资本家手中的生产资料的增大以及相应的对劳动支配权的增大。每一个资本从物质形态上看，都是生产资料的或大或小的积聚，并支配着一支相应的劳动力队伍。在资本积累的过程中，随着单个资本家手中的资本不断增大，生产资料的积聚也在扩大，这为再生产规模的扩大和劳动生产率的提高提供了物质条件。在这里，需要注意两点：其一，各单个资本的生产资料积聚是同各单个资本价值在社会总资本中所占的份额同比例增长的。其二，在资本积累进程中，由于资本家家庭内部的分产等原因，一个原始资本会分出若干个新的独立执行职能的小资本，资本家的人数也会增加。因而，资本的积聚和资本的分散是并存的现象。

由资本积聚到资本集中

资本积聚以资本积累为基础，并与资本积累一样都表示着资本主义再生产规模的扩大。资本积聚有两个重要特征。第一，资本价值的积累转化为生产资料的积聚，要受到社会财富增长程度的限制。就是说，社会再生产出的追加生产资料的多少，为资本积聚的增长程度造成界限。第二，由于资本积聚是单个资本的生产资料积聚，这些资本家作为商品生产者相互独立和相互竞争。由此，不仅使资本积累和生产资料的积聚分散在许多点上，而且使已经发挥作用的单个资本的实际增长受到两方面的阻碍：一方面是许多新资本的形成，这意味着资本的进一步分散；另一方面是旧资本的分裂，由较大的资本分裂为几个小资本。由于上述特点，所以，资本积聚一方面表现为生产资料的积聚以及与其相应的对劳动力支配权的增长，另一方面又表现为许多单个资本的相互排斥。资本积聚的两个特点，实际上是同下面要讲的资本集中相比较而言的：单个资本可以通过资本积累的途径增大，也可以通过资本集中的途径增大。所谓资本集中，就是几个资本合并或联合为一个更大的资本。竞争和信用是促使资本集中的两个最强有力的杠杆。竞争中贯彻着优胜劣汰的原则。由于大资本的生产规模大，能够在较大的程度上采用先进的科学技术，合理地管理生产活动，劳动生产率较高，因而在竞争中占据着有利的地位，而那些中小资本则处于不利地位。竞争结果常常是许多较小的资本家失败破产，被大资本所吞并。这就是通常所说的“大鱼吃小鱼”。从信用的作用来看，在信用关系发展的条件下，资本家实际经济实力的大小，不仅要看自有资本的多少，而且取决于他的信用地位和银行支持。由于信用具有把分散在社会各个阶层、各个角落的大大小小的货币集中起来的功能，因而，能够取得信用支持从而获得巨额贷款的资本家就有较大的经济实力，在竞争中就处于有利地位。另一方面，一些中小资本家为避免被大资本吞并，也通过信用关系，联结为一个较大的资本。这样，信用在促进资本集中的同时，也促使各资本家之间的竞争进一步激化。资本集中与资本积聚不同。在资本积聚中，单个资本和社会总资本量是增长的；而在资本集中中，只是社会已有的资本在各个资本家之间的再分配。在这种再分配中，一个资本家手中的资本增大，是其他许多资本家手中的资本被夺走的结果，而社会资本总量不会有所增加。就一个部门来讲，只有在全部资本集中到一个资本家手中时，资本集中才达到极限；就一个社会来讲，只有在全部社会资本集中到一个资本家或一个公司手中时，集中才达到极限。而这种情况是不可能发生的。

在资本主义生产发展过程中，资本积累和资本集中密切联系、相互促进。一方面，资本积累促进着资本集中的发展。这主要表现在：随着资本积累的发展，竞争和信用这两个促进资本集中的最强有力的杠杆，也以同样的程度发展起来。这是因为资本积累使单个资本家手中的资本量增大，使他的竞争实力增强，从而使社会竞争加剧；资本积累又使单个资本家手中所拥有的由于数量不足而不能马上用来扩大生产规模的闲置资本增多，从而促使信用事业发展。另一方面，资本集中又促进着资本积累的发展，起着补充资本积累的作用。不论资本集中是通过竞争的强制道路以大资本吞并小资本的形式实现，还是通过中小资本联合成一个股份公司这样一种较平滑的办法来实现，其结果都必然促进资本家经营规模的扩大。资本集中又积极地促进着资本技术构成的变革，使每个雇佣工人推动的生产资料增加，从而使资本有机构成更快地提高，对劳动力的需要量相对减少。

3. 相对过剩人口或产业后备军的累进生产

相对过剩人口产生的原因

资本积累最初只是表现为单个资本家把剩余价值转化为资本，使手中的资本量扩大。但在社会劳动生产力提高从而资本有机构成提高的条件下，资本积累不断发生质的变化，使资本总量中不变资本所占的部分愈益增大，可变资本所占的部分愈益减少。在社会劳动生产力发展的过程中，资本有机构成提高的速度，即总资本中可变资本部分减少的速度，要比资本积累速度从而总资本自身增长的速度还快。这是因为，在科学技术的进步中，不仅新积累起来的那部分资本的有机构成会提高，不仅单个资本家手中原有资本的有机构成会提高，而且由于在资本积累过程中，伴随有资本集中的发生，可以更大规模地利用新的科学技术，从而使资本有机构成提高得更快。由此，总资本中不变资本与可变资本的比例差额不断拉大，如从原来的 1：1 发展为 2：1、3：1、4：1、5：1 等等，可变资本部分逐渐缩小，即从原来的 1/2 缩小为 1/3、1/4、1/5、1/6 等等。这样，资本的可变部分在资本总量增长过程中递减，必然要相应减少对劳动力的需求；在劳动力供给不变和增加的条件下，就必然使劳动力的供给超过资本增殖的需要，从而生产出相对过剩的工人人口。在资本主义经济中，由资本总量中可变部分减少，从而资本对劳动力需求相应减少所造成的过剩人口发生这一事实，被颠倒地表现为，过剩人口的产生是由于工人人口的自身增长绝对地超过了可变资本的增长和资本对劳动力需求的增长，即表现为工人人口的绝对过剩。但事实上，过剩人口只是相对于资本增殖需要而言的，因而不是绝对的过剩，只是相对过剩。

资本主义特有的人口规律

从社会总资本来看，资本积累运动从整体上引起资本有机构成的提高和相对过剩人口的产生。有时快一些，有时慢一些，有时过剩人口多些，有时则少些，形成周期变化。相对过剩人口的产生也是各个不同生产部门资本积累的结果。存在不同的具体情况：第一，有些生产部门，由于单纯的资本积聚，在资本总量不变的条件下，提高资本有机构成。例如资本为 100 万元，由于劳动生产力的提高，不变资本量由原来的 50 万元上升为 80 万元，可变资本则从原来的 50 万元下降为 20 万元，由此引起生产资料的积聚，即增大，从而引起资本有机构成的提高，使资本对劳动力的需求减少。第二，有些生产部门在资本总量绝对增长的同时，它的可变资本部分绝对减少。例如，总资本量由原来的 100 万元上升为 150 万元，而不变资本与可变资本的比例由 5∶5 上升为 8∶2，使可变资本由 50 万元下降为 30 万元，由此，使资本对劳动力的需求绝对减少。第三，还有一些生产部门，资本积累有时在技术构成不变的基础上发生，资本会按照它增长的同一比例扩大对劳动力的需求；有时又在技术构成提高的基础上发生，这时，资本就会按照小于它增长的比例来增加对劳动力的需求。但是，不论具体生产部门中的情况怎样变化，从总的趋势来看，资本的可变部分的绝对增长从而就业工人人数的绝对增长，总是同过剩人口的产生以及过剩人口数量的经常变动结合在一起的。就是说，资本对劳动力的吸引是与资本对劳动力的排斥同时存在的。而不论这种排斥是通过资本家直接解雇在业工人这个明显的形式表现出来，还是通过使增加工人人口难以就业这一相对隐蔽的形式表现出来，其必然结果都是相对过剩人口的产生。

显而易见，随着正在发挥资本作用的社会资本量的增长和资本积累速度的提高，随着资本主义生产规模的扩大和所使用的工人人数的增加，随着生产的技术进步和劳动生产力的发展，资本有机构成的变化速度会不断地加快，资本对劳动力的吸引力和排斥力的结合规模也不断地扩大。因此，工人人口本身在生产出资本积累的同时，也以日益扩大的规模生产出使他们自身成为相对过剩人口的手段。就是说，工人在生产剩余价值使资本家的资本量不断增大的同时，也使资本对劳动力的排斥力增大。因而，在资本积累中，也必然有一部分工人不为资本所需要，被排斥在生产领域之外，成为相对过剩的人口。这就是资本主义生产方式所特有的人口规律。从本质上说，资本主义特有的人口规律就是相对过剩人口的规律。

人口规律存在于社会经济关系中，必然要受到社会生产关系的制约。因此，在不同的社会中，存在着历史地起作用的特殊的人口规律，不存在超越社会历史条件的抽象的人口规律。

相对过剩人口是资本主义生产方式存在的必要条件

相对过剩人口是资本主义基础上财富增长或资本积累的必然产物。反过来，它又成为资本主义积累的杠杆，成为资本主义生产方式存在的必要条件。这是因为：第一，资本主义各生产部门的发展是不平衡的。由于劳动生产力的发展、资本积累的增进、信用关系的扩大、新市场的出现等等，在某个时期，资本会猛然地涌进那些特别有利可图的生产部门，这时，就需要有大量的追加劳动力投入。这就要由过剩人口来提供。因此，过剩工人人口成为“产业后备军”，为不断变化的资本增殖需要创造出随时可供剥削的、不受人口实际增长限制的人身材料。第二，资本主义经济发展具有周期性。在经济危机时，大量工人被解雇，过剩人口增多，在经济复苏和高涨时，又要有大量工人被雇佣。为此，过剩人口成为资本主义生产不可缺少的劳动力蓄水池。这表明，工人在失业时也绝对地隶属于资本，听从资本的调配。第三，大量过剩人口的存在给在业工人以强大的外部压力，迫使他们为保住自己的职业而接受资本主义的劳动纪律和低下的工资条件，忍受资本的统治和剥削。这样，相对过剩人口的存在，成为加速资本积累的手段。正因为相对过剩人口是资本主义生产方式存在的必要条件，因而，只要资本主义生产方式继续存在，就绝对不可能消灭相对过剩人口，即失业工人的存在。

4. 相对过剩人口的各种存在形式。资本主义积累的一般规律

相对过剩人口的存在形式

在资本主义社会中，存在着各种各样的相对过剩人口。过剩人口经常以三种形式存在：

第一，流动形式的过剩人口。这种形式的过剩人口主要存在于现代工业中心，如制造厂、冶金厂、矿山等中。在这些企业中，工人一旦年龄大了，就会被解雇，去寻找新的可以容纳他们的条件更差的职业。其次，由于资本主义生产的周期性，工人时而被解雇，时而被吸收。这些工人处于流动过剩人口的状态中。

第二，潜在形式的过剩人口。这主要是指在资本主义农业发展中形成的过剩人口。随着农业资本有机构成的提高，农业生产所需的劳动力数量绝对减少。从农业生产中被排斥出来的劳动力就只能转入或准备着转入城市寻找就业机会。之所以把农业过剩人口称为“潜在”形式，是因为在农业生产中虽然已存在相对过剩人口，但农民没有脱离农业生产，因而是“潜在”的过剩。另外，这种潜在过剩人口会最终脱离农业，涌入城市，成为显性过剩人口。

第三，停滞形式的过剩人口。这种形式的过剩人口主要存在于家庭劳动中。他们是现役劳动军的一部分，但就业条件极差：劳动时间特别长，工资特别低，劳动条件特别坏等等，他们的生活状况一般都处于工人阶级的平均生活水平之下。

资本主义积累的一般规律

从以上分析可以看出：发挥作用的社会资本量越大，资本增长的规模和能力越大，从而工人阶级的绝对数量越大和他们的劳动生产力越高，产业后备军就越大。产业后备军的相对量是随着资本积累一同增长起来的。与在业工人相比，失业工人不受劳动折磨了，但贫困增大了。劳动折磨增大，贫困减少，劳动折磨减少，贫困增大，因而二者成反比关系。

资本主义积累，一方面是资本财富的积累，另一方面是工人阶级受劳动折磨和失业贫困的积累。

马克思指出：“社会的财富即执行职能的资本越大，它的增长的规模和能力越大，从而无产阶级的绝对数量和他们的劳动生产力越大，产业后备军也就越大。可供支配的劳动力同资本的膨胀力一样，是由同一些原因发展起来的。因此，产业后备军的相

对量和财富的力量一同增长。但是同现役劳动军相比，这种后备军越大，常备的过剩人口也就越多，他们的贫困同他们所受的劳动折磨成反比。最后，工人阶级中贫苦阶层和产业后备军越大，官方认为需要救济的贫民也就越多。这就是资本主义积累的绝对的、一般的规律。”[742]

有必要说明，在马克思亲自校订的法文版中，将这句话中的“成反比”改成了“成正比”，引起学界的不同解读。问题在于“他们的贫困同他们所受的劳动折磨”这句话中，两个“他们”究竟指哪些人。如果两个“他们”都指失业人口即“常备过剩人口”，贫困与劳动折磨应成反比例。如果两个“他们”分别指在业工人和失业工人，则在业工人“所受的劳动折磨”与失业工人的贫困是成正比的。失业工人越多，越贫困，在业工人所受的竞争压力和劳动折磨越大。在业工人所受的劳动折磨越大，失业工人就越难就业，越受贫困。

马克思关于资本主义积累的一般规律的理论，深刻揭露了无产阶级与资产阶级的阶级矛盾、阶级对抗随着资本主义发展日益加深的客观必然性，为无产阶级认识自己的地位提供了科学的理论说明。它是唤起无产阶级推翻剥削制度，为摆脱贫困、失业而斗争的强大思想武器。

第二十四章　所谓原始积累

如果单从这一章的题目来看，是讲资本的原始积累即初期的积累是怎样产生和进行的，但实际上，这一章的内容是要阐述资本主义产生、发展和走向衰落并最终由资本主义私有制转向社会主义公有制的历史趋势。资本积累有两种：一种是前面已阐明的资本主义扩大再生产中的积累；另一种是现在要阐明的原始积累。后者是前者的基础条件，前者是后者的发展结果。马克思将原始积累称作“所谓原始积累”，加上“所谓”一词，是因为资产阶级及其学者将资本家最初的资本积累，描述成牧歌式的勤劳起家、节俭起家。马克思要通过揭示英国的原始积累过程，说明原始积累的实质，是剥夺广大农民的生产资料和生活条件的过程。

1. 资本主义积累的历史趋势

资本的原始积累

马克思研究资本主义经济，是以老牌资本主义国家英国为典型。英国资本主义生产关系的产生，不是通过农奴直接地转化为雇佣工人，而是通过剥夺直接生产者即个体农民，将小生产者私有制转变为资本主义私有制而实现的。

资本原始积累的实质，就是用暴力手段剥夺直接生产者，迫使劳动者与生产资料相分离，使生产资料和货币集中到少数人手中转化为资本，使直接生产者转化为劳动力的出卖者，即雇佣劳动者。从15世纪70年代到16世纪上半叶，英国首先揭开了资本主义生产方式变革的序幕。在羊毛价格上涨、养羊极有利可图的条件下，新贵族采用暴力手段，把大批农民从土地上赶走，变耕地为牧场，写下了“羊吃人”的历史。16世纪，在宗教改革和对教会地产的大规模占有中，又有大量的世袭佃户被从土地上赶走，成为无产者。与此同时，新兴资产阶级通过推行殖民主义、杀戮土著居民、贩卖奴隶和毒品、抢劫黄金财宝等等，积累了大量的货币财富。因此，资本的原始积累、资本主义生产方式的建立是用血和火的文字载入人类历史的。

个体私有制向资本主义私有制的转变

私有制是劳动资料和劳动对象归私人所有的经济制度。它同生产资料归公共集体所有的经济制度是对立的。但私有制具有不同的性质和特点，可以是劳动者的私有制，也可以是非劳动者的私有制。

土地和其他生产资料分散在每一个单个劳动者手中，是小生产者私有制及其生产方式存在的前提条件。这种分散的小规模经营方式，是与社会化大生产相对立的。它排斥生产资料的积聚，排斥同一生产过程内部的分工和各个生产过程之间的协作，排斥社会对自然界的支配，排斥社会生产力的有效发展。这样，只要发展到一定程度，它就必然与社会生产力的进一步发展发生冲突，并造成消灭它自身的物质手段。在这种转变中，劳动者个人的分散的生产资料转化为社会的积聚的生产资料，从而多数人的小私有财产转变为少数人的大私有财产。这是通过对小生产者的剥夺实现的。它形成了资本的前史。其结果是：小生产者的私有制，被资本主义私有制所代替。资本主义生产方式建立起来了。

资本主义私有制向社会主义公有制的转变

资本主义生产方式建立以后，在生产力的进一步推动中，劳动的分工协作关系进一步发展，生产资料愈益成为适于社会使用的生产资料，这样，就产生了新的私有者剥夺私有者的过程，即资本家剥夺资本家的过程。这种剥夺是通过资本主义生产的内在规律，通过资本的集中进行的。在竞争中，大资本打倒众多的中小资本，成为一个更大的资本。这种资本相互争斗与剥夺的进程，导致最终剥夺所有资本家、消灭资本主义制度的主观条件和客观条件逐步发育成熟起来。

从客观条件来看，随着在竞争中资本家对资本家的剥夺，资本愈益集中，生产社会化进一步发展。生产社会化表现在：第一，生产过程的规模不断扩大，分工协作关系日益发展。第二，科学技术日益被自觉地应用于生产方面，土地日益被有计划地利用，劳动资料日益转化为只能共同使用的社会化的劳动资料。第三，世界市场发展，各个国家的经济关系紧密地联系在一起。在生产日益社会化的同时，资本财富也日益集中到少数资本家手中，使社会生产日益受少数人控制支配，服从少数人的意志。这样，资本主义的基本矛盾——生产的社会化与资本主义私人占有制之间的矛盾日益尖锐化，从而使资本主义制度被社会主义取代的客观条件日益成熟。

从主观条件来看，随着资本积累和集中的日益发展，无产阶级所遭受的失业、贫困、压迫、奴役和剥削不断加强。由社会化大生产本身所组织、训练和联合起来的工人阶级的反抗也日益增长。资本主义制度的掘墓人——无产阶级日益成熟。经济危机的周期性爆发，表明资本主义生产关系已不能适应社会化的生产力的发展。生产的社会化发展和生产资料的集中，已经达到与它们的资本主义外壳不相容的地步了。这个外壳就要被炸毁。因此，否定之否定和重建个人所有制，资本主义私有制的灭亡和新社会制度的产生，是一个必然的、不以人的意志为转移的客观规律。

否定之否定和重建个人所有制

资本主义私有制是对以自己的劳动为基础的小生产者私有制的第一个否定。由于这是少数剥削者掠夺多数人的过程，因而是一个长久和困难的过程。在资本主义生产方式的发展中，由于资本主义经济内在规律的作用，造成了资本主义对自身的否定。这是社会主义公有制战胜资本主义私有制的过程，是占大多数的人民群众剥夺少数掠夺者的过程，它使生产资料重新回到劳动人民手中，因而是一个否定的否定过程。

但是，社会主义否定资本主义不是重建私有制，而是在社会化大生产的基础上，在分工协作关系高度发展的基础上，在共同占有生产资料的基础上，“重新建立个人所有制”[874]。

“重新建立个人所有制”究竟是指什么？在改革开放以前，我国学界多以恩格斯在《反杜林论》中的解读为准。恩格斯讲，在消灭资本主义社会制度后建立的新社会制度中（马克思称之为“自由人的联合体”），生产资料归社会公共所有，消费资料归个人所有。改革开放以来，学界思想解放，提出种种不同的解读，大都认为重建个人所有制不是重建消费资料的个人所有制，因为资本主义也存在消费资料的个人所有，不存在“重新建立”的问题，应是重建生产资料的个人所有。从马克思的论著来看，凡讲“个人所有制”的地方，没有一处是讲消费资料的个人所有，都是指生产资料的个人所有。但生产资料的个人所有，不是指个人私有，而是指马克思一再说明的联合起来的社会的个人所有制，以区别于分散的、孤立的单个人的个人所有制（小私有）。从社会联合体整体来看，生产资料归社会所有即归全社会公共所有，但社会联合体是由众多劳动者个人组成的，公有制应是与每个劳动者的个人利益相关的。因此，从组成联合体的众多个人来看，社会主义公有制也是联合起来的社会的个人所有制，是从整体和个体的相互联系的不同视角提出的概念。因此，马克思这里所讲的社会所有制或公有制与重建个人所有制的内涵是一致的，这里所讲的“否定的否定”，应是揭示资本主义生产资料所有制否定了个体劳动者的生产资料所有制，社会主义生产资料所有制又否定了资本主义生产资料所有制，是三种生产资料所有制的“否定的否定”。结合马克思接着讲的后面一段话，内容就更清楚了。

马克思指出：“以个人自己劳动为基础的分散的私有制转化为资本主义私有制，同事实上已经以社会的生产经营为基础的资本主义所有制转化为社会所有制比较起来，自然是一个长久得多、艰苦得多、困难得多的过程。前者是少数掠夺者剥夺人民群众，后者是人民群众剥夺少数掠夺者。”［874］显然，这里是讲三种所有制的转化。资本主义所有制是通过剥夺广大人民群众的所有制而建立的，是少数人剥夺多数人，因而要艰苦和困难得多，需要经历一个长久的过程，而劳动群众以社会主义所有制取代资本主义所有制，剥夺资本家的所有制，则是“人民群众剥夺少数掠夺者”，要容易得多，不需要长久的时间。这三种所有制的转化显然不存在消费资料所有制的转化问题，是指三种生产资料所有制的转化。

目前，有的学者依然坚持“个人所有制”是指消费资料的个人所有。还有的学者做另外的解读，有人将“重建个人所有制”解读为重建劳动者的私有制，这是一种错解。

第二卷

资本的流通过程

第一篇

资本形态变化及其循环

《资本论》第二卷的内容

《资本论》第二卷的研究对象是资本的流通过程。流通过程，如果从狭义的即一般意义的方面来理解，是指商品的买（G—W）和卖（W—G）这样两个阶段。但是作为第二卷研究对象的流通过程，却不是只限于买卖的范围，而是指资本的整个运动过程。它包括资本在运动中所不断经历的两个流通阶段和一个生产阶段。也就是说，这里所讲的是广义的流通过程。

《资本论》第二卷共分三篇。它们是从不同的角度分别研究资本的流通过程的。第一、二篇所研究的是单个资本的流通，第三篇所研究的是社会总资本的流通。

研究单个资本的流通，就是研究单个资本的运动阶段中的形态变化、运动的速度及其对价值增殖的影响等，资本流通的表现形式就是资本的循环与周转。

研究社会总资本的流通，就是研究互相交错、互为条件的单个资本运动的整体。

为什么要研究资本的流通呢？

资本主义再生产，本来是生产和流通的统一。资本家在生产过程中实现对工人的剥削，必须以在流通中购得生产资料和劳动力为前提。他所剥削的剩余价值，也必须通过流通实现了才是现实的东西。工人与资本家不仅在直接生产过程中发生着阶级关系，而且在流通过程中发生着阶级关系。至于资本家阶级内部的相互经济关系，更必须通过流通过程实现。所以要把握资本主义的经济运动过程和劳资的全部关系，必须在已经揭示的资本的生产过程的基础上，进一步考察资本的流通过程。

正如在《资本论》第一卷中研究资本的生产过程时，不能将它与流通过程割裂开来一样，现在研究资本的流通过程，也不能将它与生产过程割裂开来。《资本论》第二卷正是从生产与流通的统一中来研究资本的流通过程的。

生产与流通，是对立统一的运动过程。我们在学习中，既要把握二者的矛盾方面，又要把握二者的统一方面。同时，还应注意到：马克思分析生产与流通的矛盾时，不但揭示了二者的一般矛盾，而且更主要的是揭示了它们在资本主义条件下的特殊矛盾。弄清这些问题，对于我们分析社会主义条件下的生产与流通的相互关系有着重要的理论指导意义。

《资本论》第二卷中对资本运动的各个过程各个方面的分析，都是对资本主义内在矛盾的进一步揭露。在《资本论》第一卷中分析资本的生产过程时所呈现出来的各种矛盾，现在由于流通过程的介入，表现得更加复杂和更加深刻了。

第一篇的研究对象

第二卷第一篇是研究资本形态变化及其循环。在考察资本的循环时，不能只着眼于资本的物质形式的更替。资本既是一种经济关系，又是一种不断运动和不断增殖的关系。因此，资本的运动，就是工人同资本家间的生产关系的运动。资本形式的更替，不外是资本主义经济关系的物的表现形式的更替。正因为如此，第一篇分析资本循环的各个阶段时，都着重说明了在各个阶段所体现的阶级关系。我们必须把握这一点，才能对所学习的问题有比较深入的了解。

第一章　货币资本的循环

这里所考察的货币资本的循环，是指作为产业资本的一种形式的货币资本的循环，而不是指作为商业资本和生息资本的形式的货币资本的循环。货币资本的循环要经过两个流通阶段和一个生产阶段，共三个阶段，分别采取三种职能形式：货币资本、生产资本和商品资本。经过三个阶段的循环形成总循环。

资本的循环

资本的运动总是表现为资本价值按照一定的顺序不断地变换自己的物质存在形式的过程。在这个过程中，资本价值从某一种形式出发，经过一系列的形式变换之后，带着一个剩余价值回到它开始的形式上。因此，资本的运动是一个不断反复的循环过程。

马克思把资本的循环定义为：资本价值经过一系列互相联系的、互为条件的转化，经过一系列的形态变化，最终回到过程开始时它原有的形式，并且使预付的价值发生了增殖的总过程。如前所述，这里所考察的资本的循环，是指产业资本的循环。

产业资本是与商业资本、生息资本相区别的一种形式，区别在于：产业资本是按资本主义方式经营生产部门的资本。

产业资本经营生产的特点，决定了产业资本具有特定的循环形式，包括两个流通阶段和一个生产阶段。产业资本在其循环中，同时处在货币、生产要素、商品这三种物质形式上，形成货币资本、生产资本、商品资本这三种职能形式，同时采取货币资本循环、生产资本循环、商品资本循环这三种特殊的循环形式。因此，产业资本的循环是生产过程与流通过程的统一，是货币资本、生产资本、商品资本三种循环形式的统一。

货币资本循环的三个阶段

货币资本的循环，是产业资本循环的一种特殊形式，但同时它又作为产业资本循环的具有代表性的一般形式存在。这不仅因为包括产业资本在内的所有资本，最初总是表现为一定量的货币，因而总是以货币资本的形式开始循环，而且因为货币资本的循环形式最明显地表现出产业资本的目的和动机，即价值增殖、赚钱。

在货币资本的循环中，资本价值从货币资本的形式出发，经过生产资本、商品资本等职能形式之后，又回到货币资本的形式上。货币资本的循环过程分为三个阶段：

第一阶段，资本家作为买者进入市场，将货币转化为劳动力和生产资料，用公式表示为：$G—W<{A \atop Pm}$，其中，A 代表劳动力，Pm 代表生产资料。

第二阶段，资本家用购买到的劳动力和生产资料从事商品生产，在生产过程完成之后，产生出一种价值大于其生产要素价值的商品。用公式表示为 $W<{A \atop Pm}\cdots P\cdots W'$，其中，P 代表生产过程，$W'$代表包括剩余价值的商品资本。

第三阶段，资本家把这个包含着剩余价值的商品拿到市场上去出售，以取得货币。用公式表示为：$W'—G'$。

货币资本循环的第一阶段和第三阶段，是属于流通领域的阶段，第二阶段是属于生产领域的阶段。把这三个阶段连接起来，就是货币资本循环的总过程。货币资本循环的公式是：$G—W<{A \atop Pm}\cdots P\cdots W'—G'$。其中，虚线表示流通过程中断，$G'$代表增殖了的货币资本。

下面，对货币资本循环的这三个阶段进行具体的考察。

1. 第一阶段 G—W

$G—W<{A \atop Pm}$所表示的质的分割和量的关系

如果我们孤立地看货币资本循环的第一阶段 G—W，那么，它不过是一个一般商品流通行为，即货币所有者用一定数量的货币向商品所有者购买一定量的商品。货币在这个过程中只是作为购买手段和支付手段发挥职能。那么，为什么这个一般的商品流通行为会成为产业资本循环的一个特定阶段，货币的一般职能会同时成为资本的职能呢？

原因并不在于 G—W 这个货币与商品相交换的形式，而是在于货币所购买的这个商品的特定物质内容，即所购买的不是普通的商品，而是包括劳动力这种特殊商品在内的生产要素。$G—W<\begin{smallmatrix}A\\Pm\end{smallmatrix}$可分解为G—A和G—Pm，这表示一种质的分割。

$G—W<\begin{smallmatrix}A\\Pm\end{smallmatrix}$除了表示货币所购买的商品包括劳动力和生产资料这两个不同的内容之外，它还表示这两类商品之间的一种特殊的量的关系。

货币所有者按照价值购买劳动力商品，支付工资，而劳动力的价值只相当于雇佣工人必要劳动所创造的价值。劳动力的所有者在把他的劳动力商品出卖后，不仅要为货币所有者提供必要劳动，这在一定时期内是既定的；而且要提供剩余劳动，这是可变的。因此，货币所有者需要购买的生产资料，在数量和规模上要与工作日的劳动时间相适应，特别是要使雇佣工人所提供的全部剩余劳动得到充分利用。正如马克思所指出的那样：劳动力与生产资料“这种量的关系一开始就是由一定数量的工人所要耗费的超额即剩余劳动的量决定的”①。

货币资本转化为生产资本

当货币所有者购买了劳动力和生产资料后，便取得了对这些商品的支配权。这时，他所能够支配的，不仅是生产某种商品所必需的生产要素，而且是一个包含着剩余劳动在内的劳动量和使这个劳动量得到充分利用的生产资料。当他运用他所支配的劳动力和生产资料从事生产活动时，就能够生产出一个价值量大于这些生产要素价值的商品，即生产出一个包含着剩余价值的商品。可见，资本价值在生产要素这种存在形式上取得了创造价值和剩余价值的能力。马克思把处于生产要素形态上的资本，称为生产资本，用P来表示。

货币资本是产业资本在循环过程中采取的第一种职能形式，$G—W<\begin{smallmatrix}A\\Pm\end{smallmatrix}$作为资本循环的第一阶段，是货币资本向生产资本的转化过程，或者说是生产资本的形成过程。在这个过程中，货币资本在为剩余价值的生产准备条件。

2. 第二阶段　生产资本的职能

资本流通的中断

货币资本转化为生产资本之后，资本的循环进入第二阶段，即$W<\begin{smallmatrix}A\\Pm\end{smallmatrix}\cdots P\cdots W'$阶段。

$G—W<\begin{smallmatrix}A\\Pm\end{smallmatrix}$一旦完成，资本价值就以生产要素的形式退出了流通领域，进入了生产领域。这时，资本的流通中断了。

但是，资本流通的中断并不意味着资本生产过程的完结，资本价值要在生产领域中继续进行形态变换，即从生产要素的形式转变为另一种商品的形式，以便再回到流

① 《资本论》，2版，第2卷，33页，北京，人民出版社，2004。

通领域中去。因此，当资本价值进入生产领域之后，资本的流通虽然暂时中断了，但资本的循环仍在继续。

在这里，资本在生产领域的阶段，表现为资本在两个流通阶段之间的媒介，生产消费表现为购买与出卖行为的中间环节。

劳动者和生产资料的结合方式

如果我们孤立地从形式上考察资本在生产领域中的这个阶段，那么，它与其他的生产过程没有什么区别，都是劳动力与生产资料作为生产某种有用物品的一般要素结合起来，通过劳动力的能动作用，改变劳动对象的物质形态，生产出某种产品。但是，为什么这个过程又同时成为资本或剩余价值的生产过程，生产要素的一般职能又同时成为资本的特殊职能呢？原因在于劳动力与生产资料的特殊结合方式。

我们知道，无论生产的社会性质如何，劳动力与生产资料总是生产过程的基本要素。要进行生产，就必须把它们结合起来。在不同的社会制度下，二者的结合方式是不同的。马克思指出："实行这种结合的特殊方式和方法，使社会结构区分为各个不同的经济时期"[44]。也就是说，劳动力与生产资料相结合的特定社会方式，是区别生产过程的不同社会性质、区别不同的社会经济制度的决定性条件。

在资本主义社会中，劳动力与生产资料是处于分离状态的，资本家通过购买劳动力商品，把劳动力和生产资料集中在自己手中，并使它们在生产资本的形式下结合起来。这种生产资料与劳动力相结合的方式，采取了资本与雇佣劳动相结合的方式，这决定了资本主义的性质，使生产过程表现出资本生产的特征。

生产资本的职能

现在，劳动力和生产资料不仅是作为一般的生产条件存在，而且是作为资本的生产条件存在，作为能够生产出剩余价值的生产资本特征。

劳动力和生产资料作为生产资本的不同组成部分结合起来，使得生产要素的一般职能同时成为生产资本的特殊职能。生产资本在执行职能的过程中，消耗着它的各个组成部分，生产出一个新的商品。在这个商品中，包含着剩余价值。也就是说，这个商品的价值大于消耗掉的生产资本的价值，它等于P(生产资本)+M。这个商品的物质形态和使用价值，不同于生产它的生产要素。这个作为生产资本执行职能的结果而生产出的商品，就是商品资本。

由此可见，在资本循环的第二阶段中，资本价值从生产资本的形式向商品资本的形式转化，生产资本的职能就是生产出包含剩余价值的商品。

3. 第三阶段 W′—G′

商品资本的职能

商品资本的职能首先是一般商品的职能，就是使商品转化为货币，完成流通阶段。

然而，不难看出，在这个商品出卖的行为中，一般商品的职能之所以能够直接作为商品资本的职能存在，并不在于商品出卖这个行为本身，而是在于待出卖的这个商品中包含了一个剩余价值。这个剩余价值在商品出卖转化为货币时，便在货币形态上取得了独立的存在形式，从而资本在循环过程中的价值增殖最终得以实现。

因此，W′—G′从一开始就因商品中包含的剩余价值而成为资本循环的特定阶段。在这个阶段中，资本价值从商品资本的形式重新回到货币资本的形式，从而完成产业资本的一次循环过程。商品资本在执行职能的过程中使剩余价值得到实现。

W′—G′的重要意义

商品资本向货币资本的转化或回归，作为资本循环的第三阶段，对资本的再生产具有十分重要的意义。

首先，商品资本向货币资本的转化能否实现，关系到资本的再生产能否正常进行。

我们知道，已经增殖的资本价值在商品的形式上首先要发挥商品的职能。对于生产这个商品的资本家来说，它是作为产品的形成要素或价值形成要素来起作用的。因此，要想使再生产过程正常进行，就必须把这些商品转化为货币，再用货币购买再生产过程所需要的生产要素。另一方面，W′又不是一般商品，而是商品资本。如果商品卖不出去，不仅无法实现已经生产出来的剩余价值，以进行积累和扩大再生产，而且连预付的资本价值也难以收回，无法维持原有规模的再生产。

其次，商品资本转化为货币资本的速度对于同一个资本发挥功能（创造剩余价值）的程度和扩大生产规模，也有着十分重要的影响。这个问题将在资本周转一篇中详细研究。

从实现商品价值和剩余价值的意义上看，商品能够出售的数量具有决定的意义。

我们假定在10 000件商品中，包含着5 000元的价值，价值的构成为：

$$c+v+m=3\,000+1\,000+1\,000$$

如果资本家在市场上只卖掉6 000件商品，取得3 000元的货币收入，这只够补偿资本家已经消耗掉的生产资料的价值；如果卖掉8 000件商品，他所取得的货币收入，便恰好等于他预付的全部资本。只有当他能够卖掉8 000件以上的商品时，才可能获得剩余价值。而资本家要想实现他的商品中所包含的全部剩余价值，他就必须按5 000元的价格卖掉他的全部商品。

从上述例子中可以看出，W′＝W＋w，即4 000＋1 000，其中W的价值等于生产资本的价值，又等于购买生产要素（G—W）时预付的G的价值，因此，W、P、G是同一资本价值的不同表现形式；而w是剩余产品。这样，W′—G′可以分解为（W＋w)—(G＋g)。g是剩余价值的货币表现形式。产业资本的货币资本的循环形式，可用详细的公式表示为：

$$G—W<\begin{matrix}A\\Pm\end{matrix}\cdots P\cdots(W+w)—(G+g)$$

在这个公式中，作为循环结果的 g，明确地表现出了价值的增殖。

4. 总循环

总循环的内容和特点

在分别考察了货币资本循环的三个阶段、产业资本的三种存在形式和它们的职能之后，马克思又把资本循环的这三个阶段联系起来，考察了资本循环的总过程的内容。马克思着重指出了三点：

第一，资本循环的三个阶段，有一个属于生产领域，两个属于流通领域，资本价值依次通过这三个阶段的总过程，是生产过程和流通过程的统一。这不仅是货币资本循环的特征，也是产业资本循环的一般特征。

第二，资本在生产阶段所采取的生产资本的形式，在流通阶段所采取的货币资本和商品资本的形式，并不是三种独立的资本形式，而是同一个产业资本在循环过程中所采取的三种不同的职能形式。没有脱离这三种职能形式而独立存在的产业资本。

第三，从货币资本的总循环来看，资本价值依次经过 G—W…P…W′—G′三个阶段，依次采取并接着抛弃了货币资本、生产资本和商品资本的形式，并在每一种形式中执行相应的职能。资本价值在回到货币资本的形态时，不仅保存了预付的价值，而且得到了增殖。

如果我们从资本循环的总过程来看，资本循环的正常进行要求资本价值不停地从一种职能形态转化为另一种职能形态。如果资本价值的形态变换在循环过程的哪一个阶段上停顿下来，就会影响资本的总循环，从而妨碍资本价值的增殖。如果资本循环在第一阶段停顿下来，货币资本就会变为贮藏货币；如果在生产阶段停顿下来，生产资料就会闲置，工人就会失业；如果在销售阶段停顿下来，商品就会积压，流通渠道遭遇阻塞。但是，产业资本依次通过资本循环的三个阶段，是产业资本的三种职能形态同时存在并分别发挥各自职能的结果。因此，资本价值又必须在每一个循环阶段上，在一定的时间内，固定在某一种资本形式上，以便于发挥相应的职能。

资本流通与商品流通

在资本循环的总过程中，有两个处于流通领域的阶段。如果仅就这两个阶段的活动来说，它们都只是商品的买卖行为。从这个意义上说，资本流通，即包含资本属性的商品买卖行为，只是一般商品流通的一部分，也就是说，资本流通只是全部商品流通的一个组成部分。但从另一个方面看，资本流通又是与剩余价值的生产相联系的商品流通行为：在 G—W 中，商品买卖被限定在劳动力与生产资料的买卖上，从而为剩余价值的生产准备了条件；在 W′—G′中，一般的商品买卖包含了剩余价值的实现。因此，资本的流通是在一般的商品流通中完成的，但它又是具有资本性质的商品流通，区别于一般商品流通。

第二章　生产资本的循环

生产资本，就是进入生产过程作为生产要素发挥作用的资本，包括生产资料和劳动力。在资本主义生产中，流通过程不能停止，生产过程也不能停止，因此，就形成了生产资本的循环过程。本章要阐明：生产资本循环形式区别于货币循环形式的特点，生产资料和劳动力为什么会成为产业资本循环中的职能形式。

生产资本循环的总公式

生产资本的循环，是产业资本循环的另一种特殊形式。在生产资本的循环中，资本价值以生产资本的形式作为出发点，经过商品资本、货币资本的形式，又回到生产资本的形式。生产资本循环的总公式表示为：

$$P\cdots W'—G'—W\cdots P$$

在生产资本的循环中，由于起点和终点都是处在生产要素形式上的资本，因此，即使在生产资本的一次循环中，也已经包含了再生产的规定。从P出发，再回归到P，意味着生产资本职能的周期更新，或者说，表示着增殖价值的过程又一次开始。与货币资本的循环相比，生产资本的循环不仅表示剩余价值的生产，而且表示剩余价值的周期性再生产，表示生产资本周期地反复执行职能。

但是，由于在生产资本的循环中起点和终点都是生产资本，因而，从过程上看，循环的目的是为了生产而生产，是以生产本身为目的，以价值增殖为手段。这种情况从某种程度上模糊了产业资本的目的和动机。事实上，价值增殖是生产的目的，生产是价值增殖的手段。

生产资本循环形式的特点

生产资本的循环与货币资本的循环相比，在形式上有两个明显的特征：

第一，在货币资本的循环 G—W…P…W′—G′中，生产过程W…P…W′只是作为两个流通阶段 G—W 和W′—G′之间的媒介。而在生产资本的循环即 P…W′—G′—W…P 中，资本流通的两个阶段联系在一起，即W′—G′—W，作为再生产过程的媒介，明确地显示出生产过程对价值增殖的决定性意义。

第二，在货币资本的循环中，如果抛开价值的变化不说，总流通（两个流通阶段的统一）表现为G—W—G（G—W，W—G）的形式，即两个流通阶段按照先购买（G—W）后出卖（W—G）的顺序进行；而在生产资本的循环中，同样抛开价值变化不说，总流通则表现为一个相反的序列，即 W—G—W（W—G，G—W），首先是出卖，然后是购买。似乎是简单商品流通的形式。

我们知道，产业资本在生产领域同其他一切非资本主义生产过程一样，都只能采取生产要素的存在形式。

就是说，任何生产过程，不论它的社会性质如何，都只能由生产资料和劳动力这两方面的要素构成。这是生产过程的一般规定，不会因生产的社会性质不同而有所改变，生产要素不会赋予生产过程以特殊的社会性质。生产资本是产业资本的生产形式，它在生产领域中只能存在于和所有不同性质的生产过程一样的物质形式上。同样，产业资本在流通领域，同其他一切流通过程一样，也只能采取与流通领域相适应的存在形式，即货币形式和商品形式。

在资本主义生产方式下，生产要素之所以成为生产资本的职能形式，只是由于构成生产要素的劳动力，是以商品的形式购买来的，并同生产资料所有者所购买的生产资料相结合，才使得生产要素的总和从一开始就表现为生产资本，从而使生产过程本身也表现为产业资本的生产职能。由此可见，生产资本的资本属性，并不是由生产资料和劳动力要素赋予的，而是由劳动力与生产资料的特殊结合方式决定的。正是这种特殊的结合方式，使生产资料变成了生产资本的组成部分，具有了资本的属性。

产业资本在流通领域中，同一切流通过程一样，都表现为商品形式和货币形式。而货币和商品之所以会表现为产业资本的流通形式，是由于货币和商品的一般职能在产业资本的循环中，或是为生产资本的价值增殖准备条件，或是为实现剩余价值所必需。这才使它们同时表现为产业资本的特殊职能形式。

总之，商品形式和货币形式，只是由于它们同产业资本循环的不同阶段上的各种职能形式相联系，才能成为产业资本的流通形式。

通过以上分析，可以看出：货币和商品自身的性质，同货币和商品的资本性质是不同的。企图用货币资本和商品资本的资本性质来说明货币和商品的自身性质，是错误的，因为在奴隶社会和封建社会中就有商品和货币，但它们不具有商品资本和货币资本的性质。同样，生产资料自身的性质同它成为生产资本的性质是不同的。企图从生产资本采取了生产资料的形式来论证生产资料具有生产资本的属性，也是错误的。只要有社会生产，就需要生产资料，只有在资本主义制度下，生产资料才具有生产资本的属性。

第三章　商品资本的循环

本章主要是阐明商品资本循环形式的特点，以及它与生产消费和个人消费的联系。

商品资本循环的总公式

商品资本的循环，是产业资本循环的又一种特殊形式。商品资本循环的总公式表示为：

$$W'—G'—W\cdots P\cdots W'$$

商品资本循环的形式同产业资本的其他两种循环形式相比，有两个明显的区别：

第一，从生产过程与流通过程的关系来看，在货币资本的循环中，生产过程作为流通过程两个阶段之间的媒介，使流通过程中断；在生产资本的循环中，流通过程的两个阶段表现为再生产过程的媒介。而在商品资本的循环中，虽然流通过程的两个阶段也相互连接，但它们不是作为再生产过程的媒介，而是作为再生产过程的实现条件存在的。

从流通过程的形式来看，在货币资本的循环中，是 $G—W—G'$。而在商品资本的循环中，流通过程的形式与在生产资本的循环中一样，表现为 $W—G—W'$。

第二，从循环过程的起点形式所包含的价值内容来看，在货币资本和生产资本的循环中，作为循环过程起点的货币资本和生产资本，不管其中包含了多少剩余价值，它们原有的资本价值与新增殖的剩余价值之间的区别已完全消失，因为剩余价值一旦作为资本起作用，就合并在预付资本中不再有区别了，因而总是用 G 或 P 而不是用 G' 或 P'来作为起点。而在商品资本的循环中，即使每一次循环过程都以相同的规模重复，作为循环过程起点的商品资本，也始终是由 W'来表示，即其价值由两部分组成：一部分是原有资本的价值，另一部分是新增殖的剩余价值。因而在商品资本的循环中，一开始就是商品资本实现其价值和剩余价值的过程。

商品资本循环中的二重内容

由于在商品资本的循环中，作为起点的商品资本的价值，是由原预付资本的价值和新增殖的剩余价值两个部分构成的，因此，商品资本的循环包含着二重内容。作为循环起点的 W'分为 $W+w$，分别进入循环过程。于是循环的一重内容是以 W 为起点，经过商品资本循环的三个阶段之后，带着一个增殖额又回到商品资本的形态上。它代表生产消费过程。另一重内容是以 w 为起点。它代表个人消费（包括工人的个人消费和资本家的个人消费）的实现过程。

据此，马克思列出了商品资本的具体循环公式：

$$W'\begin{cases} W— \\ —G' \\ w— \end{cases}\begin{cases} G—W<\begin{matrix}A\\Pm\end{matrix}\cdots P\cdots W' \\ \\ g—w \end{cases}$$

。上列是生产消费，下列是个人消费。

在货币资本的循环和生产资本的循环中，只涉及对商品的生产消费，个人消费是在循环过程之外进行的。因此，影响循环过程的消费因素，只是生产消费。而在商品资本的循环中，则不仅包括生产消费，而且包括个人消费，因为这两种消费都是作为商品资本（W'）的实现条件存在的。要使商品资本能够正常地循环，就要求有正常的生产消费和个人消费与之相适应。因此，马克思认为，在商品资本的循环中，“全部商品产品的消费是资本本身循环正常进行的条件”[108]。

第四章　循环过程的三个公式

本章将产业资本循环的三种形式或三个公式统一起来进行综合考察，说明产业资本的循环是三种循环形式的统一，着重阐述了资本循环中三种职能形式的并存性和循环的连续性。

在前面的三章中，分别考察了产业资本的三种不同的循环形式。可以作出如下概括：

第一，循环过程的前提，都同时表现为循环过程的结果，在循环过程中再生产着这些前提。

第二，循环过程中的每一个阶段、每一种资本的职能形式，都表现为循环过程的出发点、经过点和复归点。

第三，循环过程表现为生产过程与流通过程的统一。生产过程是流通过程的媒介；反之，流通过程又是生产过程的媒介。

上述三种循环的共同点是：价值增殖即生产剩余价值是决定性目的和动机。

对于产业资本的三种循环形式的分别考察，是从产业资本循环过程的不同侧面分别把握循环过程的各个方面的特征，但这种考察又都受到观察角度的局限。因此，在对产业资本的循环进行上述各方面的考察之后，还要对它进行总体的现实的考察。

产业资本循环是三种循环形式的统一

在分别考察产业资本的三种不同的循环形式时，为了说明每一种循环形式的特征，实际上是作了这样的假定，即单个产业资本的总体在某一时点上，只处于资本循环的某一阶段，只采取某一种职能形式。也就是说，假定单个产业资本是从整体动作上，顺次经过循环的三个阶段，并依次采取三种职能形式。

在产业资本的现实循环中，每个资本家事实上是将其资本总额按照一定的比例分为货币资本、生产资本和商品资本三个部分，这三个部分的资本量要相互协调、比例适当，它们分别处于资本循环的三个不同阶段，同时具有三种不同的职能形式。在这种情况下，单个产业资本的这三个部分在它们各自独立的循环中，就分别表现出三种不同的循环形式，而就单个产业资本的总体来说，它的循环也就必然表现为三种循环形式的统一了。

为什么单个产业资本的循环必然表现为三种循环形式的统一呢？

我们知道，产业资本的循环，不仅要求资本形态变化的连续性，而且要求资本循环的每一个阶段本身也保持连续性。因此，资本总量要分别以一定的比例处于不同的阶段，要同时存在货币资本、生产资本和商品资本三种形式，存在三种资本形式的不断循环过程。如果单个资本以其整体的形式从某一种资本形式出发开始循环，比如全部以货币资本的形式开始循环，那么，当G—W过程完成并进入生产领域时，第一阶段就会因没有货币资本继续购买商品而停顿；而当生产资本转化为商品资本的形式时，生产阶段也会因没有后续的生产要素投入而停顿；最后，当商品资本重新转化为货币资本时，第三阶段会因没有商品继续出卖而停顿。事实上，如果资本总量只采取一种资本形式，处于一个阶段，其他两个阶段就会停顿。这种停顿或中断，是同资本主义生产的性质不相符合的。因此，为了保证资本主义生产过程和流通过程的连续性，就必须把单个的产业资本分割为三个部分，并使它们在量的比例上相适应。现有的资本量，制约着生产过程的规模，而生产过程的规模则决定着与之相应的商品资本和货币资本的量。

单个资本的总循环与它各个部分的循环

在单个产业资本的循环中，资本被分割为空间上并存的三个部分，这三个部分资本以不同的循环形式进行着各自的循环，因此，单个资本的总循环必然是它的三个组成部分各自的循环的统一。资本的每一个部分的循环，都通过彼此之间的相互关系影响着单个资本的总循环。比如，当资本在循环过程的W′—G′阶段上发生了停滞，就会因商品卖不出去而使这部分资本的循环中断。同时，由于堵塞了流通，继之而来的另外两部分资本也无法越过这个阶段，从而导致单个资本总循环的中断。

因此，在产业资本的循环中，要求资本的三个组成部分中的每个部分都能够顺利地依次由一个阶段过渡到另一个阶段，也就是要求资本循环的连续性。资本的每个部分循环的连续性，是单个资本的总循环连续进行的前提。

产业资本的三种职能形式同时并列地存在于各个阶段上，也是以它们各自循环的连续性为条件的。当然，没有三种职能形式的并存性，也不会有总循环的连续性，二者是互为前提的。

第二篇

资本周转

第七章 周转时间和周转次数

资本的循环和资本的周转，是产业资本运动中紧密联系的两类过程。资本循环是指同一资本形式，从运动始点到运动终点，回归原资本形式的一次过程。而资本周转是资本周而复始不断循环的运动的过程。资本循环是资本周转的基础和条件，后者是前者的继续和发展。本章阐明了什么是资本周转、什么是周转时间和周转次数以及它们如何确定等问题。

资本周转和周转时间

资本周转和资本循环都是研究单个产业资本的运动的。马克思说："资本的循环，不是当作孤立的过程，而是当作周期性的过程时，叫作资本的周转"。[174] 资本周转主要研究资本运动的速度，分析资本在运动中怎样实现不断的反复循环，以及资本周转速度的快慢对于资本主义生产过程和价值增殖过程的影响。

在资本循环中，资本价值从它以一定的形式预付开始，经过一段运动，又回到原来的形式为止的这一段时间，构成资本的总流通时间。资本的总流通时间等于资本的流通时间（资本处在流通领域的时间）和资本的生产时间（资本处在生产领域的时间）之和。

资本主义生产的决定目的，是预付资本价值的增殖。为了使预付资本价值能够不断增殖，资本家必须不断地把资本投入运动。也就是当总资本价值在运动中完成一次循环，重新回到它原来的预付形式之后，必须继续不断地重复同一过程。因此，在资本的运动中，单个循环只是不断重复循环的长河中的一个段落，也就是一个周期。以货币资本循环形式来说，$G \cdots G'$就是一个周期。在这个周期结束时，资本重新处在货币资本形式上，又能够继续新的循环，重新通过流通过程和直接生产过程等一系列形式的转化序列。所以，资本周转就是周期的循环，或者说不断反复的循环。总资本价值每一次周转所持续的时间就形成资本的周转时间，它是资本的生产时间和资本的流通时间之和。或者说它是同一个资本价值更新、重复它的增殖过程或生产过程的时间。

对资本家来说，他的资本的周转时间，就是为了使资本增殖并回到它原来的形式而必须预付他的资本的时间。

资本的周转时间同资本的循环时间实际上是一致的。只不过后者是从一次循环过程着眼，前者则是从反复不断的循环运动着眼。

周转次数和周转速度

资本的周转时间在不同的生产部门是不同的。为了衡量和比较各个资本的周转时间，要求在时间上有一个统一的计量单位。这个计量单位通常是“年”。

假定用U表示“年”这个时间计量单位，用u表示一定数量的资本周转一次所需要的时间，用n表示资本的周转次数，那么一年里资本周转次数的计算公式就是$n=U/u$。举例来说，如果一个资本周转一次需要3个月，那么$n=12/3=4$，即资本在一年内周转4次。如果资本周转一次需要18个月，那么，$n=12/18=2/3$；就是说，资本在一年内只完成它的周转时间的2/3。

周转时间的长短与周转速度成反比，周转次数的多少则与周转速度成正比。周转时间长，周转次数少，表明资本周转速度慢；相反，周转时间短，周转次数多，则表明资本周转速度快。所以，周转时间和周转次数是资本周转速度的两种不同的表示方法。

第八章　固定资本和流动资本

不变资本和可变资本的划分，是马克思经济学中提出的。而固定资本和流动资本的划分，在资产阶级经济学中也存在，但它的观点存在错误。分析固定资本和流动资本问题与研究资本的周转问题相联系，也可以说，是研究资本周转理论的延伸和继续。本章阐明固定资本和流动资本划分的依据，固定资本和流动资本的不同周转方式，固定资本的有形损耗和无形损耗及其补偿，固定资本逐渐转移的价值可用于扩大再生产等。

Ⅰ．形式区别

生产资本价值的不同组成部分，是按照不同的方式进行周转的，由此可以把资本区分为固定资本和流动资本两种形式。生产资本的构成，即固定资本和流动资本所占比重的大小，是影响资本周转速度的重要因素。

固定资本的形式规定

在《资本论》第一卷第六章“不变资本和可变资本”中，马克思依据资本不同要素在价值增殖过程中的不同作用，把资本区分为不变资本和可变资本两种形式。在那里，我们已经看到，不变资本的各个要素在劳动过程中执行职能的方式是各不相同的。厂房、机器等劳动资料部分，在新产品从生产过程出来后，它本身仍然保持着它进入生产过程时的实物形式。因此，劳动资料在一个或长或短的时期内，在不断反复的劳动过程中，总是反复执行着相同的职能，直到它完全损耗，不能使用，必须用同一种新的劳动资料来替换时为止。与此相联系，它的价值则按照它在生产过程中损耗的程度转移到新产品中去。劳动资料把多少价值转移到新产品中去，要根据它执行职能的平均持续时间来计算。例如，一台价值 100 000 元的机器，使用期限 10 年，每年就只转移 10 000 元的价值到新产品中去。

因此，作为劳动资料的这部分不变资本，与同样作为不变资本要素的其他生产资料如原料等相比，具有以下特征。原料等生产资料在劳动过程中作为产品的形成要素执行职能。随着劳动过程的完成，这些要素也就转化为产品，脱离生产过程，作为商品从生产领域转移到流通领域。而机器、工具等劳动资料则相反，它一进入生产领域就不再离开。它的职能把它牢牢地限制在生产过程中。这样，一部分预付资本的价值也就被固定在生产过程中的劳动资料上。固定在劳动资料上的价值虽然会随着劳动资料的损耗而逐渐部分地转移到产品上去，从而会不断地减少，但是，只要劳动资料还在起作用，就是说，只要它还没有报废，还不需要用新的劳动资料来替换，就总会有一部分不变资本固定在它上面。劳动资料越耐用，它的损耗越缓慢，资本价值固定在它上面的时间就越长。劳动资料转移到产品上去的价值和它正常发挥职能的时间成反比。

固定在劳动资料上的这部分资本价值和其他任何部分的资本价值一样要进行流通。但是，这部分资本价值的流通是一种独特的流通。它的特点在于：首先，这个资本部分不是在它的物质形式上进行流通，进行流通的只是它的价值，因为这部分资本以劳动资料的形式一经投入生产领域，就不再离开，始终保持着它原来的实物形式。其次，它的价值的流通是逐步地进行的，即一部分一部分地转移到新产品中去，并随着产品进入流通。因此，这部分资本在它执行职能的全部时间内，它的价值总有一部分固定在它的物质形态中，和它帮助生产的商品相对应，保持着自己的独立形式。由于以上特性，这部分不变资本就取得了固定资本的形式。而在生产过程中预付的资本的其他一切物质组成部分，则形成流动资本。

以上考察了固定资本的形式规定，下面再分析流动资本。

流动资本的形式规定

生产资料中有一部分是辅助材料，它们有的在劳动资料执行职能时被消费掉，例如煤炭由蒸汽机消费掉；有的对劳动过程只起协助作用，例如照明用的电力等等。这类生产资料不是产品的形成要素。它们在物质上不加入产品，而只是把它们的价值转移到产品中去，形成产品价值的一部分，并随着产品进行流通。在这一点上，它们和固定资本是相同的。但是，它们在所参加的每一个劳动过程中被全部消费掉，每一个新的劳动过程必须全部用同一种新的辅助材料来替换。它们在执行职能时不保持自己的独立的实物形式。资本价值没有任何部分固定在它们原来的实物形式上。所以，它们不属于固定资本，而属于流动资本。仅仅依据辅助材料在物质上不加入产品，只是把它们的价值加入产品中去这一点，而把它们列入固定资本范畴是错误的。

属于流动资本的另一部分生产资料，如原料等等，在物质上是加入产品的。这种产品有一部分可以进入个人消费。这一点与劳动资料不同。作为固定资本物质承担者的真正的劳动资料，因为不是产品的形成要素，只是在生产过程中被消费，不能进入个人消费。但是，不能据此把其产品能够进入个人消费的资本作为流动资本。例如，交通运输工具在它执行生产职能、产生场所变更的有用效果时，通过运载旅客同样进入个人消费，旅客乘坐交通运输工具就像使用其他消费资料一样，也要支付报酬。但是，投在交通运输工具上的资本价值，按它的流通方式来区分，属于固定资本而不属于流动资本。

为什么劳动资料价值成为固定资本

以上分析表明，决定投在劳动资料上的这部分资本价值具有固定资本性质的，只是这个价值的独特的流通方式。所谓独特的流通方式，是指劳动资料的价值是随着它的使用价值磨损的程度，逐步地转移到新的产品中去，成为产品价值的一部分。这部分资本价值之所以会具有这种特殊的转移方式，又是由劳动资料在劳动过程中执行职能的特殊方式产生的。劳动资料与作为辅助资料、原料等的劳动对象不同，它本身并不是产品的形成要素，它的职能是人们借助它作用于劳动对象，按照预定的目的改变或影响劳动对象，生产出某种适合人们需要的产品，所以，它不像原料等劳动对象那样会在一个劳动过程中全部被消费掉。它的实物形式继续留在生产过程中发挥职能，只是局部地发生磨损，直到完全丧失使用价值为止。

一种产品只有当它在生产过程中作为劳动资料执行职能时，才能成为固定资本。

机器作为产品刚从生产过程出来时，决不是固定资本。机器作为机器制造厂的产品或商品，属于商品资本。只有当它被产业资本家买去，在生产过程中作为劳动资料使用时，才成为固定资本。所以，固定资本只是生产资本的一种形式。

资产阶级政治经济学在固定资本和流动资本概念上的错误

固定资本和流动资本的概念，不是马克思首先提出来的。不过，马克思赋予这些概念以科学的规定性，并且批评了资产阶级经济学关于固定资本和流动资本概念上的种种错误观点。

首先，资产阶级经济学没有科学的不变资本和可变资本的区分，只有固定资本和流动资本的区分。马克思指出某些资产阶级学者在固定资本认识上的四种错误：

其一，有人将辅助材料如作为燃料的煤炭和照明的煤气等列入固定资本范畴，理由是这种材料只限制在生产领域起作用，不在物质上加入产品。拉姆赛就持这种观点。

其二，混淆固定资本与不变资本。认为固定资本就是在生产中不改变自己的物质形式的资本。这与马克思讲的不变资本的内涵也不同，马克思是从价值量不变的角度界定不变资本的，而拉姆赛是从物质形式不变的角度进行界定的。

其三，资产阶级经济学把劳动资料在物质上具有的某些属性，例如物理不动性，看成是固定资本的直接属性。这也是错误的。有一部分劳动资料，例如厂房建筑，进入生产过程后就固定在一定的地点，不再移动。但也有一部分劳动资料，它们的实体在生产过程中是不断移动位置的，例如船舶、机车等，它们在资本主义生产过程中作为劳动资料使用，都属于固定资本。

其四，资产阶级经济学把由资本价值流通不同引起的固定资本和流动资本的经济的形式规定性，同劳动资料、劳动对象的物质属性混为一谈，似乎劳动资料本身天生就是固定资本，劳动对象天生就是流动资本。这也是错误的。因为生产资料本身不等于资本，它在资本主义生产关系下作为资本是剥削雇佣工人的手段。而且，在任何社会条件下的劳动过程中，生产资料都分为劳动资料和劳动对象。固定资本和流动资本之间的形式区别，不是由劳动资料和劳动对象之间的物质属性决定的，而是由它们价值流通方式的不同引起的。

劳动资料价值的周转方式

下面进一步从生产资本价值不同部分的周转方式不同，分析固定资本和流动资本的形式区别。

投在劳动资料上的固定资本有独特的流通方式。这种独特的流通方式又引起独特的周转方式。固定资本在实物形式上是逐渐损耗的，随着这种损耗而丧失的那部分价值，转移到产品上去，作为产品价值的一部分而参加流通。通过出售，产品价值由商品形式转化为货币形式，从而劳动资料中被产品带入流通的那部分价值也变为货币。劳动资料的价值一部分一部分地丧失，投在劳动资料上的资本价值也就相应地从流通过程中作为货币一部分一部分地返回。因此，劳动资料的价值这时就获得了双重存在：其中一部分仍然束缚在生产过程中执行职能的实物形式即劳动资料上；另一部分则作为货币，脱离了它的实物形式而独立存在。在劳动资料执行职能的过程中，它以实物形式存在的那部分价值不断减少，而它转化为货币形式的那部分价值则不断增加，一直到它报废，不能再使用，它的价值全部脱离它的实物形式而转化为货币为止。在这里，可以明显地看出生产资本的这个要素在周转上的特征。劳动资料转移到产品上的价值，转化为货币后，不是立即用于购买新的劳动资料，而是要积累一个时期。这个时期的长短要取决于这种劳动资料本身在生产中执行职能的时间，也就是要等到原来的劳动资料在生产过程中已经完全损耗掉，必须用同一种新的劳动资料来替换它时为止。假定一台价值 100 000 元的机器，使用期限是 10 年，那么预付在这台机器上的 100 000 元价值的周转时间也就是 10 年。在这 10 年内，这台机器会在生产过程中继续发挥作用，不需要在实物形式上更新。但是，在此期间，它的价值会一部分一部分地作为用它生产出来的商品价值的一部分而流通，逐渐转化为货币。直到最后经过 10 年，全部转化为货币，并用这 100 000 元货币再购买一台新机器，从而完成它的一次周转。在这之前，它的价值总是以货币准备金的形式逐渐积累着。这部分由固定资本逐渐转移的价值形成的货币准备金，我们称作折旧基金，事实上，折旧基金也可用作积累基金。

生产资本其余要素的价值周转方式

生产资本其余要素的价值周转方式则不同。生产资本的其余要素，一部分是由存在于辅助材料和原料上的不变资本构成，另一部分是由投在劳动力上的可变资本构成。

这两个不同的组成部分，作为产品形成要素和价值形成要素，在劳动过程和价值增殖过程中所起的作用是不同的。在价值增殖过程中，由辅助材料和原料构成的那部分不变资本，仅仅作为转移的价值，再现在产品价值中。就这一点来说，它和由劳动资料构成的那部分不变资本价值的转移是完全一样的。但是，劳动力却不同，它不是转移价值，而是通过劳动过程把它的价值的等价物加进产品，也就是把它们的价值再生产出来。此外，从劳动过程看，辅助材料和原料也有某种区别。一部分辅助材料如用作燃料的煤炭、用于照明的电力等等，在劳动过程中被消费掉，但不会在物质上加入产品；另一部分辅助材料和原料则会在物质上加入产品，并成为产品实体的材料。不过，这一切差别对于价值的流通方式，从而对于价值的周转方式来说，是没有关系的。不管它们是否在物质上加入产品，只要辅助材料和原料在形成产品时被全部消费掉，它们就把自己的全部价值转移到产品中去。因此，这个价值也就全部随产品而流通，转化为货币，并由货币再转化为生产要素，即购买同一种新的辅助材料和原料。这部分资本价值的周转不像固定资本的周转，在转化为货币后要在一个时期内作为货币准备金积累起来，而是不断地在实物形式上更新。

投在劳动力上的价值的周转方式

在生产资本中投在劳动力上的可变资本部分的周转方式有自己的特点。由于劳动力是按一定时间购买的，当资本家购买了劳动力并把它并入生产过程时，它就成为资本家资本的一个组成部分，即可变资本部分。劳动力每天在一定时间内在劳动过程中发生作用，不仅会生产出劳动力一天价值的等价物，而且会生产出一个剩余价值，并把它们加到产品中去。在这里，我们暂且撇开剩余价值的周转不说，先考察生产资本中投在劳动力上的可变资本的周转。假定劳动力是按一周的时间来购买。劳动力在这一周发生作用后，在下一周就必须继续购买，进行更新。劳动力在生产过程中执行职能的期间，把它的价值的等价物加到产品中去，这个等价物随着产品的流通转化为货币。为了使生产能连续不断地进行，这个等价物必须不断地由货币转化为劳动力，即必须不断地周转。

因此，预付在劳动力上的那部分生产资本的价值通过工人在生产过程中将其等价物加到产品中去，同产品一起经过流通领域的两个形态变化，即通过商品的出售变为货币，再用货币购买新的劳动力，而不断并入生产过程。所以，不管劳动力和不变资本中的辅助材料、原料等生产要素在价值形成上的作用有多么不同，它们在周转方式上却是相同的，只是与固定资本的周转方式不同。正是投在劳动力和辅助材料、原料上的这两部分资本价值周转方式的共同性，使它们一起作为流动资本而与固定资本相对立。

因此，和固定资本相对立而取得流动资本的规定性的，不是工人的生活资料，也不是工人的劳动力，而是生产资本中投在劳动力上的那部分价值具有的独特的周转形式。

概括说明固定资本与流动资本的区别

综合以上分析，我们可以把固定资本和流动资本这两种形式的区别概括如下：

第一，两者的价值转移方式，从而流通方式和周转形式不同。

第二，两者的周转时间不同。固定资本周转一次的时间较长，而流动资本周转一次的时间较短。固定资本周转一次，流动资本可以周转多次。

第三，两者的返回方式和期限不同。固定资本是一次预付，逐渐耗费，从而逐步地、一部分一部分地返回，全部价值返回的期限较长。流动资本则是一次预付，一次耗费，从而一次返回，全部价值返回的期限较短。

第四，两者的物质更新方法不同。固定资本的各种物质要素在发挥作用期间，本身并不需要更新，不需要购买；而流动资本的各种物质要素，无论是辅助材料、原料还是劳动力，都要不断地在实物形式上更新。

Ⅱ. 固定资本的组成部分、补偿、修理和积累

上一节指出，生产资本中固定资本和流动资本部分的周转时间是不一样的。这一节进一步指出固定资本本身不同组成部分的周转时间也是不一样的。在同一个投资中，固定资本的各个要素有不同的寿命，因而也有不同的周转时间。例如在铁路上，车站建筑物、桥梁和隧道、机车和车厢等，可以使用多年，不需要短期内更新；而铁轨和枕木的情况则不同，铁轨的磨损和列车的次数成正比，而且磨损的程度大于列车速度增加的程度。而枕木受两方面的磨损：既受自然力磨损，会腐朽损坏；又因列车运转而磨损，因而需要定期更换。因而预付在它们上面的资本也就有不同的周转时间。

固定资本的有形损耗和无形损耗

固定资本的各个物质要素会受到磨损，磨损有两种：首先是由在生产过程中使用本身引起的。一般来说，这种磨损与使用的强度和持续时间成正比，如机器工具等。

其次，磨损是由于自然力的影响造成的。机器工具等还会因自然磨损而受损。

以上讲的两种磨损属于有形损耗，还存在无形损耗。无形损耗是价值上的损耗，而有形损耗则表现为物质上的损耗。无形损耗的产生，或者是由于同样结构、性能的机器能够更便宜地再生产，或者是由于出现了比原有机器性能更优良的新机器，从而使原有机器的价值因贬值而受到损失。

例如原来值 40 000 元的车厢和机车，几年之后，由于生产企业劳动生产率的提高，现在用30 000元就可以买到。因此，即使原有的车厢和机车的使用价值没有减少，它们的价值也已经贬值 25%。

同时，由于技术的进步，劳动资料大部分都会因不断革新而更新换代。因此，它们通常不是以原来的形式，而是以革新的形式进行补偿。这就出现了一个矛盾。一方面，大量固定资本投在一定的实物形式上，要经过一定的周转时间才能周转回来。这就使得新机器的采用只能逐渐地进行。这个情况成为迅速普遍采用改良的劳动资料的一个障碍。另一方面，竞争，特别是在发生决定性变革的时候，又迫使旧的劳动资料在它们的自然寿命完结之前，就用新的劳动资料来替换，因为再使用旧的劳动资料在经济上就不合算了。所以，灾祸，特别是周期爆发的生产过剩危机，往往是各企业提前大规模地更新设备的主要原因。

有形损耗使固定资本的一部分价值随损耗而逐渐转移到有形产品中去。这种价值转移是按照固定资本丧失使用价值的平均程度进行的。

固定资本的补偿，即替换

固定资本因损耗而需要补偿即替换的情况是不一样的。有的固定资本因它借以存在的物质要素有一定的平均寿命，寿命完了，就必须全部替换。例如一匹马被淘汰后，只能用另一匹马来

替换，而不能一部分一部分地替换。

另外一些固定资本要素，则可以进行周期的和部分的更新。这有两种情况。一种情况是固定资本由同一种组成部分构成，但它们因磨损程度不同而要在不同期限内一部分一部分地更新。例如同是铁轨和枕木，车站上和车站附近的，由于车辆来往频繁，就比别处的要替换得快些。另一种情况是，有的固定资本由不同的组成部分构成，这些不同组成部分的损耗时间不同，因而要在不同期间内进行替换。例如一台机器的不同零件的损耗和替换时间就不同。

折旧基金可用于外延或内涵的扩大再生产

需要把上面所说的那种固定资本周期的或部分的补偿与企业在固定资本局部更新中生产规模扩大的情况区别开来，因为在前一个场合，企业规模并没有扩大，而在后一个场合，企业规模有可能逐步扩大。关于企业在固定资本局部更新中逐渐扩大的情况是这样的：固定资本在它执行职能的整个时期虽然在实物形式上是全部在生产过程中发挥作用，但它的价值的一部分，根据平均损耗，逐渐转移到产品中去，和产品一起进入流通，转化为货币，成为货币准备金积累起来，以便在资本需要以实物形式进行替换时进行更新，即用来购买新的固定资本物质要素。固定资本价值中这个逐渐转化为货币的部分，在它作为货币准备金积累的过程中，企业可以利用来添置追加的生产资料以扩大企业，或者用来改良机器设备、提高机器的效率。这样，经过一段或长或短的时间，虽然这时企业的投资总额没有增加，但它的实物生产量却扩大了。这从社会的角度看，就是规模扩大的再生产。如果这时折旧基金用于生产，使生产场所中的机器增加了，就是在外延上的扩大；如果折旧基金用于改进技术设备，使生产资料效率提高了，就是在内涵上的扩大。这种规模扩大的再生产，不是由于剩余价值资本化的资本积累从而增大资本总量引起的，因为这里用来扩大再生产的货币是原来预付的固定资本价值的一部分。这部分价值因劳动资料损耗而转移到产品中去，经过流通过程而逐渐地、一部分一部分地返回成为货币准备金。这部分货币准备金没有被闲置起来，而是重新转化为追加的或效率更大的固定资本，从而使单个企业在没有新的追加资本的情况下，扩大了生产规模。至于一个企业能够在什么程度上以多大规模进行这种逐渐的追加从而达到生产的扩大，部分地要由这个企业的特殊性质决定。例如在农业生产中，货币准备金这样一部分一部分地再投入生产就很容易实行，因为在这里有一定空间的生产场所，能够最大限度地逐渐吸收资本。在工业生产中，折旧基金用于增添机器设备也容易进行，但如用于对现有机器的技术改良，改良能够达到什么程度，要取决于改良的难易和机器本身的性质。在资本主义企业中，利用货币准备金来扩大企业，不是按照社会的计划进行的，而是取决于单个资本家从事此项活动时千差万别的情况和拥有的资财多少等进行的。

第三篇

社会总资本的再生产和流通

第十八章 导 言

在《资本论》第一卷中研究了单个资本的直接生产过程，包括简单再生产过程和扩大再生产过程。在第二卷中研究了资本的流通过程。第二卷的前两篇考察了单个资本的循环和周转，在此基础上，第三篇分析了社会总资本的再生产和流通，阐述了社会总资本的再生产和流通是怎样进行的，核心问题是产品实现问题。可以说，考察单个资本的再生产和流通，是从微观的角度着眼的；而考察社会总资本的再生产和流通，则是从宏观角度着眼的。第十八章是第三篇的导言，主要阐明了第三篇研究的对象，并考察了货币资本在这一过程中的作用。

1. 研究的对象

社会总资本的再生产和流通的研究对象

马克思首先从社会资本和单个资本的联系和区别来阐明了社会资本再生产理论的研究对象。主要应当理解三个要点。

第一，资本的再生产过程是生产过程和流通过程的统一。资本的再生产过程包括全部循环，不仅包括直接的生产过程，也包括真正流通过程的两个阶段。生产过程和流通过程是互为条件、互相转化的。

第二，社会总资本再生产理论研究的对象，是社会总资本的运动，而“社会资本的运动，由社会资本的各个独立部分的运动的总和，即各个单个资本的周转的总和构成”[390]。社会资本和单个资本是密切联系着的。单个资本是社会总资本的独立部分。“正如单个商品的形态变化是商品世界的形态变化系列——商品流通——的一个环节一样，单个资本的形态变化，它的周转，是社会资本循环中的一个环节”[390]。

第三，社会总资本运动的内容。社会资本的再生产不仅包括直接的生产过程，即生产的消费，而且包括个人的消费。“这个总过程，既包含生产消费（直接的生产过程）和作为其中介的形式转化（从物质方面考察，就是交换），也包含个人消费和作为其中介的形式转化或交换。”[390] 这是因为社会资本再生产过程，一方面包含由可变资本到劳动力的转化，从而包含劳动力的并入资本主义生产过程。在这里，工人是劳动力的出卖者，资本家是劳动力的购买者。同时，在商品出卖中，包含工人阶级对消费品的购买，从而包含工人的个人消费。在这里工人阶级成为买者，资本家成为卖者。另一方面，商品资本的流通还包含剩余价值的流通，因而也就包含资本家的个人消费，因为资本家的个人消费是以此为媒介的。所有这些，都不同于单个资本的运动。在单个资本的运动中，工人的个人消费是在单个资本的循环之外进行的。资本家的个人消费，也在单个资本的运动之外进行，在单个资本循环的 W′—G′阶段，只是使剩余价值由商品形态转化为货币形态；剩余价值实现以后，如果被用于资本家的个人消费，就脱离了资本循环过程。而在社会总资本的运动中，工人和资本家的个人消费都包括在总过程中，成为社会总产品实现的重要条件之一。

因此，社会资本的循环不仅包括资本的流通，而且包括一般的商品流通。在社会总资本的运动中所包含的资本家和工人的个人消费，并不属于资本流通的环节，只是一般商品流通。

2. 货币资本的作用

研究社会资本的再生产，不宜用货币资本循环公式，而应分析商品资本的循环。但是，货币资本对社会资本再生产具有一定作用。马克思在这里把它作为社会总资本的一个组成部分，考察了它的作用。

对单个资本周转的分析已经表明货币资本具有两方面的作用：第一，每个单个资本开始要以货币资本的形式出现，从 G…G′的起点看，它是资本运动的第一个推动力。第二，由于周转时间包括劳动期间和流通期间，为了使劳动过程在流通期间不会中断，必须有追加的货币资本。货币资本这两方面的作用，同样适用于社会总资本再生产。

货币资本的推动力

商品生产以商品流通为前提，商品流通又以货币流通为前提。同样，资本主义的商品生产要求货币资本作为每一个新开办企业的第一个推动力和持续的动力。这一点无论对于单个资本还是社会资本都同样适用，但是这绝不意味着生产规模的绝对界限是由预付资本的数量决定的。其实，在不增加货币资本或者不按比例增加货币资本的条件下，生产的规模仍然可以扩大。主要途径是：第一，充分地利用生产要素，从外延方面和内涵方面加强对劳动力的榨取；加强对土地、海洋、矿山、森林等自然力的利用；更有效地利用劳动资料。这些情形都可以扩大生产规模而不必相应地扩大货币资本预付量。第二，提高劳动生产力。把巨大的自然力和自然科学成果并入生产过程可以极大地提高劳动的自然生产力；加强协作可以提高劳动的社会生产力；劳动生产力的提高可以增加使用价值的量，从而为资本的积累和扩大打下基础；这些都可以扩大生产而不相应地增加社会资本。第三，缩短周转时间，从而可以用较少的货币资本推动等量的生产资本，或者以等量的货币资本推动较多的生产资本。可见，预付的货币资本在转化为生产资本之后，生产资本的物质要素包含着生产的潜力，这个潜力的界限不是由预付资本的价值界限规定的，它表现为一定量生产资本在生产上的伸张力。

增加货币资本的必要性。对未来社会主义生产和分配的预见

由于周转时间长短不同，推动生产资本所必要的货币资本的量也相应地有大有小。此外，周转时间又划分为劳动时间和流通时间。

在资本主义条件下，生产期间长和范围广的生产，需要在较长时间内预付较大量的货币资本，因而在这种生产领域里，生产要受到单个资本家所能支配的货币资本的限制。但是，信用制度和与此相联系的联合经营，打破了货币资本的这种限制。在这种情况下，借入资本或合股经营，可以解决单个资本家拥有的货币资本不足的问题。但是信用制度又会使生产盲目发展，从而加深资本主义生产所固有的矛盾。

不同生产部门由于性质不同，有的部门长期从社会取走生产资料和劳动力，但不能在此期间提供有用产品；有的部门则能在较短期间提供生产资料和生活资料。这种情况决定于不同部门生产过程的物质条件，并非决定于生产关系的性质。在社会主义条件下这些差别也是存在的。“在社会的生产的基础上，必须确定前者按什么规模进行，才不致有损于后者。”［396～397］因此，在宏观上安排社会生产时，必须把生产时间长、投资量大的生产和生产时间短、投资少的生产适当按比例结合起来，并运用有效的经济手段，诱导企业遵循国家的计划意图，从而实现目前利益和长远利益的均衡。马克思还指出了社会主义公有制度下社会生产和个人消费品分配的特点，“在社会的生产中，货币资本不再存在了。社会把劳动力和生产资料分配给不同的生产部门。生产者也许会得到纸的凭证，以此从社会的消费品储备中，取走一个与他们的劳动时间相当的量。这些凭证不是货币。它们是不流通的”［397］。这就是说，这里不再存在商品、货币和资本；社会直接有计划地分配劳动力和生产资料于不同的部门；实行按劳分配。马克思预计，在取代资本主义的新的社会形态中，生产资料属于全社会所有，每个人的劳动具有直接的社会性质，因而也不存在商品生产和货币。但在实践中的社会主义条件下，存在着马克思所没有预见到的复杂的社会历史条件，还需要存在商品和货币，发展商品经济。在社会主义商品经济和市场经济存在的条件下，实现资源配置，即分配生产资料和劳动力于不同生产部门，离不开商品经济机制，需要发挥市场决定资源配置的作用。

第二十章　简单再生产

《资本论》第一卷中也有简单再生产一章，那是阐述单个资本的简单再生产，本章中所阐述的是社会总资本的简单再生产。它们研究的内容是不同的。本章的内容主要是，考察社会总资本简单再生产条件下的两个重要问题：一是社会产品的各部分是如何实现的；二是在再生产中耗费了的资本在价值上和物质上是如何补偿的。以此为基础，进一步说明两大部类产品变换的平衡关系，从而揭示简单再生产的实现条件。马克思对社会资本再生产的分析从简单再生产开始，因为简单再生产是扩大再生产的一个重要组成部分，是积累的一个现实因素，并且包含着再生产的一般规律性。对再生产分析的主要困难也发生在简单再生产上。从简单再生产开始，也符合从简单到复杂、从一般到特殊的科学方法。

1. 问题的提出

> 分析社会资本再生产需要从分析商品资本循环公式出发

在资本主义社会，社会总产品表现为总商品资本 W′。只有深入分析社会在一年中提供的总商品产品的销售即实现情况和所消耗的资本价值与物质补偿的来源，才会理解社会资本的再生产是如何进行的，并且可以明白社会资本的再生产和单个资本的再生产有什么不同点和共同点。因为年产品既包括补偿资本的那一部分社会产品，也包括归入消费基金的社会产品，因而不仅包括生产的消费，也包括个人的消费。个人的消费包括劳动者的消费和资本家的消费，也就是包括工人阶级和资产阶级的再生产，因而也包括资本主义生产关系的再生产。

研究社会总资本的再生产，必须借助于分析商品资本循环公式：

$$W'—\begin{cases}G—W\cdots P\cdots W'\\ g—w\end{cases}$$

这个公式从 W′开始。$W'=W+w$。它既包括不变资本和可变资本，也包括剩余价值，从而它的运动包括了生产的消费和个人的消费。虽然在货币资本的循环和生产资本的循环中也包括消费，但是对于单个资本的运动来说，只要商品能够卖出就行。至于究竟卖给谁，怎样进行消费，则和单个资本的运动无关，无须进行具体分析。相反，在 W′…W′的循环公式中，自始就包括生产的消费和个人的消费，并且只有分析 W′的各个组成部分究竟卖给谁，如何进行消费，才能认识社会资本再生产的条件。因此，分析社会资本的再生产，必须以商品资本循环公式为基础。

从价值补偿和实物补偿两方面进行考察

为了考察社会资本的再生产，必须从 W′的各个组成部分的价值补偿和物质补偿的角度来加以分析。在分析单个资本的时候，我们只是假定资本家通过出售他的商品，把他的资本由商品形态转化为货币形态，然后再从市场上购买各种生产要素，再转化为生产资本。但是在分析社会总资本的时候，就不能简单地这样假定了。在这里，作为社会总商品产品一部分的生产资料的价值补偿，和作为它的另一部分的消费资料的价值补偿，必须和物质补偿结合在一起。因为生产要素是物质的东西，它们和用来替换它们的商品都来源于社会总产品；而用作工人和资本家个人消费的产品的运动，不仅是社会总产品运动的一个不可缺少的环节，而且和单个资本的运动交织在一起，因此，在这里仅靠假定是无法阐明社会资本再生产的过程的。在研究中必须回答的问题是社会年总产品“卖给谁”和“向谁买”。

社会资本的再生产不仅是价值补偿，而且是物质补偿。在分析单个资本的循环时，商品的实物形式只是举例，它可以是机器，也可以是谷物，对于说明问题都没有影响，因为分析的问题是价值形态的转化。但是在考察社会资本的再生产时，这种方法就不够了。马克思指出：“产品价值的一部分再转化为资本，另一部分进入资本家阶级和工人阶级的个人消费，这在表现为总资本的结果的产品价值本身内形成一个运动。这个运动不仅是价值补偿，而且是物质补偿，因而既要受社会产品的价值组成部分相互之间的比例的制约，又要受它们的使用价值，它们的物质形态的制约。”［437～438］可见，必须从价值补偿和实物补偿两方面分析社会总资本的再生产。

从分析简单再生产开始

一般来说，资本主义生产是规模扩大的再生产。但是分析社会资本再生产运动必须从分析简单再生产开始，因为凡是有扩大再生产的地方，简单再生产总是扩大再生产的一部分，甚至是主要的部分。简单再生产包含着实现问题上的最大的困难。只有首先弄清简单再生产的实现原理，然后才有可能引入积累，圆满解决社会总资本再生产和流通问题。

2. 社会生产的两个部类

为了阐明社会资本再生产中的价值补偿和实物补偿问题，马克思首先确立了科学的再生产理论所依据的基本前提，并提出了简单再生产的图式，概括地指出了社会生产两大部类的基本交换关系。

再生产理论的基本前提

社会资本的再生产要顺利进行，需要不断实现价值补偿和物质补偿，再生产理论的基本前提是以下两个原理。

第一，从使用价值即实物形态来看，社会的总产品从而社会的总生产分为两大部类，即生产生产资料的第Ⅰ部类和生产消费资料的第Ⅱ部类。

Ⅰ. 生产生产资料的部类。其产品进入生产消费。

Ⅱ. 生产消费资料的部类。其产品进入资本家阶级和工人阶级的个人消费。

第二，从价值来看，两个部类的年总产品的价值都分为三个部分：代表生产上消费掉的、转移到产品中去的不变资本的价值部分 c；全部年劳动新创造的两部分价值即 v＋m。因而，各部类的年总产品的价值，和每个个别商品的价值一样，也分成 c＋v＋m。

不变资本 c 包括流动的不变资本和固定资本两个部分。由于固定资本在使用中存在着所使用的资本与所消费的资本的差别，所以，代表生产上消费掉的不变资本的那部分价值，和生产上使用的不变资本的价值是不一致的。这里假定 c 的价值会在一年中全部转移到产品中去并需要在实物上进行补偿，因而也就是把固定资本的特殊补偿问题暂时撇开。

简单再生产中两大部类年产品的基本交换关系

马克思从再生产理论的基本前提出发，制定了简单再生产图式。全年总商品产品为：

第Ⅰ部类：4 000c＋1 000v＋1 000m＝6 000 生产资料

第Ⅱ部类：2 000c＋500v＋500m＝3 000 消费资料

这里假定剩余价值率$\frac{m}{v}$为 100％，而不变资本价值以一年为期一次全部转移到产品中去，也就是说，总价值 9 000 中不包括继续以实物形式执行职能的固定资本。

马克思说，在简单再生产条件下，如果撇开作为媒介的货币流通，那么分析各种必要的交换时，就会得出“三大要点”，这三大要点就是两大部类年产品的基本交换关系。

(1) 第Ⅱ部类的 500v 和 500m，从价值来看，要用于工人和资本家的个人消费，其实物形态也是消费资料。因此，第Ⅱ部类的工资和剩余价值Ⅱ(v＋m)，可以通过第Ⅱ部类的内部交换而实现。

(2) 第Ⅰ部类的 1 000v 和 1 000m，从价值来看，要用于工人和资本家的个人消费，但其实物形态却是生产资料。而第Ⅱ部类的 2 000c（Ⅱc），其实物形态是消费资料，但本来都要用于补偿消费掉的生产资料。因此，第Ⅰ部类的 1 000v＋1 000m 需要和第Ⅱ部类的剩下的 2 000c 相交换。这样，第Ⅰ部类可以得到需要的消费资料，第Ⅱ部类可以得到数量相等的生产资料。Ⅰ(v+m) 和Ⅱc 通过两大部类之间的交换而实现。

(3) 剩下的 4 000c(Ⅰc) 由生产资料构成，只能用于更换第Ⅰ部类消费掉的不变资本，而它们的实物形态正好与此相适应。因此 4 000c(Ⅰc) 可以在第Ⅰ部类内部通过各个资本家之间的交换实现。

3. 两个部类之间的交换：Ⅰ(v+m) 和Ⅱc 的交换

社会资本简单再生产的实现条件

在两大部类年产品的基本交换关系中，Ⅱ(v+m) 和Ⅰc 都在本部类内部通过交换而实现；社会总产品实现的主要困难在于两个部类之间的交换。通过两个部类之间的交换，2 000(Ⅱc) 由消费资料形式转化为生产资料形式，从而可以重新当作不变资本来执行职能。Ⅰ(1 000v+1 000m) 则从生产资料形式转化为消费资料形式，可以用作个人消费。因此，Ⅰ(v+m)=Ⅱc 是简单再生产的实现条件。

马克思关于社会资本简单再生产实现条件的原理，揭示了实现简单再生产所必需的客观的比例关系："在简单再生产中，第Ⅰ部类的商品资本中的 v+m 价值额(也就是第Ⅰ部类的总商品产品中与此相应的比例部分)，必须等于不变资本Ⅱc，也就是第Ⅱ部类的总商品产品中分出来的与此相应的部分；或者说，Ⅰ(v+m)=Ⅱc"[446]。实际上，从这个基本的平衡关系，我们可以引申出更具体的两个关系式。如果在Ⅰ(v+m)=Ⅱc 两端各加Ⅱ(v+m)，就得Ⅱ(c+v+m)=Ⅰ(v+m) +Ⅱ(v+m)，它表示在简单再生产条件下，第Ⅱ部类生产的全部消费资料，必须等于全部用于生活消费的社会总产品的部分。如果在Ⅰ(v+m)=Ⅱc 两端各加Ⅰc，则得Ⅰ(c+v+m)=Ⅰc+Ⅱc，它表示在简单再生产条件下，第Ⅰ部类的全部产品的总价值，必须等于两部类不变资本之和。如果前者小于后者，则生产资料的消耗就不能完全得到补偿，简单再生产就不能维持；如果前者大于后者，则社会生产的生产资料就会出现过剩。

社会资本简单再生产实现条件的基本原理，完全适用于社会主义再生产。首先，简单再生产是积累的一个现实因素，是扩大再生产的出发点和重要组成部分，因而社会主义经济的发展，首先要保证简单再生产。这就要求保证整个社会已经消耗的生产资料和消费资料，必须能够从社会总产品中得到等质等量的补偿。如果不顾客观条件和可能，一味扩大基本建设规模，热衷于追加投资，那么，就会打破比例关系的平衡，不仅不能顺利进行扩大再生产，而且还有可能使社会原有生产条件的维持和更新受到破坏，因而连简单再生产都会发生困难。另一方面，简单再生产实现条件的分析表明，社会再生产过程中，两大部类互相联系，互相制约，生产消费和个人消费互相交织，价值补偿与实物补偿同时实现，总产品各个部分之间客观上存在着一定的比例。只有保持这种比例关系，社会经济才能协调地、健康地发展。生产资料的需求和供给的平衡，消费资料的需求和供给的平衡，两大部类生产速度和比例的均衡，是社会主义国家宏观国民经济管理必须认真对待的最重要的问题之一。

货币流通在社会总产品交换中的媒介作用

社会产品通过交换实现，但是这种交换不是物物交换，而是以货币流通为媒介来进行的。两个部类之间的交换，包括两个部类互相进行的无数个别的买和卖。马克思在提出了简单再生产条件下社会总产品实现的基本条件之后，着重分析了以货币流通为媒介的交换过程。

马克思首先分析了Ⅰ1 000v和Ⅱ2 000c的一半（即与Ⅱ1 000c）之间的交换。第Ⅰ部类资本家支付第Ⅰ部类工人的工资1000镑（或任何资本单位），工人用它向第Ⅱ部类资本家购买消费资料。于是这1 000镑就流到第Ⅱ部类资本家手中。然后第Ⅱ部类资本家用它向第Ⅰ部类资本家购买生产资料，这样，这1 000镑又流回第Ⅰ部类资本家手中。

马克思接着分析了Ⅰ1 000m和其余的Ⅱ1 000c之间的交换。这里的流通也包括两个部类的各个资本家之间无数个别的买和卖。媒介流通所需要的货币可以用不同的方式来预付，即既可能由第Ⅰ部类的资本家来预付，可以由第Ⅱ部类的资本家来预付，也可以由双方各预付一部分货币。假定第Ⅱ部类资本家首先垫支500镑向第Ⅰ部类资本家购买生产资料，第Ⅰ部类资本家又用这500镑向第Ⅱ部类资本家购买消费资料，这样500镑就流回到第Ⅱ部类资本家手中。再假定第Ⅰ部类资本家也投入500镑向第Ⅱ部类购买消费资料，第Ⅱ部类资本家又用这500镑向第Ⅰ部类购买生产资料，于是500镑又回到第Ⅰ部类资本家手中。

结果是：2 000镑货币媒介了价值4 000镑的商品交换，而资本家为了媒介流通而投入的货币，总是会按原来的数额回到原有资本家的手中。“总的结论是：产业资本家为了促成他们自己的商品流通而投入流通的货币，无论是记在商品的不变价值部分的账上，还是记在存在于商品中的剩余价值（在它作为收入花掉的时候）的账上，总是按照各个资本家为货币流通而预付的数额回到他们手中。”[446] 需要说明的是，第Ⅰ部类资本家为购买劳动力而以货币形式预付的可变资本，不是直接地回到第Ⅰ部类资本家手中，而是通过工人向第Ⅱ部类资本家购买消费资料，接着第Ⅱ部类资本家又用它向第Ⅰ部类资本家购买生产资料，迂回地回到第Ⅰ部类资本家手中。

4. 第Ⅰ部类的不变资本

本节分析第Ⅰ部类的不变资本，即Ⅰ4 000c的实现问题，并由此揭示第Ⅰ部类生产资料生产的比例性。

Ⅰ4 000c在第Ⅰ部类内部实现

第Ⅰ部类是生产生产资料的，因而它所消耗的生产资料可以通过本部类内部的交换而得到补偿。“在第Ⅰ部类，全部商品产品由生产资料，即由建筑物、机器、容器、原料和辅助材料等等构成。因此，其中用来补偿这个部门所使用的不变资本的那一部分，能够以它的实物形式立即重新作为生产资本的组成部分执行职能。如果它进入流通，那也是在第Ⅰ部类内部流通”[471]。

从价值来看，Ⅰc等于第Ⅰ部类商品产品中再现的生产资料的价值。这部分价值是从消耗掉的生产资料转移过来的。它不是在第Ⅰ部类的生产过程中新生产的。从使用价值来看，Ⅰc存在于生产资料形式上，只能用于生产消费。第Ⅰ部类资本家包括全部生产生产资料的资本家。因而，用以补偿第Ⅰ部类年生产中消耗掉的生产资料的Ⅰ4 000c，必须在第Ⅰ部类内部实现。另一方面，Ⅰ4 000c也完全可以在第Ⅰ部类内部实现，因为Ⅰ4 000c的自然（实物）形态就是准备补偿不变资本消耗的生产资料。因此，在简单再生产条件下，第Ⅰ部类中c部分商品产品可以供本部类自己进行生产的消费，正如第Ⅱ部类中v+m这部分商品产品可以用于该部类的个人消费一样。

Ⅰc实现的两种方式和第Ⅰ部类生产资料生产的比例性

Ⅰc是以两种方式在第Ⅰ部类内部实现的，其中一部分当作生产资料直接加入生产它的生产部门（甚至本企业）。例如，谷物加入谷物的生产，煤炭加入煤炭的生产，机器加入机器的生产等等。但是，通过这种方式实现的只是Ⅰc中的一小部分。Ⅰc中的绝大部分不是直接进入本生产部门，而是要在第Ⅰ部类内部流通，经过交换而分别进入第Ⅰ部类其他生产部门，以进行价值补偿和物质替换。

保证实现第Ⅰ部类内部交换的关键，在于制造生产资料的各个生产部门之间保持一定的比例性。第Ⅰ部类的不变资本，由大量的不同类型的资本群构成。它们被分别投入不同的生产资料生产部门，如铸铁厂、煤矿等等。每个这样的资本群，又由许多大小不等的独立执行职能的单个资本构成。为了使各个资本群的不变资本消耗能够得到相应的价值补偿和物质替换，他们的生产就必须是按比例进行的，否则，就会发生生产不足或生产过剩，从而使Ⅰc在第Ⅰ部类内部的实现发生困难，简单再生产也难以顺利进行。马克思指出：“第Ⅰ部类的每个资本家按照他作为这4 000不变资本的共有者所占的比例，从这个商品总量中取出他所需要的相应的生产资料。”[473]

在公有制的生产中Ⅰc的实现问题

马克思指出，第一部类生产资料生产的比例性，在生产资料公有制条件下依然客观存在，只是它可以通过有计划的分配来实现。“如果生产是社会的，而不是资本主义的，那么很明显，为了进行再生产，第Ⅰ部类的这些产品同样会不断地再作为生产资料在这个部类的各个生产部门之间进行分配，一部分直接留在这些产品的生产部门，另一部分则转入其他生产场所，因此，在这个部类的不同生产场所之间发生一种不断往返的运动。”[473] 但是，在公有制生产的不同发展阶段，这种分配和交换究竟采取什么形式，是商品交换还是产品交换，则存在很大的不同。马克思预计社会主义条件下不存在商品生产，生产资料不是通过商品交换进入不同部门，而是通过计划分配于各部门的，事实上，社会主义条件下存在着商品生产，企业都是具有独立的物质利益的经济实体，因而，这种分配和交换依然要通过商品流通实现。

5. 固定资本的补偿

前面分析简单再生产的实现条件时，假定不变资本的价值在一年中全部转移到新产品中去，因而也就是假定其中的固定资本部分当年就在实物形态上被替换，暂时撇开了当年没有更新的固定资本部分。本节则具体分析固定资本的补偿问题。固定资本的使用价值是逐渐磨损的，而它的价值则随着磨损的程度逐步地在货币形式上得到补偿，这样就形成了一个先行的货币准备基金（折旧基金）。只有到它的寿命完结，即其物质形式完全报废时，才一次替换它的自然形态，即进行固定资本更新。由于固定资本价值补偿和实物补偿不相一致，具有非同步的特点，因而使社会资本的再生产和流通变得更加复杂。本节通过对固定资本补偿的分析，揭示了固定资本更新中的比例关系，进一步揭露了社会资本再生产过程中的矛盾。

固定资本补偿的特点

在研究单个资本的循环和周转时，马克思已经揭示了固定资本周转方式的特殊性。马克思在本节中进一步考察了这一特点及其对固定资本补偿问题的影响。马克思指出：“不变资本的价值部分，只要是由真正的劳动资料（生产资料的一个特殊种类）构成的，就由劳动资料转移到劳动产品（商品）中去；这些劳动资料继续作为生产资本的要素执行职能，而且是以它们的旧的实物形式继续执行职能。只是劳动资料的损耗，即它们在一定期间持续执行职能时逐渐损失的价值，才作为借助于劳动资料生产出来的商品的价值要素再现，才由劳动工具转移到劳动产品中去。”［501～502］这种特点，直接决定了固定资本补偿的特点。在生产过程中逐渐转移的固定资本价值，尽管它是用来补偿固定资本损耗的，但是却不会立即转化为固定资本的实物形式，即生产资本的一部分。这些价值以货币形式，在生产资本旁边沉淀下来，形成折旧基金。“这种货币沉淀反复发生，直到年数不等的再生产时期结束为止，在这个再生产时期，不变资本的固定要素以它的旧的实物形式在生产过程中继续执行职能。”［503］直到这些固定资本的实物形态的寿命完结，不能再在生产过程中执行职能时，才由已经形成的全部折旧基金，一次性地进行固定资本的实物补偿，从而对生产资本的这个组成部分进行实际更新；这样就失去它的货币贮藏的形式，再进入以流通为媒介的资本再生产过程。因而马克思说：“这种货币贮藏本身是资本主义再生产过程的一个要素，是在固定资本的寿命还没有完结，从而还没有把它的全部价值转移到所生产的商品中去，还不必用实物进行补偿之前，固定资本价值或它的个别要素的价值在货币形式上的再生产和贮存。”［503～504］

固定资本补偿中的比例关系

我们知道，社会资本简单再生产的实现条件是

Ⅰ(v＋m)＝Ⅱc

$$\text{Ⅰ}.\ 4\,000c+\underbrace{1\,000v+1\,000m}$$

$$\text{Ⅱ}.\ \cdots\cdots\cdots\cdots\quad 2\,000c+500v+500m$$

这里，简单再生产的顺利实现是以第Ⅱ部类的2 000c需要全部与第Ⅰ部类生产的生产资料进行替换为前提的。但是在Ⅱ2 000c中，有一部分比如200c不需要立即进行实物补偿，而仅仅作为货币逐渐沉淀下来。这样，两大部类之间的交换就立即出现了困难。假定Ⅰ(1 000v＋1 000m）需要全部与第Ⅱ部类交换消费资料，但是第Ⅱ部类Ⅱ2 000c中却有200是货币贮藏形式的折旧基金，因而第Ⅱ部类只需要向第Ⅰ部类购买1 800的生产资料。在这种情况下，第Ⅰ部类是（1 000v＋1 000m）；第Ⅱ部类是1 800c＋200c（d）（d代表货币形式的贮藏），因此，出现的困难局面是：

$$\text{Ⅰ}.\ \underbrace{1\,000v+1\,000m}$$

$$\text{Ⅱ}.\quad 1\,800c+200c(d)$$

这样，在两大部类彼此交换了1 800c商品以后，第Ⅰ部类还剩200m（生产资料），第Ⅱ部类还剩200c(d)（消费资料）。怎样解决这个困难呢？

现在首先假定：第Ⅰ部类用200镑向第Ⅱ部类购买消费资料200c(d)，但是第Ⅱ部类却不再需要向第Ⅰ部类购买生产资料。其结果将是Ⅰ200m不能实现，200镑也不能流回第Ⅰ部类。这样，不但不能实现简单再生产，而且和预付的货币必然会回到起点的规律相矛盾。按此规律，当再生产（无论是简单的再生产，还是规模扩大的再生产）进行时，资本家预付到流通中去的货币，必然流回到它们的起点，不管这些货币是他们自己的，还是借来的。

既然上面的假设是不能成立的，那么，剩下的就只有一种可能：第Ⅱ部类自己把货币投入流通，以便使Ⅱ200c(d）转化为货币。这个假定看起来似乎是荒谬的，但是，它的不合理是表面的。因为第Ⅱ部类是由许多部门构成的，它们的固定资本处在再生产的完全不同的期限中。马克思指出："因此，投入第Ⅱ部类的各种各样的生产部门的不同资本也会有不同的年龄。就像在这些生产部门从事生产的人每年都有死亡一样，每年也有许多固定资本在当年到达寿命的终点，必须用积累的货币基金实行实物更新。"[506] 部分资本家的固定资本需要在实物形式上进行更新，而另一部分资本家的固定资本还不需要在实物形式上进行更新，而只是以货币形式贮存固定资本损耗的价值。马克思把前一部分资本家叫做"第1部分"，把后一部分资本家叫做"第2部分"。第Ⅱ部类的第1部分资本家用200货币向第Ⅰ部类购买固定资本物质要素；第Ⅰ部类又用这笔货币向第Ⅱ部类的第2部分资本家购买消费资料。结果，第Ⅰ部类实现了200m的余额；第Ⅱ部类的第1部分在实物形态上更新了它的固定资本；第Ⅱ部类的第

2部分则在货币形式上沉淀了固定资本损耗的价值。两大部类之间的交换完全实现，社会资本简单再生产具备了顺利进行的条件。

由此可见，为了使简单再生产得以实现，固定资本补偿必须满足一定的比例关系：第Ⅱ部类第1部分资本家需要在实物上进行更新的固定资本总额（Ⅱc（1））必须等于第Ⅱ部类第2部分资本家需要折旧的固定资本价值总额（Ⅱc（2））。马克思指出："在这里先决条件显然是：第Ⅱ部类不变资本的这个固定组成部分，即按自己的全部价值再转化为货币，因而每年要用实物更新的固定组成部分（第1部分），应该等于第Ⅱ部类不变资本中另一个固定组成部分的年损耗，也就是等于以旧的实物形式继续执行职能，而其损耗（即转移到所参与生产的商品中去的价值损失）先要用货币来补偿的那个固定组成部分的年损耗。"[520] 而在第Ⅰ部类供给第Ⅱ部类的生产资料中，既包括不变资本的流动组成部分，也包括不变资本的固定组成部分。因此，第Ⅰ部类在两种生产之间必须保持一定的比例。

固定资本补偿中的比例关系在社会主义经济中也是客观存在的。这就一方面要求合理规划基本建设，使历年投产的固定资产不大起大落；另一方面，又要建立必要的物资储备，反对留缺口，以保证国民经济的稳步发展、协调增长。

在资本主义私有制条件下，平衡只是一种偶然的现象。如同社会再生产所要求的其他比例关系一样，固定资本更新的平衡关系经常遭到破坏。

马克思关于固定资本补偿问题的科学分析，进一步揭露了资本主义再生产的矛盾。正如马克思所说："因此，尽管是规模不变的再生产，但危机——生产危机——还是会发生。"[524] 固定资本更新中比例关系的破坏，是资本主义社会生产无政府状态的一个要素，也是发生经济危机的诱因。

资本主义形式废除后的固定资本更新问题

固定资本补偿中的比例关系，不是资本主义特有的。但是在公有制条件下，固定资产补偿中的矛盾可以得到自觉的解决，这一点不同于资本主义社会。

马克思指出："再生产的资本主义形式一旦废除，问题就归结如下：寿命已经完结因而要用实物补偿的那部分固定资本（这里是指在消费资料生产中执行职能的固定资本）的数量大小，是逐年不同的。如果在某一年数量很大（像人一样，超过平均死亡率），那在下一年就一定会很小。在其他条件不变的前提下，消费资料年生产所需的原料、半成品和辅助材料的数量不会因此而减少；因此，生产资料的生产总额在一个场合必须增加，在另一个场合必须减少。"[526] 在社会主义和共产主义社会里，上述比例关系的变化和引起的矛盾仍然存在。怎样解决这个矛盾呢？马克思指出："这种情况，只有用不断的相对的生产过剩来补救；一方面要生产出超过直接需要的一定量固定资本；另一方面，特别是原料等等的储备也要超过每年的直接需要（这一点特别适用于生活资料）。"[526] 不能混同马克思这里所讲的社会主义相对过剩与使资本主义产生经济危机的相对生产过剩。社会主义只是要有略高于需求的合理的生产过剩，是属于必要的物质储备，等于社会对它本身的再生产所必需的各种物质资料的控制。这就是说，不仅要多生产出一些固定资本的物质要素，而且要多生产出一些流动资本的物质要素如原料等作为储备。总之，生产资料的产量要超过直接需要，生活资料的供应量也要超过直接社会需要。这同我们现在所讲的形成“买方市场”的含义，基本上是一致的。只有这样，才能在某些环节出现缺口时，及时用储备的物质来弥补，使矛盾得到解决，使不平衡转为平衡，从而保证社会再生产的顺利进行。马克思的上述论断对于建立社会主义物资储备有重要指导意义，我们在进行社会主义建设的时候，必须根据客观比例关系，在增加生产的基础上，建立必要的物资储备，成为调节固定资本补偿中平衡关系的蓄水池。在我国正在进行经济体制改革，国民经济管理转向间接控制体系的情况下，如何综合运用多种经济杠杆，利用市场机制，自觉调节上述比例关系，是国民经济宏观管理的一个重要课题。只有不断地有效地实现这种调节，才能保证社会主义再生产两个部类之间的协调发展，保证供给和需求的大体均衡，促进现代化建设的顺利进行。

第二十一章　积累和扩大再生产

与第一卷中分析单个资本的积累与扩大再生产不同，这一章是分析社会总资本的积累和扩大再生产的。本章要进一步分析社会资本扩大再生产条件下价值补偿和物质替换的统一和社会总产品的实现问题，并揭示扩大再生产条件下两大部类对比关系的基本原理。

这里节选的是第二十一章包含的一些最核心的内容，主要是四个方面：关于资本积累的源泉和实现积累的两个前提；关于扩大再生产实现的前提条件；关于积累和扩大再生产的实现过程；关于扩大再生产的实现条件。

资本积累和扩大再生产的两个前提

在一般情况下，扩大再生产是与资本积累联系在一起的。资本积累就是剩余价值资本化。在商品产品实现的过程中，商品资本转化为货币，代表剩余价值的剩余产品也转化为货币。资本家把代表剩余价值的货币再转化为追加资本的生产要素。这个规模已经增大的资本在下一个生产周期中会提供更多的产品，扩大再生产因而得以实现。单个资本的再生产是这样，社会总资本的再生产也是这样。但是，并非任何一个由剩余价值转化来的货币额都可以转化为追加的生产资本。剩余价值转化为资本，必须具备两个前提条件。

第一，这个追加的货币额必须达到能够适应扩大再生产的需要的数量。在一定的技术条件下，扩建一个原有的企业，或者开办一个新企业，必须具有一个起码的投资量。这个最低界限是由生产技术水平规定了的，低于这个数量就无法进行投资，但是资本家在每次资本转化后可能积累的剩余价值是有限的，因此，在实际的积累和扩大再生产发生以前，必须有一个通过剩余价值的不断货币化而进行货币贮藏和货币积累的长期过程。假设某资本家要新办一个企业，需要的最低限度投资额为500万元，而他每年能够用于积累的剩余价值只有50万元，那么，如果不考虑信用制度和股份经营这个因素，则他必须经过为期10年的货币积累。当然，资本家不会每年将50万元剩余价值存在手中，而会用于盈利，只要够500万元就可以投资建立新企业。

第二，必须具备扩大再生产的物质条件。当货币贮藏到一定数量可以进行实际积累时，货币必须买到追加的生产资料和劳动力。在资本主义条件下，追加的劳动力是经常存在的，因而问题在于追加的生产资料。这就要求生产必须在事实上已经按扩大的规模进行，从而市场上已经存在追加资本购买的生产要素。资本积累虽然表现为一定量的货币的先期积累，但货币本身并不是实际再生产的要素，它必须转化为生产资本的实物要素，才能发挥资本获取剩余价值的职能。这种生产要素是作为成品在市场上买到，还是通过订货制造出来，这没有什么关系。只要存在这个条件，扩大再生产的可能性“在没有货币的情况下就已经存在”［551］。只有如此，扩大再生产才具备必要的物质前提。

由此可见，资本积累的实现，必须经过从剩余价值转化为贮藏货币、再由贮藏货币转化为生产资本这样两个环节。换句话说，进行积累或扩大再生产，一方面必须具备一定的价值前提，另一方面必须具备相应的物质前提。

扩大再生产实现的前提条件

前面讲述了扩大再生产的资本积累量和物质量两个前提条件，这里进一步阐明扩大再生产实现的前提条件。在这一章中，马克思用两个例子来说明积累。在其中的第二例中，着重说明了三层意思，一是资本积累和扩大再生产实现的前提条件；二是扩大再生产的实际过程；三是扩大再生产的实现的平衡条件。

简单再生产的前提和平衡条件是Ⅰ(v+m)=Ⅱc。这个前提是同资本主义扩大再生产不相容的，因为第Ⅰ部类要扩大再生产，它的剩余价值就不能全部和第Ⅱ部类交换，而必须有一部分留在第Ⅰ部类用作追加的不变资本。但是按照Ⅰ(v+m)=Ⅱc，Ⅰm必须全部参加和Ⅱc的交换。这时，如果Ⅰm要留一部分在第Ⅰ部类作为追加的生产资料，那么Ⅱc必然有相应的一部分交换不出去。这样一来，第Ⅱ部类就会发生生产过剩，过剩的程度恰好与第Ⅰ部类生产已经扩大的程度相适应。这首先意味着第Ⅱ部类本身不能实现简单再生产，同时也影响第Ⅰ部类的再生产。在这种情况下，不仅扩大再生产难以进行，而且连简单再生产也会受到损害。所以马克思说：“资本主义积累的事实排斥了Ⅱc＝Ⅰ(v＋m）这一可能性”［587］。也就是说，既然实际上资本主义积累在发生着，那就是说，Ⅱc与Ⅰ(v＋m）相等这个可能性就被排斥了。

马克思指出了扩大再生产实现的前提条件是Ⅰ(v＋m）＞Ⅱc。“不言而喻，既然把积累作为前提，Ⅰ(v＋m）就大于Ⅱc，而不像简单再生产那样，和Ⅱc相等；因为1.第Ⅰ部类已经把它的一部分剩余产品并入自己的生产资本，并把其中的5/6转化为不变资本，所以，它不能同时又用第Ⅱ部类的消费资料来补偿这5/6。① 2. 第Ⅰ部类要用它的剩余产品，为第Ⅱ部类进行积累时所必需的不变资本提供材料，就像第Ⅱ部类必须为第Ⅰ部类的可变资本提供材料完全一样，这个可变资本应当推动第Ⅰ部类的剩余产品中第Ⅰ部类自己用做追加不变资本的部分。”［580］因此，只有Ⅰ(v＋m)＞Ⅱc，第Ⅰ部类本身才有可能进行生产资本的积累，也才有可能为第Ⅱ部类不变资本的积累提供追加的生产资料。可见，Ⅰ(v＋m)＞Ⅱc是扩大再生产的前提条件。没有这个前提，扩大再生产就没有相应的物质基础，因而是不可能实现的。

关于扩大再生产前提条件的分析表明，第Ⅰ部类生产资料的生产在整个再生产过程中起主导作用，并且表明Ⅰ(v＋m）大于Ⅱc的部分必须满足以上两项要求，即既为第Ⅰ部类也为第Ⅱ部类提供追加的生产资料，才实现两大部类之间的平衡条件。

但是，第Ⅱ部类消费资料的生产在整个再生产过程中对于第Ⅰ部类的生产同样具有制约作用。第Ⅰ部类追加的可变资本是由劳动力构成的，但是当资本家把这个劳动力并入他们的资本时，货币对这种劳动力来说就成为对第Ⅱ部类商品的购买手段，因而这种劳动力必须找到现成的消费资料。就像第Ⅰ部类必须用它的剩余产品为第Ⅱ部类提供追加的不变资本（生产资料）一样，第Ⅱ部类也要在这个意义上为第Ⅰ部类提供追加的可变资本（消费资料），因此，第Ⅰ部类也不能离开第Ⅱ部类的积累而积累。由于可变资本的实物形式是必要消费资料而不是奢侈品，因而“就可变资本来说，当第Ⅱ部类以必要消费资料的形式再生产它的总产品的更大部分，特别是它的剩余产品的更大部分时，它就既为第Ⅰ部类又为它自己进行积累了”［583］。

扩大再生产的实现过程

马克思第二例所用的再生产图式是：

$$\left.\begin{array}{l} \text{I}.\ 5\,000c+1\,000v+1\,000m=7\,000 \\ \text{II}.\ 1\,430c+285v+285m=2\,000 \end{array}\right\}=9\,000$$

这个图式具有这样的特点：(1）资本有机构成较高，c∶v＝5∶1。这种情况的前提是资本主义生产已经有了显著的发展。(2）假定第Ⅰ部类的积累率为1/2，$\text{I}(v+\frac{m}{2})>\text{II}c$。

由于假定第Ⅰ部类的积累率为1/2，因此1 000Ⅰm中有500用于积累，这样就有

① 这是马克思在第二例中假定的比例。——引者注

Ⅰ(1 000v＋500m)＝1 500 要和Ⅱc 交换。但是图式中Ⅱc 只有 1 430，差额为 70，必须从Ⅱm 中取出补上。285 Ⅱm 减去 70，还剩下 215 Ⅱm。于是得出：

Ⅰ. 5 000c＋500m(待转化为 c 和 v)＋1 000v＋500m ＝7 000

Ⅱ. 1 430c＋70m(待转化为 c)＋285v＋215m＝2 000

为了推动追加的 70 ⅡΔc，相应地要有追加的 ⅡΔv＝14（Δ 这个符号表示增量)。于是Ⅱm 又由 215 减为 201。因此得出：Ⅱ(1430＋70) c ＋ (285＋14) v＋201m。

Ⅰ(1000v ＋ 500m)＝Ⅱ(1430c＋70v)。对第Ⅱ部类来说，已经包括一部分积累，这是由于在有积累的再生产中，Ⅰ(v＋1/2m) 不是单单由Ⅱc 来补偿，而是由Ⅱc 加Ⅱm 的一部分来补偿。由于Ⅱc 小于Ⅰ(v＋1/2m)，因此需由Ⅱm 中补上的 70 用以和Ⅰ(v＋m) 交换。追加的 70 对第Ⅱ部类来说是直接的积累过程，是一部分剩余产品由消费资料的形式转化为不变资本的形式，而不像简单再生产那样，仅仅是第Ⅱ部类不变资本的更新。如果第Ⅱ部类不把 70 Ⅱm 的货币用于购买生产资料，而是把它作为货币贮藏，不进行现实的扩大再生产，第Ⅰ部类就有 70 的生产资料不能实现。这样，“第Ⅰ部类会发生相对的生产过剩，这是同第Ⅱ部类方面的再生产不同时扩大相适应的”[584]。其次，还应指出：70 Ⅱm 并入第Ⅱ部类的不变资本，同时要求第Ⅱ部类的可变资本增加 14，因为必须有追加的劳动力去推动追加的生产资料。而这种增加“是以第Ⅱ部类再生产包含着由必要生活资料构成的那部分剩余产品的增加为前提的”[584]。

现在接着分析积累过程。第Ⅰ部类积累的 500 Ⅰm 分为两部分：5/6 即 417 转化为 ⅠΔc，1/6 即 83 转化为 ⅠΔv。与此相应，第Ⅱ部类要从 201 Ⅱm 中取出 83 转化为ⅡΔc。而为了推动 83 ⅡΔc，又要从剩下的 118 Ⅱm 中再取出 83 的 1/5，即 17 转化为ⅡΔc。于是，两大部类经过积累后重新组合为：

Ⅰ. (5 000＋417)c＋(1 000＋83)v＋500m＝7 000

Ⅱ. (1 430＋70＋83)c＋(285＋14＋17)v ＋101m＝2 000

两大部类之间关系正好平衡，即Ⅰ(1 000v＋83Δv＋500m)＝Ⅱ(1 430c＋(70＋83) Δc)。用一般公式表示就是：

$$\text{Ⅰ}\left(v+\Delta v+\frac{m}{x}\right)=\text{Ⅱ}c+\text{Ⅱ}\Delta c$$

在上述组合中，第Ⅰ部类的资本已经由 6 000 增加到 6 500，即增加 1/12。第Ⅱ部类的资本已经由 1 715 增加到 1 899，即增加近 1/9。积累已经实现，扩大再生产得以进行。

马克思推算了三年间再生产扩大的结果，“使第Ⅰ部类的总资本由 6 000 增加到 7 629，第Ⅱ部类的总资本由 1 715 增加到 2 229，社会的总资本则由 7 715 增加到 9 858”[586]。

扩大再生产的实现过程的分析表明：首先，简单再生产是扩大再生产的现实基础和出发点。只有在简单再生产的基础上扩大再生产才能顺利进行。第二，积累是从第Ⅰ部类开始的。第Ⅰ部类的积累决定第Ⅱ部类的积累。第Ⅰ部类对第Ⅱ部类积累的决定作用表现在，它既为第Ⅱ部类提供追加的生产资料，同时又规定着第Ⅱ部类的积累规模。但是第Ⅰ部类的积累也离不开第Ⅱ部类的积累。第Ⅱ部类的积累是第Ⅰ部类积累的条件。如果第Ⅱ部类不为第Ⅰ部类提供追加的消费资料，第Ⅰ部类的扩大再生产就不能实现。总之，第Ⅰ部类和第Ⅱ部类的积累是相互制约、互为条件的。

进一步阐述的平衡条件

上面关于扩大再生产实现过程的分析表明，扩大再生产实现的平衡条件是：$\text{Ⅰ}\left(v+\Delta v+\frac{m}{x}\right)=\text{Ⅱ}(c+\Delta c)$。只具备$\text{Ⅰ}(v+m)>\text{Ⅱ}c$，还只是有了扩大再生产的前提条件，只有当$\text{Ⅰ}(v+\Delta v+\frac{m}{x})=\text{Ⅱ}(c+\Delta c)$时，扩大再生产才能顺利实现。如果在两边加上$\text{Ⅰ}\Delta c$，就得

$$\text{Ⅰ}(v+m)=\text{Ⅱ}c+\text{Ⅰ}\Delta c+\text{Ⅱ}\Delta c$$

上述公式表明：在进行积累时，第Ⅰ部类必须为两大部类提供追加的不变资本$\text{Ⅰ}\Delta c$和$\text{Ⅱ}\Delta c$。

应当指出：就两大部类之间的关系来看，具有决定作用的是两大部类之间互相交换的产品在价值上是否相等。由于$\text{Ⅰ}\Delta c$是在第Ⅰ部类内部实现的，因而在考察两大部类之间的交换关系时，可以撇开它。因此，$\text{Ⅰ}\left(v+\Delta v+\frac{m}{x}\right)=\text{Ⅱ}(c+\Delta c)$是扩大再生产实现的基本条件。

我们根据上述基本平衡条件可以推导下面两个平衡关系。第一，因为$\text{Ⅰ}(v+m)=\text{Ⅱ}c+\text{Ⅱ}\Delta c+\text{Ⅰ}\Delta c$，所以，$\text{Ⅰ}(c+v+m)=\text{Ⅰ}(c+\Delta c)+\text{Ⅱ}(c+\Delta c)$。这表示，在扩大再生产条件下，第Ⅰ部类的全部产品必须能够满足两个部类规模扩大再生产对生产资料的全部需要，包括原有的补偿需要和追加的需要。

第二，由以上诸等式可以推算出：$\text{Ⅱ}(c+v+m)=(\text{Ⅰ}v+\text{Ⅱ}v)+\left(\text{Ⅰ}\frac{m}{x}+\text{Ⅱ}\frac{m}{x}\right)+(\text{Ⅰ}\Delta v+\text{Ⅱ}\Delta v)$。这表示，在扩大再生产的过程中，第Ⅰ部类的全部产品，除了必须满足两个部类原有工人所需要的生活资料和两个部类资本家所需要的生活资料以外，还应当满足两个部类新追加的劳动力的生活资料的需要。

所有这些都表明，为了实现扩大再生产，两大部类必须保持一种客观的均衡状态，从而使社会总产品在维持原有的生产消费和生活消费的基础上，即在维持简单再生产的基础上，能够为积累提供符合一定比例的生产资料和生活资料。同时也说明了两个部类是互相制约、相辅相成的。片面强调消费资料的生产而削弱生产资料的生产，经济增长就没有后劲，没有持久的物质源泉。片面强调生产资料生产的优先发展而忽视

消费资料的生产，就会使社会需求萎缩，使劳动者的生活水平不能得到应有的提高，从而使社会生产失去内在的刺激力，同时还会使社会的扩大再生产得不到必要的追加生活资料，因而无法顺利实现。在这两种情况下，都不能使国家的经济得到有效增长和发展。

积累时与Ⅱc的交换

马克思最后还考察了在积累时与Ⅱc交换的几种情况。

马克思指出，在考察积累时，首先要确定积累率。前面的例子中假定的积累率为$\frac{1}{2}$，并且每年保持不变。Ⅰ(v+m）和Ⅱc交换有三种情形：

第一，$\text{Ⅰ}\left(v+\frac{1}{2}m\right)=\text{Ⅱ}c$。Ⅱc总是小于Ⅰ（v+m），因为Ⅰm中的一部分要用于本部类积累，不与Ⅱc相交换，这是扩大再生产的前提条件，否则第Ⅰ部类就无法进行积累。

第二，$\text{Ⅰ}\left(v+\frac{1}{2}m\right)$大于Ⅱc。在这种情况下，为了顺利实现积累，就需要补偿二者间的差额部分。为此，Ⅱm必须拿出相应部分加到Ⅱc中去，使$\text{Ⅱ}c=\text{Ⅰ}\left(v+\frac{1}{2}m\right)$。这个增加部分是利用剩余产品交换生产资料，因此对于第Ⅱ部类来说，这已经是直接的积累。这种积累同时包括从第Ⅱ部类剩余产品中取出相应部分来增加可变资本。

第三，$\text{Ⅰ}(v+\frac{1}{2}m)$小于Ⅱc。在这种情况下，第Ⅱ部类没有通过交换全部补偿其不变资本，必须动用现金向第Ⅰ部类购买一部分生产资料。

马克思最后指出，扩大再生产一方面要求Ⅰ(v+m）必须大于Ⅱc，另一方面$\text{Ⅰ}\left(v+\frac{m}{x}\right)$必须小于Ⅱ(c+m)。这是从另一个角度进一步阐述前面已经论述过的思想，即两大部类在扩大再生产条件下的相互制约。

资本主义生产的特征是扩大再生产。当然，这并不排除在资本主义再生产周期中某一年份的生产总额等于甚至小于前一年，但是总的来说，资本主义扩大再生产排除了Ⅱc=Ⅰ(v+m）的可能性。不过，也有例外的情形即Ⅱc不仅与Ⅰ（v+m）相等，甚至出现Ⅱc＞Ⅰ(v+m）的情况。这表明第Ⅱ部类生产过剩，只有通过危机才能重新强制地实现暂时的平衡。

马克思还指出，前面论述的Ⅰ(v+m）和Ⅱc的数量关系，不会因为第Ⅱ部类自己再生产一部分不变资本（例如在农业中使用自己生产的种子）而有所改变，也不会因为第Ⅱ部类有一部分产品可作为生产资料进入第Ⅰ部类而改变问题的实质。这是由于如果第Ⅱ部类自己再生产一部分不变资本，它也只是在本部类内部实现的，不需要通过两大部类之间的交换。如果说第Ⅱ部类产品的一部分可以作为第Ⅰ部类的生产资料，那么也不会改变问题的本质。因为第Ⅰ部类也会提供一部分生活资料，因而这部分产品会和第Ⅰ部类提供的一部分生活资料互相抵消。所以，在对两大部类之间的交换进行纯粹的考察时，应当舍掉这些因素。

因此，不考虑这一切例外的情况，在资本主义扩大再生产条件下，Ⅰ(v+m)不能与Ⅱc相等，Ⅰ(v+m)必须等于Ⅱc+ⅠΔc+ⅡΔc，这样，才能在补偿Ⅱc之外还可以为两大部类的扩大再生产提供追加的不变资本ⅠΔc+ⅡΔc。

另一方面，第Ⅱ部类也必须为两大部类提供追加的可变资本物质要素ⅠΔv+ⅡΔv。这就要求Ⅱ(c+m)必须总是大于Ⅰ$(v+\frac{m}{x})$，其差额应当包括第Ⅱ部类资本家的消费部分Ⅱ$\frac{m}{x}$，以及两大部类追加的可变资本ⅠΔv+ⅡΔv。也就是：

$$\text{Ⅱ}(c+m)=\text{Ⅰ}(v+\frac{m}{x})+\text{Ⅱ}\frac{m}{x}+\text{Ⅰ}\Delta v+\text{Ⅱ}\Delta v$$

把Ⅱ$\frac{m}{x}$移项，得

$$\text{Ⅱ}(c+m-\frac{m}{x})=\text{Ⅰ}(v+\frac{m}{x})+\text{Ⅰ}\Delta v+\text{Ⅱ}\Delta v$$

这就是说，只有Ⅱ$(c+m-\frac{m}{x})>$Ⅰ$\left(v+\frac{m}{x}\right)$，并且大于的部分正好等于ⅠΔv+ⅡΔv，才能在实现第Ⅰ部类的Ⅰ$(v+\frac{m}{x})$之外，同时还能够为两大部类的扩大再生产提供追加的可变资本。这进一步说明了，为了进行扩大再生产，第Ⅱ部类也必须具备供两部类积累的物质基础，以便为两个部类提供追加的生活资料。

可见，扩大再生产或现实的积累不仅需要有相应的生产资料，而且必须有相应的生活资料。

第三卷

资本主义生产的总过程

第一篇

剩余价值转化为利润和剩余价值率转化为利润率

第一章 成本价格和利润

在《资本论》前两卷中，分析资本的生产过程和流通过程，都以商品按价值进行交换为前提。但在资本主义发展的较高阶段上，商品实际上不是按其价值而是按照生产价格进行交换的，但生产价格是在价值的基础上形成的，是部门之间的资本追逐利润的竞争形成平均利润导致的结果。这一章就是研究商品的价值怎样转化为生产价格，以及这种转化怎样掩盖了剩余价值的实质。我们需要从成本价格讲起。

1. 成本价格是生产商品所花费的资本价值的转化形式

前面几章已经说明，资本主义生产方式的商品价值（W）是由三部分组成的，即生产中耗费的不变资本的价值（c）、可变资本的价值（v）和剩余价值（m），用公式表示是：W＝c＋v＋m 。

如果从这个商品价值中减去剩余价值，那么剩下的就是（c＋v）。这部分价值就是补偿在生产中所耗费的生产资料的价值和劳动力价值的综合。它补偿的只是资本家为生产这个商品所花费的成本，所以对资本家来说，这就是商品的成本价格。

为什么 c＋v 表现为成本价格和成本价格范畴的意义

为什么 c＋v 表现为成本价格？它是怎样从商品价值中分离和独立出来的？

这是由资本主义的特点决定的，因为在资本主义商品生产中，资本家所花费的成本小于这个商品实际耗费的劳动。商品价值中由剩余价值构成的部分，虽然耗费了工人的劳动，但是没有得到报酬；资本家并没有花费什么东西。工人把自己的劳动力出卖给资本家，进入生产过程之后，就成为资本家生产资本的一个组成部分。此外，生产资料也是属于资本家的。对资本家来说，商品的成本价格是商品的实际费用。如果以 k 表示商品的成本价格，那么商品价值中的（c＋v）就转化为 k，原来的公式 W＝c＋v＋m 就转化为 W＝k＋m。即商品价值＝成本价格＋剩余价值。

商品的成本价格同商品在生产时的实际费用不同。前者是用资本的耗费来衡量的，而后者则是用劳动的耗费来衡量的。所以，资本主义商品的成本价格必须小于商品的实际费用，即小于商品的价值。既然 W＝k＋m，则 k＝W－m，所以 k＜W。成本价格并不表现商品的实际价值，而只是代表商品价值中由资本耗费所构成的部分。由于成本价格将劳动的实际消耗缩小地表现为资本的耗费，所以这个范畴会掩盖资本主义的真实经济关系。

然而，成本价格也绝不是只存在于资本家账簿上的一个项目，不只是为了核算才存在的，成本价格从商品价值中分离出来，并取得独立存在，在商品生产过程中，也有现实的意义。这部分价值必须通过商品流通过程，不断地从商品形式再转化为货币形式，用来买回生产上所消耗的各种生产要素。这是一般商品生产所固有的。社会主义生产也采取商品生产的形式。因此，成本范畴仍然存在，并有着现实意义。成本价格是盈利和亏本的分界线，只有首先补偿这部分价值，生产才能继续不断地进行。

成本价格掩盖了不变资本和可变资本的区别。成本价格这个范畴同资本的价值增殖毫无关系，它说明不了剩余价值是怎样生产出来的。不变资本和可变资本在价值形成和价值增殖过程中的不同作用，在成本价格这一范畴中看不出来了。在成本价格中，它们都不过是资本的预付部分，都同样再现在商品价值中。它们的区别仅仅在于用来支付不同的生产要素，而不在于在价值增殖过程中起着不同的作用。不仅如此，从成本价格的形成来说，它突出了固定资本和流动资本的区别，因为固定资本虽然在生产中要全部使用，但只有它的磨损部分的价值以折旧提成的形式加入商品的成本价格中。而原材料在商品生产中全部消耗掉，其价值全部加入商品成本。工资的支出也是一次性被计算入商品成本中，这样原材料价值和工资就都作为流动资本被混在一起。固定资本和流动资本的这种区别，对资本家自然是十分现实和重要的。这种成本价格计算方面的表面关系，掩盖了资本不同部分的本质关系，掩盖了不变资本和可变资本的区别，从而使人们更不容易看出资本价值增殖的秘密。

2. 利润是剩余价值的转化形式

剩余价值为什么转化为利润？现在还必须考察商品价值的另一个组成部分，即剩余价值。剩余价值首先表现为商品价值超过成本价格的余额，即 m＝W－k。尽管剩余价值只是可变资本的产物，但在成本价格中，这个余额也就表现为生产上所耗费的全部资本的增加额。所以，剩余价值也就表现为全部耗费资本的产物。

剩余价值不仅表现为全部耗费资本的产物，而且表现为全部预付资本的产物。进入成本价格的虽然只有全部预付资本中已被消耗的部分，但是预付资本在物质上总是全部进入现实的劳动过程。剩余价值的生产要以全部预付资本的存在和发生作用为前提，这样，剩余价值似乎是由全部预付资本产生的。因此，剩余价值，作为全部预付资本的这种观念上的产物，就取得了利润这个转化形式。

剩余价值为什么转化为利润

剩余价值是抽象概念，是马克思对资本主义经济关系进行科学抽象即运用“抽象力”分析的结果。在资本主义现实生活中，并不讲剩余价值，而是普遍讲利润，这并不是由于主观原因形成的。马克思指出：利润是剩余价值的转化形式。剩余价值转化为全部预付资本产物这种神秘的形式，是资本主义生产方式的必然产物。第一，因为成本价格造成的假象，使不变资本和可变资本的区别消失了，使价值增值变得好像是由全部资本产生的。第二，既然劳动力的价值表现工资这种转化形式，即表现为全部劳动的报酬，那么剩余价值就必然失去与剩余劳动的联系，而表现为全部预付资本的产物，即表现为利润这种转化形式。假定用 P 表示利润，那么上面所说的公式 W＝c＋v＋m＝k＋m 就变为 W＝k＋P，即商品价值＝成本价格＋利润。

这样，商品价值的两个组成部分都被神秘化了。

第二章　利润率

在资本主义经济关系中，资本家经营企业的活动，其目的就是追求利润。但事实上资本家“将本求利”，首先要考虑和计算获利的大小，也就是在其投资的事前事后，都要测算利润率的高低。首先重视和运用的是利润率概念，再由利润率引出利润量概念。所以，马克思说：正因为剩余价值率转化为利润率，剩余价值才转化为利润。我们知道，资本家是按利润率来计算他的利润的，利润率是剩余价值转化为利润的关键环节。

剩余价值率转化为利润率

剩余价值率是剩余价值（m）同直接产出它的可变资本（v）的比率，用公式表示是$\frac{m}{v}$；利润率（P′）不过是剩余价值率的另一种计算方法，是用全部预付资本（C）来计算剩余价值的比率，用公式表示是$P=\frac{m}{C}$或$\frac{m}{c+v}$。（这里作为分母的c+v，不是成本价格，而是全部预付资本。）由于计算的方法不同，同一个剩余价值量表现为不同的比率。因为不变资本总不会等于零，所以分母c+v总是大于v，因此利润率总是小于剩余价值率。利润率和剩余价值率不仅在数量上明显不同，而且它们所表示的关系也根本不同。剩余价值率表示资本家对工人的剥削程度，而利润率则表示资本家预付的全部资本能获得多大的超过额，即获利程度。

马克思特别指出："应当从剩余价值率到利润率的转化引出剩余价值到利润的转化，而不是相反。"[51] 即不是从剩余价值到利润的转化引出从剩余价值率到利润率的转化。

每个资本家首先和唯一关心的是，他出售商品时所得到的价值增值额同所预付的总资本的比率，而根本不会关心和考虑m同v的比率。这样，剩余价值率就转化为利润率。先有这个转化，随后才有剩余价值到利润的转化。

剩余价值和剩余价值率属于资本主义经济关系本质的东西，而利润率，从而利润，却是在现象的表面上显示出来的东西。剩余价值或利润究竟是由预付资本中哪一部分产生的，资本家不会也不需要去考虑，而且为了他的利益，正好要掩盖剩余价值来源于可变资本这个内在的实际联系。资本家经营企业和从事商品生产和流通的动机与目的，就是以最少量的资本取得最大限度的利润。

利润率掩盖剥削关系

利润率使全部资本都表现为剩余价值（利润）的源泉，或者说，使利润表现为全部预付资本的产物，进一步掩盖了资本对雇佣劳动的剥削关系。

利润和剩余价值实质上是一回事，两者在量上是一致的。利润不过是由剩余价值这个本质规定转化来的一种表现形式。剩余价值是由工人的剩余劳动创造的，因此，从利润的内容来讲，只是可变资本价值变化的增加量，而与资本的其他部分无关。但是，利润率作为剩余价值率的转化形式，把利润表现为全部预付资本的产物，这就把真实关系完全歪曲了。

真实关系只有通过分析才能揭示出来。全部预付资本中的不变资本价值同剩余价值之间并没有直接的内在联系。当然，生产商品和价值，生产剩余价值，都离不开生产资料。光有劳动是生产不出价值和剩余价值的。但是，生产资料是生产价值和剩余价值的条件，而不是其源泉。马克思重视生产资料的重要作用，所以主张由劳动人民占有全部生产资料，实行公有制。

马克思指出：为了榨取和吸收一定量的剩余劳动，需要有一定量的物质要素（劳动资料），而且，不同生产部门所需要的生产资料的技术装备不同。但是，这些不变资本的物质要素仅仅是剩余劳动的压榨器和吸收器，并不能创造剩余价值。在这里，重要的只是作为物质前提的技术条件。至于生产资料自身价值的大小，是贵还是贱，同剩余价值的产生是毫无关系的，"因此，在不变资本价值和剩余价值之间，从而在总资本价值（=c+v）和剩余价值之间，没有任何内在的必要的关系"[55]。但是，利润率却把利润表现为全部预付资本的价值增殖额，因而把真实关系歪曲了。

在流通过程中，利润还进一步歪曲了真实的内在关系。剩余价值表现为商品出售价格超过成本价格的余额。这个余额究竟是来自生产过程的增值，是来自流通过程中的贱买贵卖，还是同时来自两个方面，已混淆不清了。剩余价值本来是在商品流通中实现的，而现在则被看作是由商品本身产生的。这一切使利润的来源神秘化了。

利润和利润率只不过是剩余价值和剩余价值率的最初形式。虽然利润率和剩余价值率在数量上不同，但利润和剩余价值在数量上是相等的，只是形式不同而已。以后，我们将看到，转化过程将进一步发展，企业和部门的利润和剩余价值在数量上也将不相等，那时，剩余价值的起源就将进一步被掩盖了。

第四章　周转对利润率的影响

《资本论》第二卷考察资本周转与剩余价值的相关性

《资本论》第二卷已经阐述过资本的周转问题。那里分析资本周转快慢，是与剩余价值量的增减和年剩余价值率的高低相关的。由于剩余价值产生自可变资本，由此，与资本家利害相关的是可变资本周转快慢问题。这一问题在《资本论》第二卷第十六章《可变资本的周转》中做了具体说明。由于有关《资本论》精选本大都没有入选这一章，这里需要简单补充说明一下。

假定资本A投入可变资本500镑，剩余价值率为100%，每周转一次可获剩余价值500镑。如果一年周转10次，可获剩余价值总量5 000镑，年剩余价值率$=\frac{5\,000\text{m}}{500\text{v}}=1\,000\%$。

再假定资本B投入可变资本5 000镑，剩余价值率为100%，周转一次，可获剩余价值5 000镑。如果一年只周转一次，年剩余价值率为$\frac{5\,000\text{m}}{5\,000\text{v}}=100\%$。就是说，资本A的年剩余价值率为资本B的10倍，所以资本家要加快资本的周转。不同生产部门资本周转快慢不同。有的生产部门如轻工业部门资本周转快，而有的部门如重工业部门资本周转慢。因此，如果商品按价值出卖，轻工业部门的利润率要高于重工业部门。

本章考察资本周转与利润率的相关性

《资本论》第三卷第四章进一步阐述了资本周转快慢对利润率的影响。本章首先指出："周转时间或它的两个部分（生产时间和流通时间）中的任何一个部分的缩短，都会增加所生产的剩余价值量。但是，因为利润率表示的，只是所生产的剩余价值量和参加剩余价值量生产的总资本的比率，所以，很清楚，每一次这样的缩短，都会提高利润率。"[83]

资本周转越快，在一定时期内比如在一年内所获得的剩余价值越多，从而利润率就越高。因此，在其他条件相等的情况下，"两个资本的利润率和它们的周转时间成反比"[85]。

讲资本周转快慢对获取剩余价值的多少和利润率的高低的影响，实质上是从作为流动资本组成部分的可变资本的周转速度来考察的。固定资本周转快慢，并不影响利润率的高低。过去的教材认为固定资本周转快慢也影响利润率的高低，这一观点并不正确。

第九章　一般利润率（平均利润率）的形成和商品价值转化为生产价格

在资本主义经济中，存在许多生产部门。撇开不同部门经营管理状况的差别会影响利润率高低不说，各部门间资本有机构成高低不同、资本周转快慢有别会直接影响其利润率的高低。重工业部门资本有机构成高，资本周转慢，而轻工业部门则资本有机构成低而资本周转快，前者的利润率自然低于后者。但在实际生活中，不同部门的利润大体上是均衡的。这就需要从理论上解决这样一个矛盾：各个部门应该有不同的利润率，而现实生活中利润率却是大体平均的。这个矛盾实质上是价值规律和平均利润规律的矛盾。这个矛盾的解决，使马克思的平均利润学说与价值理论统一起来，它阐明了作为整个政治经济学基础的劳动价值论与生产价格论的内在关系。前者是后者的基础，后者是前者的转化形式。

上述矛盾，是通过分析一系列中间环节即通过分析转化形式而得到解决的，即剩余价值转化为利润，利润再转化为平均利润；与此相适应，价值转化为生产价格。

平均利润率的形成和价值转化为生产价格

马克思为了使问题简化，在分析中假定：（1）有五个生产部门，它们的资本量相等（都是100），但资本有机构成不同，分别为：Ⅰ．80c＋20v；Ⅱ．70c＋30v；Ⅲ．60c＋40v；Ⅳ．85c＋15v。（2）各部门的剩余价值率相同，都是100％。（3）各部门不变资本的固定部分都是一次消耗掉，其价值全部转移到产品中去。(4) 各部门资本的周转时间相同，即各部门的资本，“会和它们的可变部分的量成比例地每年实现同样多的剩余价值；这就是说，我们把周转时间的差别能在这方面引起的差别暂时撇开不说”[173]。

由于投在这五个生产部门的资本有机构成不同，也就是说，由于可变资本在各部门资本中占有不同比例而推动不等量的劳动，生产不等量的剩余价值（分别为：20、30、40、15、5）从而各部门的利润率本来是极不相同的（分别为：20%、30%、40%、15%、5%）。不同部门的利润率差别如此之大，获取低利润率的资本家是不会甘心的，他们会进行竞争，减少或撤出在低利润率部门的投资，转向高利润率部门，于是这些不同的利润率通过各部门间的竞争而平均化为一般利润率。各部门间的竞争，可以是资本从有机构成高、利润率低的部门转入有机构成低、利润率高的部门，也可以是新资本一开始就投向利润率高的部门。而一般利润率就是所有这些不同利润率的平均数（22%），把由一般利润率决定的利润量加到各个生产部门的成本价格上（100+22=122），由此形成的价格，就是生产价格。可见，生产价格以一般利润率的存在为前提，而这个一般利润率又以每个特殊部门的利润率已经平均化为同样大的利润率为前提。因此，商品的价格，等于商品的成本价格加上按一般利润率计算应加到这个成本价格上的利润，或者说，**等于商品的成本价格加上平均利润**。

因此，资本家出售商品后，可以如数收回生产商品时所消耗的资本价值，即成本价格，但不是如数收回本部门所生产的剩余价值或利润，一般只能收回按全社会利润总量“均衡分配”（等量资本获得等量利润）的原则归于它的相应部分。从利润的分配看，各个资本家好像是作为一个股份公司的股东来发生关系，每个人都按一定量的资本均衡地分配一份利润。

决定一般利润率高低的因素

生产价格是由成本价格和平均利润这两个因素决定的。成本价格是由本部门的平均资本耗费决定的。但作为生产价格的另一个因素的平均利润由什么决定？能否用劳动价值论来说明？

一般利润率的高低，取决于两个因素：(1) 不同生产部门的资本有机构成，以及由此引起的各个生产部门的不同利润率水平；(2) 社会总资本在各个生产部门间的分配，即每个部门的投资在社会总资本中所占的比重。

在此以前，马克思阐明了商品的价值。在《资本论》第三卷中，首先是商品的成本价格作为这个价值的一部分分离出来。现在，商品的生产价格又作为价值的一个转化形式而发展起来。

然而，由以上分析可以看出，一般利润率的高低，归根到底是以实际生产出来的剩余价值量的多少为前提的，因此，平均利润从而生产价格，仍由价值规律来调节。

各部门生产价格与价值的偏离

在各个部门中，生产价格与价值的偏离，首先是由各该部门的资本有机构成的差异引起的（将资本周转的差别略去不谈）。各部门的资本构成，由于劳动生产力发展的程度不同而存在差异，可以分为高构成、低构成与平均构成三类。

在不同生产部门，由于资本有机构成不同，可变资本占总资本的比重不同，商品的生产价格与价值偏离的情况也不同。具有高构成的资本，其商品的生产价格大于价值，具有低构成的资本，其商品的生产价格小于价值；只有平均构成或中位构成的资本，其商品的生产价格才等于价值。

所以，在商品的生产价格形成后，生产价格与价值的不一致是经常的、普遍的；而生产价格与价值相等才是偶然的。李嘉图正是由于不能解释生产价格与价值的区别，才错误地宣布生产价格与价值的不一致是价值规律的例外。

由于生产价格与价值偏离，对成本价格的定义要有所修正，即生产价格＝$k+kp'$。

生产价格变动的原因

各部门的生产价格，都会由于下列原因发生量的变动：

（1）商品价值不变，即加入商品的物化劳动和活劳动的量不变，但是一般利润率由于该部门以外的因素影响而发生了变化。

（2）一般利润率不变，但或是由于该部门的生产技术发生变化，或是由于该部门所耗费的生产资料价值变化，因而使该部门的商品价值变化。

（3）上述两种情况同时发生作用，即一般利润率和商品价值都发生变化。

平均利润和生产价格进一步掩盖了资本主义的剥削

首先，从平均利润的形成过程看，在转化的第一阶段中，剩余价值还只是转化为利润。从量的方面看，利润和剩余价值还是一致的，但是利润率却一开始就与剩余价值率有了区别。按总资本计算的利润率，可以在剩余价值不变时提高或降低；或者反过来，在剩余价值率提高或降低时不变。而且由于在利润率的公式中，剩余价值是以总资本为尺度衡量的，所以它好像是从总资本产生的，使利润率成为资本家实际上唯一关心的事情。所以剩余价值率与利润率的区别，一开始就使剩余价值的真实起源模糊起来。然而，到这时为止，量的差别还只限于剩余价值率和利润率之间。在剩余价值和利润之间，还没有发生量的变化，只有质的变化。在转化的第二阶段，即转化为平均利润时，情况就不同了。各部门实际生产的剩余价值和它们的平均利润，只是在极偶然的情况下才会一致。部门整体的利润量和剩余价值量通常是不一致的。这个不一致是由利润的平均化造成的。但这个过程是在资本家背后进行的，是他们看不见、不了解、实际上也不关心的，因为他们追求的是利润最大化。平均利润是各部门资本家追逐高利润率的竞争导致的结果。因此，利润和剩余价值在量上的差别，就将“利润的真正性质和起源掩盖起来”[188]。

从生产价格的形成来看，在转化的第一阶段，商品价值转化为成本价格加利润。

以致对资本家来说，价值概念已经消失，成本价格才是他的实际费用，才表现为实际的“价值”，而利润则表现为“某种存在于商品的内在价值以外的东西”［188］。但到此为止，转化后的成本价格加利润，与原来的价值在量上还是一致的。然而，在转化的第二阶段，即转化为成本价格加平均利润，情况就发生了进一步的变化。这时，转化后的生产价格在量上通常与价值不一致。这是因为：“加在成本价格上的利润，的确不是由该部门本身的价值形成过程的界限决定，而是由完全外在的条件确定的。”［188］也就是说，平均利润，从而生产价格是不由该部门的价值和剩余价值生产所决定的，而是由竞争和利润平均化过程这一外部条件决定的。这样，“随着价值转化为生产价格，价值规定的基础本身就被掩盖起来”［188］。

在资本主义以前和资本主义初期阶段的商品交换，是以价值为基础进行的。只有当资本主义发展到一定阶段，资本具有了在不同部门之间自由转移的技术条件，商品价值才转化为生产价格。

第十章　一般利润率通过竞争而平均化。市场价格和市场价值。超额利润

本章的内容除继续进一步阐明平均利润和生产价格的形成及其运行过程外，还着重拓展了劳动价值理论，阐述了商品市场中的供求规律、竞争规律、价值规律以及在这些规律的作用下，市场价值与市场价格的决定及其变动的多种情况。

在《资本论》第一卷中，讲商品的个别价值、社会价值，而未讲市场价值。那里撇开了市场关系中的复杂情况进行抽象分析。这里进一步将市场关系中的各种复杂情况加进来进行具体分析，因而讲市场价值和市场价格。市场价值的内涵与社会价值是一致的。

商品按价值交换先于按生产价格交换

利润的平均化是资本在不同部门之间竞争的结果。前一章的分析已经说明，平均利润率取决于社会资本的平均构成。资本构成接近或完全等于社会资本平均构成的生产部门的利润率，就接近或等于一般利润率，利润就接近或等于本部门的剩余价值，生产价格就接近或等于本部门的价值。竞争会使其他一切非平均构成部门资本的利润率，同这些平均构成部门的利润率拉平，都按生产价格出售商品，都取得平均利润。问题在于，利润的平均化是怎样进行的？从理论上看，商品按价值交换是按生产价格交换的起点或前提，但是，这种按照价值进行的交换是在怎样的条件下发生的？

假定不同生产部门的一切商品都按照它们的实际价值出售，各个部门就会有极不相同的利润率。马克思指出，商品按照价值出售比按照生产价格进行交换所要求的发展程度低得多；按照生产价格进行交换，则需要资本主义发展到一定的高度。这种条件在简单商品经济中并不具备，因为以手工劳动为基础的劳动资料不容易转移，利润就不可能平均化，而且生产者自己直接掌握生产资料，自行生产和交换商品，即使各部门都按价值交换，只要能补偿自己的生产资料和劳动消耗，再生产就有保证。所以，利润率有差别也是无关紧要的，正如在国际贸易中，不同国家利润率的差别是一件无所谓的事情一样。

但是在资本主义发展到一定高度的条件下，商品就不能按价值出售，只能按生产价格出售，因为这时的商品已经不只当作商品来交换，而是要当作资本的产品来出售，因而商品的价格要满足等量资本得到相应比例的等量利润的要求。所谓平均利润，不过是按投资比例分配的剩余价值量。

因此，商品价值不仅在理论上而且在历史上先于生产价格。商品按照价值出售，适合于奴隶社会和封建社会的简单商品生产的条件，也适合于资本主义低级阶段的条件。关于这个历史过程，恩格斯在《资本论》第三卷的增补中做过详细的补充说明。

价值规律支配价格运动

商品按价值或接近价值进行交换，需要有以下条件：

(1) 商品经济有了相当发展，商品交换已不是纯粹偶然的、临时的现象。

(2) 供求双方大体平衡，直接的商品交换双方在连续不断的交换中可由经验确定相互需要的数量。

(3) 没有自然的或人为的垄断，因而不能凭借垄断地位使一方高于或低于价值出售。

不过，在私有制的条件下，供求经常不一致，从而价格也经常与价值背离。我们讲商品按价值出售，只意味着商品的价值是该商品价格围绕着运动的重心，而且价格的不断涨落也是围绕这个重心来拉平的。这个作为市场价格重心的价值就是市场价值，也就是社会价值。社会价值就它的形成来看又可以称为平均价值。它是一个部门所生产的商品的平均价值，即一个部门内部各个生产者的商品的个别价值的加权平均数。

生产价格形成之后，便取代市场价值作为市场价格波动的中心。不同的是，市场价值原来只由一个部门规定，而生产价格则由各个部门共同规定。价格波动中心背后的基础仍然是市场价值（生产价格总和等于市场价值总和），价值规律仍然支配着价格运动。这是因为：

(1) 生产上所需要的劳动时间的减少或增加，会使生产价格降低或提高，即生产价格的高低，同样取决于社会必要劳动时间的多少。

(2) 决定生产价格的平均利润，总是同一定资本作为社会总资本的一个相应部分所分到的剩余价值量接近相等，因而社会平均利润的总和总是与剩余价值的总和相等。

总之，“既然商品的总价值调节总剩余价值，而总剩余价值又调节平均利润从而一般利润率的水平……那么，价值规律就调节生产价格”[201]。因此，市场价格围绕着生产价格的运动，不过是价值规律在平均利润率规律同时起作用时的进一步规定，是价值规律在剩余价值分配过程中的进一步表现。在资本主义商品经济发达的条件下，价值规律表现为生产价格规律而起作用。

竞争、市场价值与生产价格

竞争有两种：(1) 部门内部的竞争使同类商品的无数个别价值平均化为一个统一的社会价值或市场价值，形成部门利润率；(2) 部门之间的竞争进一步使不同的部门利润率平均化，从而使价值转化为生产价格。部门内部的竞争是部门间竞争的基础。竞争首先是在一个部门内实现的，但是只有不同部门资本的竞争，才能使不同部门之间的利润平均化，形成生产价格。

后一个过程同前一个过程相比，要求资本主义生产方式发展到更高的水平。部门内部竞争只要求商品经济有一定的发展，交换不再是个别的、偶然的现象；而部门间的竞争则要求各部门间技术水平有较高发展、手工劳动被机器劳动所代替、资本和劳动力能够自由流动。部门间竞争和利润率的平均化，在下述条件下会进行得更迅速：

(1) 资本要有更大灵活性，容易从一个生产部门转移到另一个部门。它的前提是，要有完全的贸易自由，消除了自然垄断（即垄断了某种特别有利的自然条件）以外的一切形式的人为垄断；其次是信用制度有了充分的发展，大量分散的资本已经集中，随时可以交给企业家去运用；再次，不同生产部门都已受资本支配，如果存在许多非资本主义经营的生产部门，利润平均化就会遭遇障碍；最后，还必须有足够的人口密度，这有利于资本和劳动力的自由转移。

(2) 劳动力要有更大的灵活性，能根据资本的需要从一个部门向另一个部门转移。它的前提是：第一，要废除限制劳动力自由转移的法律；第二，工人对自己劳动的内容不介意；第三，一切生产部门的劳动已最大限度地转化为简单劳动；第四，工人消除了一切职业偏见；第五，工人受资本主义生产支配。

在这些条件具备的情况下，资本和劳动便能在各部门间更自由地流动，部门间的竞争和利润率的平均化，也就会更顺利和迅速地进行。

社会必要劳动时间的双重含义

要使一个商品按照它的市场价值出售，即按照它所包含的社会必要劳动时间出售，就要求投在这种商品生产上的社会劳动总量同这种商品的社会需求总量相适应，即同有支付能力的社会需求的量相适应。这个问题实质上是价值规律如何调节社会生产比例的问题。价值规律通过竞争，一方面，使商品的个别价值平均化为市场价值，也就是使生产商品耗费的个别劳动时间平均化为社会必要劳动时间

（即所谓“第一种含义的社会必要劳动时间”）；另一方面，使投在这种商品总量上的社会劳动总量同这种商品的社会需要量，即有支付能力的需要量相适应（即所谓“第二种含义的社会必要劳动时间”）。

实际上，价值规律的基本规定性包括双重含义：

（1）就商品的价值决定来说，只承认平均的必要劳动量，即第一种含义的社会必要劳动时间；

（2）就整个部门的商品总量的价值实现来说，只承认与社会需要相适应的社会必要劳动总量，即第二种含义的社会必要劳动时间。

这双重含义的社会必要劳动时间，是价值规律充分贯彻自己要求的条件。价值规律要求商品按照由社会必要劳动时间决定的价值进行交换，为此，就要有两个前提条件：一是生产每个商品的劳动时间要符合或还原为社会必要劳动时间；二是投在整个部门的社会总劳动量要符合社会对该部门生产量的需要。第二个条件不是经常存在的，但价值规律会通过价格的涨落和供求关系的调整，最后实现生产和需求的平衡。这就是价值规律调节社会生产的作用。第一种含义的社会必要劳动时间是价值决定的依据，第二种含义的社会必要劳动时间是价值实现的依据。不能赞同两种社会必要劳动时间共同决定价值或第二种社会必要劳动时间决定价值的解读。

平均利润率体现资本家阶级剥削全体工人的关系

资本家不管生产什么形式的商品，也不管预付资本用在哪个部门，他所真正关心的是最低限度要获得平均利润。资本家认为，等量资本要取得等量利润是他自己的一种社会权利，每个资本家都要按照他在社会总资本中占有的份额分享这种权利。

由于平均利润率取决于资本对总劳动的剥削程度，每个资本家不仅直接剥削本企业的工人，而且参与资本家阶级对全体工人阶级的剥削，并参与决定这种剥削的程度，因此，马克思从他的生产价格理论的科学分析中得出了一个十分精确的结论，即资本家在彼此的竞争中虽然尔虞我诈，不择手段，但是他们在剥削工人阶级方面却是利益一致的兄弟。这说明了工人也必须联合起来为反对资产阶级和推翻整个资本主义制度而斗争。

第三篇

利润率趋向下降的规律

第十三章 规律本身

资本有机构成提高使利润率下降

在资本主义生产发展中，劳动生产力在不断提高，从而资本的有机构成随之不断提高。也就是同量的工人所应用的生产资料量不断增加，这会导致利润率下降。假定资本家投入可变资本100镑，是100个工人一周的工资，再假定工人的必要劳动时间与剩余劳动时间一样多，即必要劳动和剩余劳动各为1/2，因此，剩余价值率m/v=100%。但是，不同部门之间的资本有机构成是不同的。在可变资本都为100镑的情况下，所投入的不变资本量会有差价。马克思列举了五种不同的情况，其中资本有机构成最低的是c=50，v=100，有机构成最高的是c=400，v=100。剩余价值都为100。剩余价值率都是100%。因为不变资本只转移其旧价值，不创造新价值和剩余价值，所以不变资本量不影响剩余价值和剩余价值率，但会影响利润率的高低，因为利润率是以m/(c+v)计算的。资本有机构成越高，利润率越低，所以，资本主义生产中，存在利润率下降的趋势，马克思将其称作经济规律。“在劳动的剥削程度不变时，同一个剩余价值率会表现为不断下降的利润率，因为随着不变资本的物质量的增加，不变资本从而总资本的价值量也会增加，虽然不是按相同的比例增加。”[236]

利润率的下降是从部门整体来考察的一种趋向，可以从一个部门整体来考察，也可以从全社会各部门整体来考察，而不是从同一部门内部的不同企业考察。因为若从同一部门内不同企业来考察，情况则相反，哪个企业的资本有机构成高于部门平均构成，在正常情况下，这表明该企业的劳动生产力高于部门平均劳动生产力，会获得超额利润。

另外，利润率的下降只是一种“趋向”，并不是直线下降。第一，劳动生产力的提高，意味着必要劳动时间缩短，剩余劳动时间延长，从而剩余价值率提高。第二，在资本主义经济中，还存在阻碍利润率下降趋向的因素。例如，劳动生产力提高的同时，生产资料的价值降低；投在对外贸易和殖民地的资本会有较高的利润率；将工资压低到劳动力价值以下；等等。第十四章《起反作用的各种原因》具体论述了这种相反方向的作用。

利润率的下降，并不意味着利润量的减少。相反，资本家通过资本积累和集中，扩大生产规模和对外贸易，增加利润总量。“利润率因生产力的发展而下降，同时利润量却会增加。”[251]

第四篇

商品资本和货币资本转化为商品经营资本和货币经营资本（商人资本）

第十六章　商品经营资本

以前各章所研究的资本是产业资本，实际上是工业资本，工业资本是资本主义“普照的光”，在资本主义经济中居于重要地位。资本主义经济关系的本质和经济运动规律，在工业资本的经营中表现得最典型、最明确，所以《资本论》用更多的篇幅来研究和剖析工业资本的经济关系和经济规律。在资本主义社会中，实际上还存在着商业资本（商人资本）和借贷资本（生息资本），它们从属于工业资本，通过自己的业务为工业资本服务。还有农业资本，它是随着工业资本的发展而发展起来的。从本章起，进入对商业资本即商品经营资本的研究，要阐明产业资本的商品资本职能怎样转化为商业资本的职能、商业资本对产业资本发展的积极作用以及对剩余价值生产的影响等。

进一步研究资本的具体形式和剩余价值的瓜分

在以前的研究中，都是把工业资本作为资本的唯一形式，因而工业资本家也成为资产阶级的唯一代表，工人创造的剩余价值为他们所独占。正是在这一前提下，从一般的抽象的形式上，分析了资本、剩余价值、利润等范畴以及工人阶级与资产阶级之间的对立关系等。但是，在资本主义现实经济生活中，还存在商业资本家、借贷资本家、农业资本家和大土地所有者。因此，工人创造的剩余价值，也就不能为产业资本家所独占，而是要由参加资本循环过程的各种资本家共同瓜分，即分割为产业利润、商业利润、利息、地租等具体形式。在第四篇中，先研究商业资本和商业利润问题。

商业资本或商人资本可分为两种形式，即商品经营资本和货币经营资本。① 这两种形式都是由产业资本循环过程中的职能形式转化而来的，商品经营资本是由产业资本中的商品资本职能的转化即独立化而形成的，货币经营资本是由产业资本中的货币资本职能的转化而形成的。我们现在所讲的商业资本一般是指商品经营资本，二者经常作为同义语使用。现在一般不再讲货币经营资本的概念。

《资本论》第二卷第三章已对商品资本的运动进行了全面分析，但那里是从单个资本循环的角度来研究；这里则是把商品资本作为社会总资本的一个独立形式加以研究。

商品资本转化为商品经营资本

在《资本论》第二卷中已经讲过：产业资本在其循环中，要经过三个阶段，具有三种职能形式。用公式表示是：G—W…P…W′—G′。产业资本家既从事生产经营又从事商品买卖的这种情况，与资本主义初期的现实情况大体上相符。但是随着资本主义的发展，商品资本和货币资本的职能独立化，由商品资本转化为货币资本和由货币资本转化为生产要素的卖和买的流通行为，逐渐从产业资本的运动中分离出来，独立起来，由一些不从事生产活动而专门进行商品买卖的商业资本家来完成。作为一种由分工赋予特殊一类资本家的职能固定下来，这样，商品资本就转化为商品经营资本或商业资本。

因此，商业资本只是处在流通领域内的商品资本的一部分的转化形式。这里之所以说是商品资本的一部分转化为商业资本，是因为商品买卖有一部分是不断地在产业资本家之间直接进行的。例如，纺纱厂把棉纱直接卖给织布厂，织布厂把布匹直接卖给服装厂，这一部分商品资本不需要经过商业资本家，也就不会转化为商业资本的职能。

商业资本的运动形式和职能

商业资本家作为一般资本家，他首先要在市场上预付一定的货币额，然后要使这个货币额实现价值增殖，赚得利润。

商业资本家经营商品的目的是为了取得商业利润，我们先不去研究他的利润是怎样赚得的，只是去考察他的资本的运动形式，那么就会发现，商业资本家要不断地重复买和卖的行为，并不断取得利润，其运行公式是：G—W—G′。这就是商业资本的简单运动形式。

---

① 货币经营资本是专门承担与货币流通有关的各种技术性业务（兑换、出纳、保管、记账等）的资本。货币经营资本也是一种独立的职能资本，也要取得利润。它得到的利润不过是产业工人创造的剩余价值的一种扣除。随着资本主义的发展，货币经营业务与资本借贷的职能和信用贸易结合在一起，货币经营资本就逐步发展成为现代的银行资本。

商业资本同产业资本中的商品资本是什么关系呢？对于产业资本家来说，他靠商人收购和出卖他的商品实现了商品的价值，他就可以用商人付给他的货币继续进行再生产了。至于商品本身，它们还要继续留在市场上。如果这些商品卖不出去，商人就不再重新购买生产者的商品，再生产就要停滞。“因此，商品经营资本无非是生产者的商品资本。”［301］不过这时商品资本的职能已经不是生产者的附带活动，而是独立起来的商品经营者的专门活动。可见，商业资本的职能是商品资本的职能的独立化形式。

商品资本职能独立化为商业资本职能的条件

需要具备什么条件，才能使商品资本的职能成为独立的商业资本的职能呢？第一，商业资本的独立存在，是社会分工的一种特殊形式。它表明，商人的买卖活动已经成为一种特别的、与产业资本的其他职能相分离的，因而是独立存在的业务。这样就使以前在产业资本循环过程一个阶段上要完成的商品资本的职能，发展成为商业资本家的专门职能。但只有这一点还不够。如果产业资本家雇佣推销员或商业代理人来为他推销商品，那么这里的买卖业务并没有表现为独立于产业资本之外的特殊职能，所以还必须有第二个条件。

第二，这种专门经营商品买卖的人，必须有自己独立的资本，必须首先预付货币资本。这样，产业资本家推销商品的活动，同商人的买卖活动就有了本质区别。对于前者，这里的活动只是把商品资本转化为货币资本的单纯卖的行为，即 W—G；对于后者，他首先从产业资本家那里购买商品（G—W），然后再把商品卖出去（W—G′），整个活动就是 G—W—G′，是同一商品的买和卖。

商人资本的 G—W，对产业资本家来说同时是 W—G；但对所生产的商品资本来说，却不是这样，只有商人资本完成 W—G 的过程，才使商品资本最终转化为货币资本。G—W—G′实际上是同一商品的两次相继出售，商人只是对这一商品资本的最终出售起中介作用。因此，商人预付货币资本之所以能取得独立的资本形态，执行资本的职能，并带来利润，是因为它通过自己的不断的买卖活动，成为商品资本最终向货币资本转化的媒介，实现商品资本的职能。总之，商人使用的货币资本的唯一职能，就是对产业资本的流通过程起中介作用。正是通过这种职能，商人预付的货币转化为货币资本，使得商品资本转化即独立化为商品经营资本或商业资本。

商业资本的作用

商业资本在它的运动中，只采取货币资本和商品资本的形式，而不采取生产资本的形式。当它以商品资本形式存在时，从社会总资本的再生产过程看，可以把它看作产业资本的一部分，即作为商品资本存在和执行职能。这一问题在资本的循环理论中已经研究过了。因此，就资本的总再生产过程来说，应该考察的只是商人预付的货币资本会起到什么作用。

首先，从商业资本与产业资本的关系来分析。商业资本的第一个作用是使产业资本缩短流通时间，加快资本周转。比如，生产麻布的资本家把 30 000 码麻布卖给商人，得到 3 000 镑，他就能继续再生产过程。对他来说，麻布已经出售；但对于麻布本身来说，它还没有转化为货币，还没有退出流通领域而进入消费过程。麻布向货币的转化需要在商人手中继续进行下去。

商业资本的第二个作用，是能使产业资本节省货币准备金。因为如果没有商人的介入，产业资本在等待自己的商品出售时，或是再生产过程由此中断，或是为了再生产过程不致中断，就要缩小生产规模，把一部分资本作为货币准备金保存起来，以便在商品资本等待出售时，将其用于再生产过程。如要使再生产规模不缩小，就得增加资本量。在商人资本介入后，产业资本的这种分割虽然不会消除，但是它的货币准备金的比例会减少。这样一来，社会总资本就要独立出一部分，以商人资本的形式不断地处在流通领域中。

商业资本的第三个作用，是使产业资本家把出售商品的时间节省下来，用于生产经营。如果没有专门经营商品买卖的活动，产业资本家就既要组织和监督生产，又要从事买卖活动。由于商业资本的出现，产业资本家就可以把出售商品的时间节省下来用于监督生产过程，而商人则必须把他的全部时间用于出售商品。

其次，从社会总资本的运动来考察。商业资本的作用又表现为：（1）由于分工之故，一部分社会资本独立为专门进行买卖的资本，完成商品资本的职能。这种资本的总额，会小于产业资本家亲自从事商业活动时所需要的资本。或者说，在社会商品总量确定时，商品买卖活动所需要的资本量会减少。（2）由于商业资本家专门经营商品买卖活动，和产业资本家相比，他们更加熟悉市场供求状况，更了解消费者的需求，更熟悉各种复杂的销售业务和流通渠道，因此，“不仅生产者可以把他的商品较早地转化为货币，而且商品资本本身也会比它处在生产者手中的时候更快地完成它的形态变化”[307]。这就是说，从社会总资本的运动来看，由商品资本到货币资本的转化过程加快了。(3)“就全部商人资本同产业资本的关系来看，商人资本的一次周转，不仅可以代表一个生产部门许多资本的周转，而且可以代表不同生产部门若干资本的周转。”[307] 前一种情况是指只经营某一种商品的商业资本家，可以同时为这一部门的几个产业资本家服务；后一种情况是指商业资本家还可以为不同部门的产业资本家服务，例如一个百货商店可以出售许多部门生产的商品。

商业资本的存在对剩余价值生产的影响

商业资本是在流通领域里执行职能的资本。在流通过程中，只是同一价值量发生了形式变化，即商品形式与货币形式之间的互相转化。这种价值形式的变化本身同价值创造或价值量的变化毫无关系。诚然，在资本流通过程的 $W'—G'$ 阶段，随着商品资本的出售，不仅实现了它的价值，同时也实现了剩余价值，但这是因为商品在生产过程中已经包含了剩余价值，而不是在出售过程中创造了新价值。至于用货币资本购买生产要素，即生产资料和劳动力的过程，也不会实现任何剩余价值，这一过程只是为剩余价值的生产做准备。既然流通过程的两个阶段都不生产商品、不创造剩余价值，既然这里进行的价值形态的变化又要花费流通时间，那么事实上流通时间就限制了价值的创造。所以，流通时间的长短与剩余价值或利润的生产成反比。

流通过程既然不创造任何价值，因而专门在流通领域执行职能的商业资本也不会创造价值，更不会直接创造剩余价值，但这并不是说商业资本完全无助于剩余价值的生产。恰恰相反，商品资本转化为商业资本后，对社会总资本的剩余价值生产会产生重大的影响：(1) 既然商业资本有助于流通时间的缩短，那么就可以加快产业资本的周转，提高年剩余价值率或年利润率，也就是间接地有助于产业资本家所生产的剩余价值的增加。(2) 既然商业资本有助于市场的扩大，并对资本的部门分工和专业化生产起中介作用，那么就可以使资本按更大规模来经营。产业资本的企业规模扩大后，就可以采用先进设备，提高劳动生产率，取得规模效益，赚得更多的利润。因此，商业资本实际上促进了产业资本提高生产效率和加快资本积累。(3) 既然专门执行商品资本职能的商业资本的资本量小于产业资本亲自从事自己企业的全部商业活动所需要的资本量，就把社会资本的一个较小部分作为货币束缚在流通领域中，它就会扩大直接用于生产的那部分资本。只要生产中的资本增加了，就可以扩大生产规模，增加全社会的剩余价值量。

第十七章　商业利润

商业资本家投资于流通领域，经营商品购销业务，也要获得商业利润。撇开靠商业欺诈等不法行为获取利润不说，正规的商业活动也会表现为贱买贵卖，获取价差。商业利润的来源是什么？是将商品价格提高到价值以上获利，还是按价值出卖获利？商业利润是由商业雇佣工人创造的，还是从产业工人的剩余价值中分割和转移来的？需要重点说明这些问题。

商业利润是产业工人所生产的剩余价值的一部分

商业资本为了买卖商品，也要进行一些生产性的流通活动，如保管、运输、包装等。这些活动，马克思看作是创造价值的生产性劳动。如果撇开这些活动，商业资本的纯粹的买卖活动，既不创造价值，也不创造使用价值。它只是对商品资本向货币的转化起中介作用，因而同时对社会再生产过程起中介作用。但是，由于商业资本是在流通中独立地执行职能的资本，它和产业资本一样，也必须取得平均利润。如果商业资本的利润率高于产业资本的利润率，一部分产业资本就会流入商业部门，这样就会缩小生产规模，从而供给落后于商业部门的需求。于是，产业利润率提高，而商业利润率降低。相反，如果商业资本的利润率低于产业资本的利润率，一部分商业资本就会转入产业部门，产业资本增加而商业资本减少，这会导致商业利润率提高和产业利润率降低。总之，与不同生产部门之间的竞争导致平均利润率的形成一样，产业资本和商业资本之间竞争的结果，使产业资本和商业资本都取得相同的平均利润率。而且，由于商业资本不经营生产，更容易转移资本。

由于商业资本本身虽然不能生产剩余价值，但要和产业资本一样取得平均利润，因此很清楚，以平均利润的形式归商人资本所有的剩余价值，只是总生产资本所生产的剩余价值的一部分。这就说明，商业利润的来源只能是产业工人在物质生产过程中创造的剩余价值的一部分。现在就来分析这部分剩余价值是怎样从产业资本家手中转移到商业资本家手中的。

商业利润不是来自商品价格的单纯加价

很清楚，商业资本家取得的利润必然包括在出售商品的价格中，更清楚的是，这种商业利润“必然等于商品的购买价格和它的出售价格之间的差额，必然等于后者超过前者的余额”[314～315]。但实际上，这种差额不是全部形成商业利润，因为商业资本家还要拿出一部分用于补偿纯粹流通费用的支出。在这里为了研究简便起见，暂时先撇开流通费用的补偿问题，假定这个差额全部构成商业利润。

如果商业利润来源于单纯加价，那么很容易理解。假定 1 米麻布值 2 元。如果想要通过出售赚取 10%的利润，就要加价十分之一，也就是每米按 2.2 元出售。这样，麻布的实际生产价格和出售价格之间的差额为 0.2 元，便形成商业利润。

商业利润似乎来自商品的单纯加价，即出售价格高于商品的生产价格或价值的差额，但“这不过是假象”。只要是在资本主义占统治地位的生产方式下，商业利润就不能以这种方式实现。对商业利润来源于单纯加价的看法，是假定产业资本家是按照商品的生产价格或价值将商品出售给商业资本家的。因此，商业资本家要想取得 10%的利润，就只能靠单纯加价按照高于生产价格或价值 10%的价格来出售商品。这意味着利润平均化的过程仅仅是在产业资本内部进行的，而商业资本并未参加平均利润的形成。前面考察平均利润的形成时，撇开了商业资本的存在，因而只考察了产业资本内部各部门间的剩余价值平均化。而现在把商业资本加进来，它虽然不能生产利润，但却要分享利润。这样对平均利润率的形成就需要进行补充说明。

商业资本参加利润率平均化过程

现在就来说明商业资本是如何取得商业利润的。这一问题的关键，在于商业资本要参加平均利润率的形成。假定一年中预付的总产业资本为 $720c+180v=900$，$m'=100\%$，那么，产品的价值就等于 $720c+180v+180m=1\,080$。（假定不变资本的价值一年全部转移到产品中去。）那么平均利润率为 $\frac{180m}{720c+180v}=20\%$。现在我们再假定，在900 的产业资本之外，又加入了 100 的商业资本，社会总资本为 1 000。前面已说明，商业资本本身不创造剩余价值，但要按它自己的资本量所占比例的大小参加平均利润的分配。由于 100 的商业资本占社会总资本 1 000 的十分之一，它就要在 180m 中分得十分之一的利润，即 18；900 的产业利润占社会总资本的十分之九，它就要在 180m 中分得十分之九的利润，即 162。或者说，产业资本与商业资本相加，形成社会总资本1 000，用180m除以1 000 的社会总资本，形成新的平均利润率，即 $\frac{180m}{900\text{（产业资本）}+100\text{（商业资本）}}=18\%$。产业资本得到的平均利润为 900×18%＝162；商业资本得到的平均利润为 100×18%＝18。这样，产业资本家就应该按照 720c＋180v＋162m＝1 062 的价格（即等于商品生产价格或价值的价格），把商品卖给商业资本家；商业资本家则按照 1 062＋18m＝1 080（即等于商品生产价格或价值的价格），把商品卖给消费者。这样，虽然商业资本家的商业利润是由于他的购买价格低于销售价格产生的，但商业资本家还是按照商品的生产价格或价值来出卖商品。因此，商业资本家取得商业利润的关键在于：他要参与平均利润的分配，所以他能以低于商品生产价格或价值的价格向产业资本家购买商品，然后再以等于商品生产价格或价值的价格出售。

生产价格的补充规定

由于商业资本要参加平均利润的形成，因此就要对前面规定的生产价格的内容做一些补充，也就是要做一个更确切的有限制的规定。以前，我们把生产价格理解为商品的出售价格，它等于成本价格＋平均利润。现在我们仍然坚持这个规定，但这里的平均利润是由另外的方法决定的。它不再是按总利润与总产业资本的比率来计算，而是按总利润与社会总资本（总产业资本＋商业资本）的比率来计算。根据前面的例子，在前一个场合，平均利润率为 20%；在后一个场合，平均利润率为 18%。因此，产业资本所生产的产品的生产价格＝K（成本）＋18(平均利润)，而不是 K＋20。这样，全部商品资本的实际价格或实际生产价格，就不只是 K＋P，而是 K＋P＋h（h 代表商业利润）。所以，产业资本家在把商品出售给商业资本家时，商品的生产价格小于商品的实际生产价格；或者说，就全部商品来看，产业资本家阶级出售的全部商品的价格，小于这全部商品的价值。我们仍然用上述例子来说明。产业资本家按照生产价格，即 900（成本）＋900×18%（平均利润率）＝1 062，把商品卖给商人；商人又垫付 100 的商业资本，并经过多次买卖活动，把全部商品按照实际生产价格或价值 1 080 售出去，取得 18 的商业利润。把这个过程简化一下，就相当于商人耗费了 100 货币资本去购买商品，却按 118 把商品出售，他增加了 18%的加价；但实际上，这是因为他用 100 货币资本买来的商品的价值，本来就是 118，所以他并没有按高于商品价值的价格出售。

马克思指出："我们以后要在这个刚刚阐明的更确切的意义上使用生产价格这个名词。"① 这个生产价格，是指产业部门的生产价格，即K＋P(成本价格＋产业利润)。至于K＋P＋h(成本＋产业利润＋商业利润)，马克思称之为商品的实际生产价格。显而易见，产业利润P＝商品的生产价格－成本K；商业利润h＝商品的实际生产价格(K＋P＋h)－商品的生产价格（K＋P)。总之，产业资本家在出售商品时之所以能实现利润或剩余价值，是因为剩余价值已经包含在商品的价值中了；而商业资本家通过出售商品之所以能实现利润或剩余价值，只是因为产业资本家在商品的价格中实现的并非全部剩余价值或利润。因此，商业资本参加利润的平均化过程，意味着要对产业资本的利润作一种扣除，使之归商业资本占有。

两点结论

根据以上分析，可以得出如下两点结论：第一，在社会总资本中，产业资本和商业资本各占一定比例，"同产业资本相比，商人资本越大，产业利润率就越小。反过来，情况也就相反"［319］。如上例，商业资本占总资本的十分之一，产业资本的平均利润率就由20％降为18％。如果商业资本增加到180，占总资本的六分之一，那么平均利润率就会进一步降到16.7％。

第二，"直接进行剥削的资本家的平均利润率所表现的利润率小于实际的利润率"［320］。如上例所示，剩余价值率为100％，平均利润率为20％，利润率使剥削程度表现得很低；而且由于商业资本家也要参与平均利润的分配，使得平均利润率降到18％，这就进一步掩盖了资本家对工人的剥削程度。直接从事剥削的产业资本家的实际利润率是20％，当商业资本家介入后，产业资本家的平均利润率表现为18％，小于实际利润率。

纯粹流通费用问题

以上研究了商业资本为了经营商品买卖而预付的货币资本是如何取得商业利润的。下面将着重研究作为纯粹流通费用的那部分商业资本也要获得商业利润，以及纯粹流通费用自身又是怎样得到补偿的。

流通费用包括三个方面：纯粹流通费用、保管费用和运输费用。保管和运输费用都属于生产性的流通费用，它们与商品使用价值的运送和保管有关，能够增加价值和剩余价值，因此这部分流通费用的补偿不存在什么困难，它们可以从商品价值的增加中得到补偿。

纯粹流通费用，是指纯粹为实现商品价值而支出的费用。这种费用包括用于计算、簿记、市场活动、通信、纸张、邮资及商业事务所等方面的开支，另外还包括支付给雇佣工人的工资。

由商品资本向货币资本的转化，是产业资本循环的一个阶段，是产业资本的必要

---

① 《马克思恩格斯选集》，2版，第2卷，478页，北京，人民出版社，1995。

职能，因而也是产业资本家的必要活动。为出售商品而花费的劳动时间是不创造价值的。这一点不会因为商业资本家代替产业资本家进行这一活动而改变。商业资本家正是在完成这一活动中，作为产业资本家的流通代理人来使用他的资本，并按照他所预付的资本的比例，分享产业资本所生产的利润。当商业资本的业务和资本都很小时，他无须使用雇佣工人，他自己就可以去完成这些活动。商业资本专门从事商品购销活动，有利于产业资本的发展，如小商贩就从事这种活动。随着商业资本的扩大，商人成为商业资本家，需要雇佣商业工人完成扩大的业务。

对于产业资本家来说，如果自己去经营商业业务，他就要延长在流通中花费的时间。这就意味着：(1) 妨碍他用更多的时间去管理生产。(2) 他的产品会因流通时间长而更久地停留在流通领域。为了使生产不致中断，要么缩小生产规模，使原来的利润量变小；要么必须追加资本，以便维持原来的利润量。这两种情况实际上都使他的利润率降低了。如果商人专门经营商业活动，这一切仍然不变。只不过不是产业资本家而是商人把追加的时间花费在流通过程中，不是产业资本家而是商人为流通预付追加资本。

但是，只要商业资本限制在必要限度以内，它就会比产业资本节约流通过程花费的时间和节省追加的资本。如上述 720c ＋ 180v ＋180m 的例子，如果存在 100 的商业资本，产业资本家的利润是 162 或 18%；如果没有商业资本，完全由产业资本家自己销售，也许要追加 200 的资本，从而产业资本总预付资本不是 900，而是 1 100，利润率要降到 16.36%了。

如果产业资本家自己经营商业活动，他不仅如上所述需要追加更多的资本，而且他还需要追加纯粹流通费用。这些追加的费用也不会生产任何剩余价值，但它们必须从商品的价值中得到补偿，必须有一部分货币资本不断转化为纯粹流通费用。就社会总资本来说，总有一部分资本要作为纯粹流通费用处于这种流通活动中。对于单个资本家和整个产业资本家来说，利润率会因此而减少。

如果追加的纯粹流通费用由商业资本家代替产业资本家承担起来，产业资本家的利润率虽然会降低，但降低的程度会减少，补偿的方法也就不同。现在，由于支出纯粹流通费用，商人要预付更多的资本，这不但会使商业利润总额增加，也会使更多的商人资本同产业资本一起参加利润率的平均化，也就是说，平均利润率会下降。以上述例子来说，商业资本家除了支付 100 用于买卖商品的资本以外，还要支付 50 的纯粹流通费用。这样，总资本为 900 产业资本加上 150 商业资本，共计 1 050；剩余价值仍为 180，而平均利润率则下降为：$\frac{180}{1\,050}=17.14\%$。这样，产业资本家按照 900＋154.29＝1 054.29的价格把商品卖给商人，商人再按照 1 130 的价格（即 1 080＋50 的费用，这是他必须再收回的）把商品卖掉。总之，商业资本家支付的纯粹流通费用通过商品出售价格而得到补偿，并通过参加利润平均化过程而取得利润。

马克思的上述例子，所要说明的是追加的纯粹流通费用会使平均利润率进一步降低，而不是要说明纯粹流通费用如何从剩余价值中得到补偿的问题。为简便起见，假定它是通过商品加价即1 080＋50＝1 130而得到补偿的。但如果考虑到纯粹流通费用只能从剩余价值中补偿，那么实际的平均利润率应是：$\frac{180-50}{900+100+50}=\frac{130}{1\,050}=12.38\%$。这样，产业资本家卖给商业资本家的商品价格应该是：900＋111.43＝1 011.43；商业资本家再按照1 011.43＋18.57＋50＝1 080的价格卖给消费者。这里，产业利润是111.43，商业利润是18.57，50用于补偿纯粹流通费用。这样，商品仍然是按照价值出售，商业利润和纯粹流通费用也得到了实现和补偿。

商业资本对商业工人的剥削

马克思首先分析了商业工人的特点。商业工人和产业工人的共同点在于：(1) 他们都是雇佣劳动者，其工资都是资本家的可变资本，购买劳动力的目的都是为了使资本自行增殖；(2) 商业工人的劳动力的价值，也是由生产和再生产劳动力所必需的生活资料的价值决定的。

但是，产业资本与商业资本之间，从而产业资本家和商业资本家之间的差别，使得产业工人与商业工人之间也有不同点。由于商业资本家进行的商业活动既不生产价值，也不生产剩余价值，所以，他雇佣商业工人来执行同样的活动，也不会直接为他创造剩余价值。那么，商业工人是怎么为商业资本家带来利润的呢?

这个问题在对商业利润的一般分析中已经解决了：产业资本家的利润，是通过出售包含有剩余价值的商品得到的；商业资本家能得到利润，是因为包含在商品中的剩余价值没有全部留给产业资本家，而是通过出售商品把其中的一部分转让给商业资本家。由此可见，产业资本通过直接占有无酬的他人的劳动来生产剩余价值。而商人资本使这个剩余价值的一部分从产业资本手里转移到自己手里，从而占有这部分剩余价值。

商业资本家要从产业资本生产的剩余价值中取得自己的份额，就必须完成商品资本的职能，把商品转化为货币。对于单个商业资本家来说，他的利润量取决于他预付的直接用于商品买卖的资本量，他用于这方面的资本越多，经营的商品量越大，得到的商业利润也越大；而商业资本家雇佣的商业工人和职员的无酬劳动越大，也就可以节约越多的纯粹流通费用。

商业工人的无酬劳动与产业工人的无酬劳动是有区别的。产业工人的无酬劳动直接创造剩余价值，而商业工人的全部劳动都不创造任何价值，只是实现价值或剩余价值。但是，商业工人得到的工资和他帮助资本家实现的剩余价值或利润量之间是两个不同的量。假设商业工人每天劳动10小时，可以实现10元剩余价值，而他的工资只有5元。这就是说，他每天只要劳动5小时，就可以补偿作为工资付给他的可变资本；另外5小时就是为实现资本家的5元商业利润而劳动的。可见商业工人的劳动时间可分为有酬劳动和无酬劳动：在有酬劳动时间内，商业工人实现的剩余价值补偿商业资本家的可变资本；在无酬劳动时间内他所实现的剩余价值，成为商业资本家无偿占有的商业利润。正如马克思指出的：这些办事员的无酬劳动，虽然不会创造剩余价值，但会为资本家创造占有剩余价值的条件。不管是创造剩余价值，还是实现剩余价值，对商业资本家来说结果都一样，都可以带来利润。因此，商业工人的这种劳动对这个资本家来说是利润的源泉。商业资本家不断地扩大经营规模，雇佣大量的商业工人，也正是看到了这一点。

总之，如同产业工人的无酬劳动为产业资本家直接创造剩余价值一样，商业工人的无酬劳动使得商业资本家在那个剩余价值中占有一个份额。所以，商业资本家与商业工人之间，也是一种剥削和被剥削的关系。

第二十章　关于商人资本的历史考察

从社会经济发展的历史过程来说，是先有商业资本和生息资本（借贷资本），后有产业资本（工业资本和农业资本等）。如果是研究经济史，应按历史的逻辑先研究商业资本和生息资本，后研究产业资本，但《资本论》研究资本主义经济制度，其逻辑结构不能完全遵循历史的逻辑，而是需要采用理论逻辑。因为工业资本作为资本主义经济制度的“普照的光”，在资本主义经济中起着主导和支配作用，商业资本和生息资本都从属于它，农业资本也是工业资本发展以后才出现的，所以，《资本论》研究“资本”，首先是研究工业资本。本章通过对商人资本的历史考察，从历史逻辑和理论逻辑的关系上说明商业资本和工业资本的关系。

商业资本是一种古老的资本形式

前两章考察商业资本和商业利润，是在资本主义生产方式的界限内进行的。但是，商业和商业资本要比资本主义生产方式古老。

最初的商品交换是物物交换，这种交换还说不上商业，更不存在商业资本。商业资本产生和存在的条件是什么？马克思说，“简单的商品流通和货币流通就是它的存在条件。”[362] 商品流通和货币流通的存在，表明商品经济已经发展到一定阶段，因而成为商业资本产生和存在的条件。

应当重视马克思在本章中提出的一个理论观点：“作为商品而进入流通的产品，不论是在什么生产方式的基础上生产出来的，——不论是在原始共同体的基础上，还是在奴隶生产的基础上，还是在小市民和小市民的生产的基础上，还是在资本主义生产的基础上生产出来的，——都不会改变自己的作为商品的性质。”[362] 这段话告诉我们：尽管在资本主义生产中，商品成为商品资本，但商品自身不具有特定的社会经济性质。你到市场上购买一件商品，并不能看出它是由个体农民或小手工业者生产的，还是由奴隶劳动或资本主义企业生产的。不但商品如此，商品生产和商品流通也如此。因此，作为商品生产和流通的统一的商品经济本身，也不具有特定的社会经济性质，它与资本主义经济相结合，就是资本主义商品经济；与社会主义经济相结合，就是社会主义商品经济。

商业资本的发展与资本主义的发展成反比

资本主义以前的商业资本，是与简单商品生产打交道的。“唯一必要的事情是这两极作为商品已经存在，而不管生产完全是商品生产，还是投入市场的只是独立经营的生产者靠自己的生产满足自己的直接需要以后余下的部分。”［363］商业资本的公式是G—W—G′。一方面是买，另一方面是卖，因而以两极已经存在商品生产为条件，不管这两极的商品生产是独立经营的商品生产，如手工业商品生产，还是非完全独立的商品生产，如个体农民只把结余的部分产品作为商品出卖，资本主义以前的这种商业资本，是独立存在和独立发挥其作为商品流通的中介作用的。

“在资本主义生产中，商人资本从它原来的独立存在，下降为投资的一个特殊要素……它只是作为生产资本的要素执行职能。”［365］就是说，在资本主义生产中，商业资本只是执行产业资本的商品资本职能，从而从属于产业资本。由此，马克思提出了一个规律：“商人资本的独立发展与资本主义生产的发展程度成反比例。”［366］这一规律，从一个国家内的情况可以看出，资本主义生产越发展，商业资本越丧失其独立发展的地位，越从属于产业资本；也可以从发达国家的商业资本在从事不发达国家贸易中的不等价交换中看出来，这种商业资本作为不发达国家商品交换的中介，从买与卖两头对不发达国家进行剥削。

第五篇

利润分为利息和企业主收入。生息资本

第二十一章　生息资本

前面篇章中所研究的产业资本和商业资本，马克思称之为职能资本，因为它们是分别完成商品生产职能或流通职能的。本章研究的生息资本是非职能资本，因为它既不从事商品生产，也不从事商品流通。本章论述了生息资本的两种形式，借贷资本作为资本商品的特点，借贷资本的运动形式等。

什么是生息资本

为了获取利息而在一定时间内贷放给别人的货币资本，叫作生息资本。它的运动公式是 G—G′（G＋ΔG）。它表明，贷放给别人的货币，到一定期限还要回归到贷放者手中，并且要加上利息 ΔG。生息资本有两种形式：高利贷资本和借贷资本。高利贷资本是一种古老的资本形态，早在原始社会解体以后就已存在。借贷资本则是在资本主义社会的基础上产生和发展起来的生息资本形式，它是从职能资本的运动中独立出来的货币资本。生息资本的两种形式，反映着不同的社会关系。本章所讲的生息资本，指的是资本主义社会中的借贷资本。

借贷资本是资本商品

借贷资本是一种特别的商品，马克思称它是“资本商品”。货币本来是代表一定数额的价值，是一个价值额的独立表现。在资本主义条件下，一定数额的货币能转化为资本，变为一个自行增殖的价值，实质上是榨取工人剩余劳动或剩余价值的手段。因此，货币作为资本，比一般货币多了一种使用价值。它除了用来充当一般等价物以外，又多了一种作为资本来执行职能的使用价值。货币资本的所有者把货币作为资本贷放给别的资本家使用，实际上就是把货币作为资本的特殊的使用价值让渡给别人，或者说，让渡了货币作为增加利润的手段这种使用价值。正如在一般的商品交换中，经过交换，商品的所有者把商品的使用价值让渡给购买者一样。因此，马克思把借贷资本称作“资本商品”。马克思说：“就它①作为可能的资本，作为生产利润的手段的这种属性来说，它变成了商品，不过是一种特别的商品。或者换一种说法，资本作为资本，变成了商品。”[378]

货币的所有者把货币交给另外的人使用，让它去执行资本的职能，即用作增加利润的手段。这就是把货币资本这种特别商品或“资本商品”的使用价值让渡给别人，而后者根据社会的平均利润率去获得相应的利润。比如，社会年平均利润率为20%，一个拥有100镑的人，手中就有使100镑变为120镑或生产20镑利润的权利。但他不使用这100镑，这100镑在他手中还只是可能的资本。如果他把这100镑交给另一个人使用一年，让后者把这100镑实际当作资本使用，这也就是给了后者生产20镑利润的权利。后者得到这个20镑利润什么也没有花费，没有为它支付任何等价物。如果后者从这个利润中拿出一部分，比如5镑付给100镑的所有者，他就是用5镑来支付这个100镑的使用价值或资本职能，即生产20镑利润的使用价值或职能。支付给货币资本所有者的那一部分利润，叫作利息。货币资本的所有者，根据资本的所有权，有权从职能资本所得的利润中，以利息形式分得一部分。因此，借贷资本的贷出，是有代价的贷出，也只有贷出了，它才能发挥资本的职能：获得利润。

借贷资本的运动

借贷资本运动的起点是货币资本的所有者（A），他把货币贷给某个职能资本家（B）。货币在B手中实际转化为资本，或作为产业资本的一部分，或作为商业资本的一部分，完成资本的运动，然后作为G′（G+ΔG）回到A手中。借贷资本与职能资本相结合的完整的运动公式是：

G—G—W—G′—G′

这个公式将借贷资本的运动公式G—G′与职能资本的运动公式G—W—G′结合起来了。在这里，货币作为资本的支出，出现两次；货币作为已经实现的资本，作为G′，或G+ΔG的流回，也出现两次。借贷资本的运动同商业资本的运动和商品的流通都不同。在商业资本的运动G—W—G′中，同一商品转手两次，一次是由商品生产者手中转到商业资本家手中；再一次是由商业资本家手中转到商品消费者手中，以用于生产和生活的消费。每一次换位，表示商品的买和卖。在简单商品流通W—G—W中，同

① 货币。——引者注

一货币换位两次，即先出卖商品换回货币，然后再用货币购买另一种商品。

在借贷资本的运动中，G 的第一次换位，即货币资本家把货币贷放给职能资本家，既不是商品形态变化的要素，也不是资本再生产的要素。只有在第二次付出时，即职能资本家把借到的货币用作资本发挥资本的职能时，才变成这样的要素。在这里，货币的第一次换位，表示货币资本由 A 手中转到 B 手中。同货币作为资本的两重支出相适应，它的回流也是双重的。一次是作为 G' 或 $G+\Delta G$（利润）流回到职能资本家 B 手中，然后 B 让它带着所分割的一部分利润，作为 $G+\Delta G$（利息），再转流归到 A 手中。这说明，由于货币资本不是归 B 所有，要使它回流完全，B 就必须把货币再转给 A，并且要把利润的一部分作为利息转给 A，因为 A 是把货币作为创造剩余价值的手段给 B 的。货币资本之所以要再转回到 A 手中，是因为 A 一直是这种货币资本的法律上承认的所有者。

任何预付资本的价值额，都要作为资本流回，在运动中不仅要保存自己，而且要增殖。货币资本家把货币作为资本贷给别人，当贷放出去的货币流回时，也必须带着一个增殖额即剩余价值流回，即作为 $G+\Delta G$ 流回。在这里，ΔG 就是利息，职能资本靠借贷资本获得平均利润，然后以利息形式付给借贷资本家平均利润的一部分，因而借贷资本不能获得平均利润的全部。

借贷资本的特点

借贷资本表现为资本商品，但和普通商品不同，它具有如下特点：

第一，在普通商品的买卖中，卖者让渡的是作为使用价值的商品，他没有让渡商品的价值，只是价值存在的形式发生了变化，由商品形式变为货币形式。商品的使用价值被购买者在生产消费或生活消费中消耗了。资本商品却不同，这种商品在贷放期间让渡的使用价值，能够作为资本执行职能。因而它在运动中，除了保存自己原有的价值以外，还会产生出剩余价值，生产平均利润。因此，货币资本家是把借贷资本的使用价值——在一定时间内生产利润的能力——让渡给职能资本家。职能资本家在使用借来的货币发挥资本的职能时，不仅保存了它原有的价值和使用价值，而且使价值增大了。

第二，在普通的商品买卖中，购买者是购买商品的使用价值，支付商品的价格或价值。资本商品的购买者所购买的是货币作为资本的使用价值，在贷出和借入之间不会发生像在通常商品买卖中所发生的那种价值存在形式的变化，即由商品的实物形式变为价值的一般表现——货币形式，而且它是在没有任何等价物的情况下贷出去，经过一定时期后又返回来。货币资本的所有者，总是贷出的价值和返回来的价值的所有者。

第三，在普通的商品交换中，货币总是在买者一方。在资本商品的买卖中，货币则是在卖者方面，而买者则是把货币作为商品接受下来，把货币作为资本，作为会自行增殖的价值借来的。在起点上，贷出的资本不过是可能的资本，它要通过使用才能发生增殖，才能实现资本的职能。

第四，在普通的商品买卖中，商品的市场价格受商品内在的规律——价值规律的调节，供求的变动和竞争只能影响市场价格同生产价格的偏离。当供求相一致时，市场价格和生产价格相一致，当供求不一致时，市场价格和生产价格发生偏离，但这种偏离可以互相抵消，所以，从长期看，市场价格和生产价格相一致。在资本商品的买卖中，职能资本家使用借入的货币资本从事生产或其他经营活动，所得到的利润可分割为利息和职能资本家所得的利润即企业主收入。这种分割由供求和竞争来调节，但竞争本身并不能完全说明这种分割是怎样决定的。对这个问题，马克思在本书的下一章中进行了阐述。

第二十二章　利润的分割。利息率。"自然"利息率

上一章说明了利息是职能资本家付给借贷资本家的平均利润的一部分。但利息究竟占有平均利润的多大份额呢？利息率的高低变动由什么决定呢？有没有自然利息率即由客观规律决定的均衡的利息率？本章就是要说明这些问题。

既然利息是职能资本家付给货币资本家（借贷资本家）的利润的一部分，显然，"利润本身表现为利息的最高界限，达到这个最高界限，归执行职能的资本家的部分就会＝0"［401］。在实际经济生活中，在个别特殊情况下，也可能出现利息等于利润的情况，但一般情况下，利息总是小于利润，利润是其最高界限。

利息的高低界限

利息的最低界限是什么？马克思说："利息的最低界限则完全无法规定。它可以下降到任何程度。不过这时候，总会出现起反作用的情况，使它提高到这个相对的最低限度以上。"［401］按一般道理说，利息不能等于零，但如果货币所有者在某种情况下认为将现款存在自己手中不如存入银行更安全，是不会考虑有无利息的。

在资本主义社会中，利息率的高低变动，与资本主义经济发展的周期性相关。马克思指出：资本主义现代工业运动的周期是"沉寂状态、逐渐活跃、繁荣、生产过剩、崩溃、停滞、沉寂状态等等"［404］。在经济繁荣时期物价稳定，低利息率与其相适应。而在经济危机时期则以"达到高利贷极限程度的最高利息"［404］与其相适应。

在危机时期，利息率之所以达到最高水平，是因为借款者为应付紧急需要不得不以任何代价支付利息。与利息率提高相适应的，是有价证券价格降低。马克思说：对持有货币资本的人来说，这"是一个极好的机会，可以按异常低廉的价格，把这种有息证券抢到手"［404］。当危机过后，在正常情况下，利息率下降时，有价证券的价格会回升至平均价格水平。

不存在自然利息率

一个国家的平均利息率是多少，没有规律可遵循。市场利息率是不断变动的。我们知道，商品生产者的竞争，会形成由社会必要劳动时间决定的市场价值和市场价格；产业资本和商业资本以及各自部门间的竞争会形成平均利润。但在借贷关系中，贷出者和借入者之间的竞争或各自内部的竞争，不会形成均衡利息率或自然利息率，不能确定利息率定位为3%、4%或5%，即不能确定利息占利润的比例。“如果有人进一步问，为什么中等利息率的界限不能从一般规律得出来，那么答复很简单：由于利息的性质。”[408] 如果将一定时限内利息率的变动加以平均化，也可作为现实的利息平均数。这种利息率的高低既取决于多方面的竞争，也取决于一个国家的习惯和法律传统。不同国家间的习惯和法律传统不同，利息率的高低和变动也就不同。

第二十三章　利息和企业主收入

由于职能资本家需要将靠借入资本获取的利润的一部分，以利息形式付给货币资本家，留给自己的那部分利润，就是企业主收入，因此，在借贷关系下，利润分割为利息和企业主收入。

总利润分割为利息和企业主收入

产业资本家通过使用借入的资本经营企业，将所获得的利润的一部分，作为利息支付给借贷资本家。这样总利润就被分成两部分，一部分是利息，另一部分则是作为利息以上的余额的利润。利息为借贷资本家占有，而超过利息的余额则采取企业主收入的形式归产业资本家占有。如果平均利润率已经确定，那么企业主收入的大小就由利息率决定，利息率高，企业主收入相对减少，利息率低，企业主收入就相对增高。如果利息率已经确定，那么企业主收入的大小就由平均利润率决定，平均利润率高，所得平均利润就多，扣除其中已由利息率确定的利息部分，余下的利润部分就比较多。虽然总利润的实际价值量在一定的具体场合可以同平均利润发生偏离，即总利润的实际价值量大于或小于与资本成比例的平均利润量，但企业主收入的部分总归要受利息制约。这是因为，利息是由一般利息率确定的，它在企业主取得总利润以前，或者说在生产过程开始以前，就已经被当作预先确定的量而存在。虽然资本的特有产物是剩余价值或利润，但使用借入资本经营的资本家并不能获得其全部，而只能获得支付利息以后留下的利润。这部分利润对企业主来说，是执行职能的资本的结果。事实上，企业利润的大小和企业经营的好坏密切相关。企业主是作为职能资本的代表与借贷资本相对立的，而资本只有投在产业或商业中才能带来利润，才是执行资本职能。所以企业主在把总利润中的一部分作为利息付给贷出者后，剩下归职能资本家自己的那部分利润，必然采取产业利润或商业利润的形式，或按德语统称为企业主收入。如果企业总利润等于平均利润，这个企业主收入的大小就由利息率决定。如果企业总利润同平均利润相偏离，企业主收入的大小就不仅仅由利息率来决定，而且要由暂时引起偏离的市场行情来决定，因为正是市场行情的变化形成了总利润和平均利润（都扣除利息以后）的差额。

利润由量的分割转化为质的分割

总利润在使用借入资本的产业资本家和货币资本家之间的分配，是单纯量的分割。这种量的分割会转化为质的分割：利润的一部分表现为利息，单纯表现为资本所有权的果实；利润的另一部分表现为企业主收入，单纯表现为资本单纯执行职能的果实，或表现为资本家执行资本经营权的果实。总利润的这两部分划分逐渐独立起来，好像它们是出自两个本质不同的源泉。这两部分独立化后，使全体资本家阶级和全部资本都这样固定划分，而不管职能资本家所使用的资本是不是借入的，也不管货币资本家的资本是不是由他自己使用，情况都一样。即使用自有的资本从事经营的资本家，也同使用借入的资本从事经营的资本家一样，把他的总利润分为利息和企业主收入。利息为他自己所有，因为它是资本的所有者，企业主收入也归他自己所有，因为他是执行职能的资本家，是经营者。对于这种质的分割来说，资本家是否实际上和另一个资本家共同分割利润已没有关系，因为即使用自有的资本从事经营活动，也具有双重身份，既是资本的单纯所有者，又是资本的使用者。他的资本也取得了二重存在：一方面它是资本所有权，即处在生产过程以外的本身会提供利息的资本，另一方面它是活动的职能资本，即处在再生产过程之内的、能提供企业主收入的资本。利息一旦从总利润分割出来和固定下来，它就不再表现为仅仅由于产业资本家用别人的资本从事经营才偶然发生的分割。这样，利润就从单纯量的分割变为质的分割。这种分割的发生，与产业资本家是不是自己资本的所有者这个情况已经无关。其原因不仅在于利润被分割为不同的两部分被分配给不同的资本家，而且在于利润被分为两种不同的范畴，这两种不同范畴由资本的不同规定性决定：利息由资本单纯所有权这个规定性决定；企业主收入则由职能资本或资本的经营职能这个规定性决定。

监督劳动的二重性

监督劳动与资本家分离。前面讲资本家在生产或流通领域进行经营，获得利润，是指在资本主义发展的一定阶段上，资本家既是资本的所有者，又是资本的经营者。资本家及其学者往往借此宣称利润是资本家管理劳动的报酬。的确，一切由多人参加的联合劳动都需要有管理者，如同乐队需要指挥一样。资本主义的管理劳动或称监督劳动具有二重性：一方面是共同劳动所需要的指挥劳动，从这方面看，是具有生产性的劳动；另一方面，资本家对共同劳动进行指挥、监督，是为了剥削剩余价值，这种监督劳动是一种具有剥削性的劳动。在资本主义发展到一定高度以后，资本家将指挥监督工作交给经理去完成，无论商业经理还是产业经理的管理工资，都同企业主收入是分开的。由于资本的所有权和经营权相分离，资本所有者可以完全脱离管理工作而坐享利润即企业主收入。职能资本的职能，由产业资本家和商业资本家手中转到经理手中。“资本家则作为多余的人从生产过程中消失了。”［436］他们坐享其成的利润收入，不再表现为并难以再宣称为管理劳动的收入了。

第二十五章　信用和虚拟资本

商业信用

这里所讲的信用，只限于商业信用和银行信用。商业信用就是商品出卖时不直接取得货币，货币只作为支付手段发挥作用。商品购买者付给出卖者一种到期支付的凭证即票据。这种票据在支付日到来之前，本身又可以作为支付手段进入流通。也就是在赊售商品的购销链条中，这种支付票据可以作为商业货币多次转手流通，在支付日期到来时，货币才作为支付手段出现。如果在支付关系中，形成了甲欠乙、乙欠丙、丙欠甲的支付链条，支付期到来之时可以互相抵消。“就这种票据由于债权和债务的平衡而最后互相抵消来说，它们是绝对地作为货币来执行职能的，因为在这种情况下，它们已无须最后转化为货币了。”［450］

银行信用

银行信用，是银行家提供的信用，可以采取不同的形式，如银行开出的汇票、支票。汇票持有者、支票持有者可以用以兑现，换成货币。银行信用是在商业信用的基础上发展起来的。典型的银行信用是商业银行的信用：银行从事货币的存贷业务，成为货币贷出者和借入者的中介，也是一种信用关系。有的银行还可发行信用货币即银行券，最早的银行券出现于 17 世纪的欧洲。银行券的持有者可随时到该银行兑换成金属货币。金本位制崩溃后，银行券已不能兑现。

马克思把商业票据和银行票据称作虚拟资本。虚拟资本是独立于实体资本之外的一种资本形式，是实体资本的一种纸质复制品。典型的虚拟资本是股票和债券。

第二十七章　信用在资本主义生产中的作用

这里所讲的信用是指商品或货币的借贷关系。在这种关系中，贷者是债权人，借者是债务人，形成了债权与债务关系。这要以偿还和付息为条件，信用一词也包含讲信誉、信任双方的意思。本章系统地论述信用在资本主义生产方式中的各方面作用，阐明了股份公司的形成、性质和作用，特别指出股份制度是通向社会主义生产形式的过渡点，并阐述了资本主义制度下的合作工厂的性质和意义。

信用促进利润率平均化

信用制度对利润率平均化起中介作用。平均利润率的形成是通过资本在各个部门之间竞争和自由转移实现的。借助信用的作用可以加快资本的转移。通过银行贷出大量资本，资本就会迅速地流向利润率高的生产部门，其结果是促进了生产各部门之间利润率的平均化。可见，信用起着有利于资本转移的杠杆作用。

信用节约流通费用

信用可以节约流通费用。信用制度的发展，使资本主义的流通费用得到节约。马克思从两个方面说明了流通费用的减少。(1) 可节约具有价值的货币本身。这是通过三种方式实现的：①信用可以使很大一部分商品买卖不用现金支付。②加快了货币流通速度。这一方面与银行业务的技术相联系，如通过转账、划拨等，媒介同量商品交换所需要的货币量减少；另一方面，信用制度又会加速商品形态变化的速度，从而加速货币流通的速度。③随着信用制度的发展，金属货币为纸币所代替，从而将用于生产金属货币的费用以及贵金属货币的磨损费用节约下来。(2) 信用节约流通费用还在于加快了流通手段的周转速度，使商品形态变化的各个阶段和资本形态变化的各个阶段加快，从而使整个再生产过程的运动加快。这可以从两个方面减少货币形式的准备金：一方面是减少作为购买手段的货币准备金；另一方面是减少不断在货币准备金形式上存在的资本。

信用促进股份公司形成和发展

信用加速了资本的积聚和集中，加速了股份公司的形成和发展。股份公司和股份资本的出现是资本主义生产发展的必然产物。信用不是股份公司产生的原因，但是它在直接促进和加速股份公司发展的过程中起着极其重要的作用。这是因为股份公司的资本是依靠发行股票集中起来的，没有发达的信用制度，股票的发行是不可能的，并且股票的发行是通过银行，有时就是银行本身完成的。信用制度和银行业的发展促进了股份公司的形成和发展，而股份公司的发展又反过来促进了信用制度的发展。股份公司和股份资本的发展，在资本关系上表现出一些新的特点。这些特点是：

(1) 股份公司和股份资本是资本集中的手段，它使生产规模惊人地扩大了，单个资本不能建立的企业出现了。同时，以前由政府经营的企业变成了股份公司的企业。

(2) 资本在这里直接取得了社会①资本的形式，而与私人资本相对立，并且股份公

① 在德文中，这里所讲的“社会”或“社会的”，具有“公司”或“公司的”的含义。“社会资本”、“社会企业”，也可理解为“公司资本”、“公司企业”。

司的企业也表现为社会企业，而与私人企业相对立。就是说，股份公司和股份资本是资本家集团所有制形式，这种形式虽然仍以资本主义私有制为基础，但它是对资本的个人私有制形式的扬弃，是作为私人财产的资本在资本主义生产方式本身范围内的扬弃。这里所说的“扬弃”，就是指有否定，有保留，既有重大变化，又未改变资本主义本质。

（3）原来在自己企业中执行职能的资本家，已由单纯的经理人员，即作为别人资本的管理人所代替。资本的所有者转化为单纯的所有者，即单纯的货币资本家。作为货币资本家所得的股息，只是作为资本所有权的报酬获得的。这样一来，这个资本所有权同资本在现实再生产过程中的职能完全分离了，正像这种职能在经理身上同资本所有权完全分离一样。这表明，在股份公司内，资本经营权已经同资本所有权相分离，因而管理或指挥劳动也完全同生产资料的所有权和剩余劳动的所有权相分离。资本主义生产极度发展的这个结果，是资本再转化为生产者（劳动者）的财产所必需的过渡点，不过这种财产不再是各个互相分离的生产者的私有财产，而是联合起来的生产者的财产，即直接的社会财产。简单地说，是由资本主义所有制过渡到社会主义公有制。这种过渡最终要通过所有制革命而实现。

股份制是通向社会主义生产形式的过渡点

恩格斯根据马克思逝世以后资本主义发展的新情况，进一步补充指出：随着大工业一切部门的生产以日益增长的速度增加，一些新的工业企业形式发展起来了，这些形式代表着股份公司的二次方和三次方，这些新的工业企业形式的产品日益扩大，而市场需求的扩大却日益变慢。市场在几年内也吸收不了大工业在几个月内生产的东西，结果出现了全面的生产过剩，价格下跌，利润下降甚至完全消失，有的企业宣告破产。这时，一定部门的大工业企业会联合成一个卡特尔以便调节生产。在个别场合甚至有时会成立国际卡特尔。但是生产社会化的这个形式还嫌不足，各个股份公司的利益对立和竞争，又使有些部门在生产高度发展的基础上，倾向于集中成为一个大股份公司，实行统一领导。恩格斯指出：这种情况最令人鼓舞地为将来由整个社会来实行剥夺做好了准备。就是说，将来进行社会主义革命时，对这种高度集中和垄断的大股份资本实行剥夺，使其转变为归全社会所有的财产，已变得十分简便和容易。恩格斯认为这是“最令人鼓舞的事”。

股份制度“是资本主义生产方式在资本主义生产方式本身范围内的扬弃”［497］，意思是说，这是私人资本生产方式在不改变资本主义生产方式性质的范围内的一定意义上的否定。现在，单个私人资本企业，变成了社会（公司）资本企业。这样，股份公司就成为通向一种新的生产形式即社会主义生产形式的过渡点。股份公司还必然表现出这样的现象：它一方面在一定部门中造成了垄断，要求国家干预；另一方面又再生产出了一种包括公司创业者、董事等在内的新的金融贵族，即新的寄生虫，而且在发行股票和股票交易方面再生产出了一整套投机和欺诈活动。

信用促进资本的集中过程

信用制度促进了股份制度的发展，同时也促进了资本的集中过程，它为单个资本提供了在一定界限内支配社会资本，从而支配社会劳动的权利。因此，单个资本家实际拥有的资本，只不过是信用的基础。例如，在发达的信用制度下，进行投机的批发商人实际上是拿社会资本而不是拿自有的资本来进行冒险的。无论投机的结果是成功还是失败，都会导致资本的集中。这种资本集中，实际上是剥夺中小资本家自身。这种剥夺在资本主义制度本身内以对立的形式表现出来，即社会财产为少数人所占有。股份公司出现以后已经把社会生产资料作为社会资本来表现，它与把社会生产资料表现为个人财产的旧形式相对立。当然，这种向股份形式的转化本身还是局限在资本主义界限之内，还没有改变资本主义的性质，因此这种转化并没有克服财富作为社会财富的性质和作为私人财富的性质之间的对立。一方面，股份公司是资本主义矛盾在局部范围内自我调整和自我克服的表现，但另一方面，资本集中又在新的形式上发展了生产社会化和私人资本主义占有的对立。生产资料仍然为资本家所私有，只是过去分散在许多中小资本家手中，现在则采取了资本日益集中的股份资本的形式。

信用促进合作工厂的产生

在信用制度基础上发展起来的工人合作工厂，是在资本主义生产方式内对旧的生产和分配形式打开的一个缺口。虽然在资本主义制度下这种合作组织会再生产出现存制度的一切缺点，但是，资本和劳动之间的对立，在合作工厂内已经被扬弃。这是因为，生产资料已不是为资本家所占有，而是由工人作为联合体所占有。工人利用自己所占有的生产资料来使他们自己的劳动增殖。这就表明，在物质生产力和与之相适应的资本主义生产形式发展的一定阶段上，一种新的生产方式（合作工厂）怎样自然而然地从旧的生产方式中产生和发展起来。如果没有资本主义的工厂制度，合作工厂也不可能发展起来；如果没有资本主义信用制度，没有股份公司的发展，合作工厂同样不可能发展起来。信用制度是使资本主义的私人企业逐渐转化为资本主义的股份公司的主要基础。同样，信用制度又是逐渐扩大合作企业规模的手段。股份公司和合作工厂都是由资本主义生产方式转化为社会主义的联合生产方式的过渡形式。在这方面，二者的区别是：在股份公司那里，“对立是消极地扬弃的”[499]，而在合作工厂中，“对立是积极地扬弃的”[499]。“消极地扬弃”，是指私人资本被社会资本所代替，资本家只是股份资本的所有者，他们已离开生产过程，不再是资本的经营者。但这种扬弃，并未消灭资本与雇佣劳动的对立，没有消灭股份公司的资本主义性质。“积极地扬弃”，是指合作工厂内确实消除了资本与雇佣劳动的对立，消除了资本家的存在，生产资料已为工人自己所有，工厂也由工人自己管理。

信用制度的二重性质

在资本主义制度下，信用制度具有两方面的作用：一方面，它加速了生产力的发展和世界市场的形成，使这两者发展到一定高度，为社会主义生产形式准备物质基础，这正是资本主义生产方式的历史使命。另一方面，信用也促进了资本主义的内在矛盾和危机的爆发，从而加强了使旧的资本主义生产方式解体的各种因素。

综上所述，可以把资本主义制度下信用制度本身所固有的二重性质归结为：一方面，促进资本主义生产的发展，使其发展成为一种最纯粹、最巨大的欺诈剥削制度；另一方面，又使资本主义生产转变到一种新的生产方式，即社会主义生产方式的过渡形式。

第二十九章　银行资本的组成部分

银行资本是生息资本的发展形式。银行资本的基础，是以货币形式存在的现金。这种现金可以是金属货币，也可以是纸币。这种现金分两部分：一部分是银行家自有的资本；另一部分是银行的存款。但本章着重分析的是作为银行组成部分的有价证券问题。

银行资本的组成部分

马克思说：银行资本由两部分组成：(1) 现金（金属货币或银行券）；(2) 有价证券。有价证券又分两个部分：一是商业证券，即汇票，它们是流动的，按时到期的，对这种有价证券的贴现已经成为银行家的基本业务；二是公共有价证券，如国债券、国库券、各种股票等。总之，这是可以取息的证券，同不取息的汇票有本质区别。有价证券还可以包括不动产的抵押单。所说的前一种汇票之类的商业证券，是不能买卖的，后一种有价证券是能买卖的。由于国债券、国库券、股票等这些有价证券可以买卖，它们不仅变成了可以买卖的商品，好像也变成了现实的资本。事实上这些有价证券并不是现实的资本，而仅仅是虚拟资本。银行资本的来源，无论是银行家的自有资本，即自己的投资，还是别人的存款，即借入的资本，都不影响银行资本的实际组成部分。银行资本的实际组成部分，如货币（现金）、汇票、有息证券，绝不会因为它们是代表银行的自有资本或代表存入银行的别人的资本而发生变化。

虚拟资本及其主要形式

债券、股票是与实体资本相分离的虚拟资本。虚拟资本是在生息资本的基础上形成的。生息资本的形式造成这样的结果：一方面，每一个确定的和有规则的货币收入，都表现为资本的利息，而不论这种收入是由职能资本还是借贷资本产生的。在这里，货币收入在观念上先转化或表现为利息，然后根据利息再得出产生这个货币收入的是资本。另一方面，每一个价值额只要能借以获得收入，就会被看成资本，就都表现为会生出利息的本金，而不管这种收入是否由真实的资本生出。例如，假定年平均利息率是5%，一个500镑的金额转化为生息资本，一年就会生出25镑的利息。这样一来，任何一个固定的25镑年收入，都可以看作是500镑资本的利息。如果有一个单纯的500镑资本的所有权证书（如股票、债券等），凭借这个证书，每年可以取得固定收入25镑，该证书就等于资本500镑。虽然该证书不是现实的资本，但它能当作一定量资本发生作用，并带来一定量利息，这样就形成了虚拟资本。

国债券是虚拟资本的一种主要形式。国债券是一种国家信用，是国家筹集资金的一种方式。国家对借入的资本每年要付给债权人一定的利息，这个利息是由国家税收支付的。国债券持有者只有事先把一定量货币交给国家才能取得一定数量的债券，由此国家和国债券持有者也就建立了债权与债务关系。但是债券持有者，即债权人，不能要求债务人解除契约关系，即不能要求在债券尚未到期前归还债款，他只能把债券作为所有权证书，再卖给别人。国家通过发行债券而取得一定量货币后，无论是用于发展经济和社会事业，还是用于其他方面，终归是被花掉了。这样，一方面以债券形式存在着所有权证书，另一方面这些货币资本本身已经由国家花掉了、耗费了，在实际经济中已不存在，但凭这些债券可以取得利息，它起着资本一样的作用，所以这些债券就成为虚拟资本了。因此对于国债券持有者来说，（1）他持有一定数额的如100镑的国债券。（2）他依靠这种所有权证书有权按期从国家的年税收中索取一定的金额，即取得一定量的利息。如果年利息率为5%，那么100镑的国债券每年可得利息则为5镑。（3）国债券持有者可以随意把债券卖给别人。如果年利息率为5%，国家提供的利息又保证可靠，那么所有者A通常就按100镑价值把该债券卖给B，而对B来说，无论是把100镑货币按年利息率5%贷给别人，还是把100镑货币用来购买国债券，以便从国家的年税收中保证每年取得5镑的利息，都是一样的。但是对B来说，在前一种情况下，他的资本并非虚拟资本，而在第二种情况下，即凭国债券取得收入，把国家所付利息看作是国债券这种资本的产物时，它就是幻想的资本即虚拟资本。国债券出售的可能性，对于债权人A来说，代表着他的本金流回的可能性。对于由A手中购买债券的B来说，他的资本是作为生息资本投入的。但就事情本身来看，这种交易除由B代替A作为债权人，买进了A对国家的债权外，并不能改变国债券资本是纯粹虚拟资本这个事实。这种交易可以反复多次进行下去，不断维持资本的假象，但是一旦债券卖不出去，这个资本的假象就会消失。这说明虚拟资本有自己独特的运动形式。

人们把虚拟资本的收入资本化。他们把每一个虚拟资本反复取得的定期收入，都按照当时通行的利息率换算成或资本化为一个想象的价值，这种收入就被看作是这个资本的产物。这样一来就把这个收入资本化了。例如，在虚拟资本为200镑、年收入为 100 镑、利息率为 5%的情况下，这 100 镑的年收入，就被看作是 2 000 镑资本的利息，这 2 000 镑则被看成是每年有权取得 100 镑收入的资本价值，虽然这种资本价值只是以“法律证书”即所有权证书的形式存在着。而对所有权证书的买者来说，这 100 镑年收入实际代表他所投入资本的 5%的利息。即使不是由资本带来的收入，也可当作资本收入来计算，将这个收入资本化。这样一来，收入的资本化便使资本在现实增殖过程中对雇佣劳动的一切剥削关系和联系被彻底消灭干净了，资本是一个自行增殖的自动机的观念就牢固地树立起来了。

股票也是虚拟资本的一种主要形式。股票虽不像国债券那样代表纯粹幻想的资本，但它也是虚拟资本。股票这种证券就是代表股份资本的所有权证书。从形式来看，股份公司是一些资本家集团合营的企业，资本家持有该公司的股票，就成为该公司的股东和所有者。从创办企业的过程来看，一些资本家投入一定数量的货币资本，从而取得了一定数量的股票，因而在这里股票是代表该企业存在的现实资本，代表着在这些企业中投入和发挥职能的资本，但实际上股票只是在企业中发挥职能的资本的纸质复本。这是因为现实资本不能有双重存在：一次是以股票的资本价值形式，即以所有权证书的形式存在于股东手里；另一次是以货币资本、生产资本、商品资本等形式存在于该企业中。现实的资本只是存在于后一种形式中，存在于企业中。股票只是对这个资本所实现的剩余价值的相应部分的所有权证书。股票所有者可以把股票卖给别人。A 可以把这个证书卖给 B，B 可以把它卖给 C。这里，A 或 B 把他的证书转化为货币资本，而 C 则把他的货币资本转化为一张单纯对股份资本预期可取得收入的所有权证书。股票买卖的运动和投在企业中的现实资本的运动，可以分开并平行进行。不管如何买卖，股票只是该企业的资本的代表，并不是现实资本本身，所以从本质来说，它不是真正的资本，只是一种纸质凭证，因而不具有真正的价值。因而，股票的资本价值是一种虚拟价值。

在资本主义社会里，股票和国家债券虽然都是虚拟资本形式，但它们之间还是有区别的。国债券纯粹是幻想的资本，并不代表任何现实资本，它的利息是课税收入的一部分。而股票本身虽然不是现实的资本，但却代表着该企业中的现实资本，股票发行额的增大，一般总是代表着生产和再生产的扩大，同时反映了该企业现实资本的增加。不过在这里绝不排除股票也是一种欺诈的东西，只要它带来的利息超过它所代表的资本存入银行的利息，它就可以以超过企业中的现实资本价值的价格而出卖。股票在买卖中的价格，可以大大超过它所代表的投在企业中的现实资本的价值。股票所带来的红利，是由平均利润分割出来的一部分。

有价证券的价格

由于国债券、股票等有价证券可以在市场上进行买卖，给人们造成了一种假象，好像这些有息的有价证券不但是有权索取收益的资本，而且构成了现实的资本。就是说，它们成为一种可以买卖的特殊的商品，因而这些商品的价格就有其独特的运动方式和决定方法。这些有息的有价证券的市场价格，和它们的名义价值具有不同的决定方法。它们的名义价值，是指它们所代表的实际投入企业的资本价值。在利息率已定时，有价证券的市场价格随着它们有权索取的收益大小和可靠程度而发生正比例变化。例如，一张股票的名义价值，即股票原来代表的投资额是100镑，年利息率为5%，如果这张股票的股息收入也是5镑，它就可按100镑出卖，因而它的市场价格为100镑。如果这张股票的股息收入为10镑，把10镑收入资本化，那么这张股票的市场价格就是200镑。所以在利息率一定时，股票的股息收入越多，它的市场价格就越高；反之，股息收入越低，它的市场价格就越低。另一方面，在有价证券的收入已定时，它们的市场价格同利息率成反比例变化。例如，一张股票的名义价值为100镑，每年收益为10镑。在年利息率为10%的情况下，这张股票的市场价格也为100镑；如果年利息率由10%降为5%，股票收入没变，将10镑收入资本化，那么该股票的市场价格则为200镑；如果年利息率降到2.5%，该股票的市场价格则为400镑。所以，股票的价格始终只是资本化的收益。有价证券市场价格的这种独特的运动和决定方法，使它成为投机的对象。人们购买它们，不仅是为了把货币资本转化为生息资本，而且企图从有价证券的价格波动中谋取暴利，因为这种证券的市场价格部分地具有投机的性质。尤其是股票，是投机的主要对象，因为股息不是预先确定的，它以企业经营的好坏和利息率的变动为转移。当人们预计到股息会增加或利息率会下降时，便大量买进股票，反之便大量抛出股票。人们根据股票市场行情的变化，进行着股票投机活动。同时还应该看到，有价证券市场价格的大波动，一般总是和资本主义生产周期相联系。在繁荣时期，由于企业经营状况好，利息率也低，市场上的闲置资本和货币也多，所以股票等有价证券的价格会上涨：而当危机来到时，金融市场紧张，有价证券的价格会双重地往下跌落：一是由于银根奇紧，货币不足，引起利息率提高，股息减少；二是人们普遍需要现款，把大量有价证券抛向市场。特别是在后一种情况下，有价证券还会进一步贬值。但是，只要这些企业在危机中不破产或者不是欺诈性质的企业，危机一旦过去，这种证券的价格就又会回升到以前的水平。有价证券市场价格的这种独特的运动，正是大资本吞并中小资本、货币财产集中的一个有力的手段，因为在危机中，趁着股票市场价格暴跌，大量购进某些企业的股票，待危机过去、股票价格回升时，就可以集中大量财产。

虚拟资本使一切资本好像成倍或几倍地增加

随着生息资本和信用制度的发展，一切资本都仿佛会成倍或成几倍地增加。除了前面所讲过的有价证券如股票等，会同现实资本一起作为资本的二重存在外，银行的存款总额，也可以比实有的货币存款大许多倍。例如，A将现金1 000镑存入银行，银行把这1 000镑贷给B，B把它支付给C，C又把这

1 000镑存入银行，这样银行存款就由 1 000 镑增加到 2 000 镑，依此类推，银行存款总额还可以继续增加到 3 000 镑、4 000 镑，等等。但是实际存款的货币额只是 A 开头存入的 1 000 镑现金，而且它加入了外部流转，所以银行存款也有一部分是虚拟资本。在银行的全部存款中，除了为应付存户日常提款而必须保留的一部分准备金外，其余存款都只不过是对银行家的一种贷款。在这里存款起着双重作用：一方面，银行家把存款当作生息资本贷放出去，它并不保留在银行的金库里；另一方面，存款以支票形式用在银行之间的业务结算上，这种存款在银行账簿上起着转账和核算作用。在上述两种情况下，银行的存款都只是在账面项目上发生作用，而不是真正保存在银行那里。

第三十六章　资本主义以前的状态

前面的章节考察了资本主义制度中的生息资本即银行资本。银行的雏形虽然在封建社会出现，但近代银行的产生是在西方进入资本主义时期的 16 世纪。1580 年意大利的威尼斯建立了近代银行，但生息资本早于银行资本而存在了几千年，远在奴隶社会和封建社会就存在和发展了生息资本。这种生息资本一般采取高利贷资本的形式。马克思把高利贷资本称作“古老形式的生息资本”。它“出现在极不相同的经济社会形态中”[671]。即使在资本主义社会，固然银行资本是生息资本的基本形式，但不排除个别和特殊情况下高利贷资本的存在。

高利贷资本产生的条件和特征

一切生息资本都是货币资本，因而作为生息资本古老形式的高利贷资本产生的条件，应是“至少已经有一部分产品转化为商品，同时随着商品买卖的发展，货币已经在它的各种不同的职能上得到发展”[671]。就是说，商品货币关系的产生和一定程度的发展，是高利贷资本产生的前提条件。

高利贷资本的特征表现为两个方面：其一是放贷的对象与银行资本不同；其二是利息的高低也与银行资本有别。资本主义银行资本的放贷对象，主要是职能资本家即工业和商业资本家。而高利贷资本的放贷对象主要是两种人：一种是那些大肆挥霍的显贵，主要是地主；另一种是小生产者，包括手工业者，但主要是农民。

从利息的高低来看，银行资本进行货币资本贷放而获取的利息，只是产业和商业部门转移过来的剩余价值的一部分，而高利贷者的利息则是占有全部剩余价值。高利贷的盘剥可以使受贷者破产。

在现代信用制度下的高利贷资本

在现代信用制度下，银行资本和正常的利息占主体地位，但不排除高利贷资本的存在。即使在资本主义生产发达的国家，高利贷资本“摆脱了一切旧的立法对它的限制”［678］，也会以不同的形式存在。对于那些不能从正规途径以正常利息获得贷款的个人或阶级来说，“生息资本都保持高利贷资本的形式”［678］，如当铺的借贷，对小农民和手工业者的借贷，对某些贪图享乐、挥霍浪费的富人的借贷，对某些经营规模很小、接近于自食其力的生产者的资本主义生产者的借贷等。总之，在现代社会，高利贷资本作为生息资本的补充形式和次要形式继续发挥着作用。

第六篇

超额利润转化为地租

第三十七章　导　论

前面的各篇章研究了工业资本、商业资本、生息资本和这些资本获得平均利润的来源及其相互关系问题。从本篇起进入对农业资本家、土地所有者、农业工人的关系和地租问题的研究。本章论述了资本主义地租所体现的特殊阶级关系及其实质，指出了在分析资本主义地租时应当避免的三个错误。

资本主义地租形成的前提和实质

资本主义地租与以往的地租不同，它以资本主义生产方式已经支配农业为前提。在农业中，资本主义生产方式的前提是：从事实际耕作活动的是农业雇佣工人，他们不仅不占有土地，而且不占有任何生产资料，他们同工业中的工人一样，完全靠出卖劳动力取得工资来维持生活。从事农业经营的是租地农场主，即农业资本家。他们把资本投入到农业这个特殊生产部门，以获得剩余价值。但他们自己也不是土地的所有者，而是向土地所有者租来土地，组织经营。农业资本家为了取得对土地的经营使用权，必须在一定的时期内，按契约规定，支付给土地所有者一定量的货币额，作为取得土地使用权的报酬。这个货币额，不论为租用耕地而支付，还是为租用建筑地段、矿山、渔场、森林等而支付，都称为地租。可见，资本主义地租是土地所有权在经济上借以实现的增殖价值的形式。在这里，我们可以清楚地看出，资本主义地租反映着资本主义农业中土地所有者、农业资本家、农业雇佣工人这三者之间的生产关系。这是构成资本主义农业生产过程的骨架的三个并存而又互相对立的阶级。就是说，这三个阶级是统一于资本主义生产关系内的，但同时它们之间又存在着直接的利益对立。农业雇佣工人是受剥削的，他们所创造的剩余价值的一部分作为平均利润被农业资本家占有，另一部分是超额利润，作为地租而被土地所有者占有。所以农业资本家、土地所有者和农业雇佣工人之间的关系，是剥削者与被剥削者的对立。农业资本家和土地所有者虽然在对农业雇佣工人的剥削上是一致的，但他们之间也存在着利益的对立，这种利益对立具体表现在对剩余价值的分割上，是共同瓜分剥削果实而产生的对立，是剥削阶级的内部对立。所有这些，就是资本主义地租所反映的农业中的资本主义生产关系，也表明了资本主义地租的实质。

不能把地租同土地资本利息混同起来

农业资本家在租用了土地所有者的土地后，为了在经营中获得较多的利润，必然要向土地投入一定的资本。这些投入土地的资本，有的在比较短的时期内就能够收回，如施肥、化学性质的改良等；有的则在比较长的时期才能收回，如修建排水渠、建设灌溉工程、平整土地、建造建筑物等等。这种投入土地、固定在土地上并和土地合并的资本，就是土地资本，它属于固定资本的范畴。所有由农业资本家投入土地的土地资本，在一般情况下，不仅要由农业资本家按期收回，而且要由农业资本家逐步取得利息。例如，农业资本家因改良土地而增加的收益，就可以看成是土地资本的利息。但是这种土地资本的利息，也可能变成农业资本家支付给土地所有者的地租的一部分，被土地所有者占有，因为土地资本一经投入土地就会与土地合并而不再分离，当租约期满以后，它对土地所起到的各种改良作用就和土地一起，都成为土地所有者的财产。当签订新的租约时，不管是这块土地继续租给原来的农业资本家，还是租给另一个农业资本家，土地所有者都会因为该土地已经经过改良而要提高地租。即使土地所有者在出卖这块土地时，也要据此提高地价。这就是说，在这里，由农业资本家对土地投资的土地资本而产生的利息，在租约期满后，就会通过增加地租而滚入土地所有者的钱袋中。所以在制定租约的期限时，农业资本家要求尽量延长租期，而土地所有者则要求尽可能地缩短租期，他们为了争夺这部分利息而进行着斗争。这种情况，既是地租和地价随着资本主义经济的发展而不断上涨的秘密之一，也是农业资本家因在租期内不能收回全部投资而不愿进行长期投资从而阻碍农业发展的原因之一。但是，这种可能被土地所有者攫取的土地资本的利息，虽然在实际上是以地租的形式出现的，然而却并不构成真正的地租，因为真正的地租是为了使用土地本身而支付的，即单纯由于土地所有权而产生的。农业资本家为了取得土地的经营使用权，不管这种土地是已开垦的，还是尚未开垦的，都要把一定量的货币作为地租而付给土地所有者，这种由对土地的使用而付出的货币，就构成了真正的地租。很显然，农业资本家付给土地所有者的那部分由土地资本产生的利息，虽然也采取了地租的形式，但却和由土地所有权而产生的真正地租完全不同。因此，绝不能把真正的地租和由土地资本带来的利息混为一谈。

避免把不同社会的地租形式混为一谈

在研究资本主义地租时，有三个妨碍分析地租的主要错误应当避免。第一，避免把不同社会的地租形式混为一谈。不同社会里的不同地租有一个共同点，即都是以土地所有权，即以某些个人对某些地块的所有权作为前提。在历史上曾经出现过几种土地所有权，如原始公社瓦解时期的以氏族军事领袖个人为代表的土地所有权、奴隶主的土地所有权、封建地主的土地所有权、个体农民的土地所有权，以及资本主义农业中土地所有者的土地所有权。地租作为凭借土地所有权而取得的收入，是土地所有权在经济上的实现。这是不同社会的不同地租的共同性。人们在研究地租时，往往只注意不同社会里地租的共同性，而不注意研究不同社会里地租的差异性。研究资本主义地租，就是要着重研究它的特殊性，从而揭示资本主义农业生产的实质，揭示资本主义地租和以往社会的地租的区别。因此，不能把资本主义地租和以往社会的地租混为一谈。

避免用剩余价值和利润存在的一般条件来说明地租

第二，避免用剩余价值和利润存在的一般条件来说明地租。固然资本主义的一切地租都是剩余价值，但不能认为只要把剩余价值和利润存在的一般条件解释清楚了，也就把资本主义的地租解释清楚了，因为剩余价值和利润存在的一般条件不同于地租的存在条件。前者存在的一般条件是：

首先，从生产方面看，直接生产者要提供剩余劳动。主观条件是，生产者的劳动时间，必须超过再生产他们自己的劳动力，即再生产他们本身所必需的时间；客观条件是，生产者也能够完成剩余劳动；自然条件是，生产者不必把全部劳动时间用来生产自己所消费的必要生活资料，因而可以把一部分时间作为剩余劳动时间，用来生产剩余产品。要实现上述条件，必须有三方面的保证。一方面，必须具备一定的物质条件，自然生产力能够提供一定的劳动对象和原料，以便劳动者在工作内的一部分即必要劳动时间内生产出他的必要的生活消费品。如果自然条件贫瘠，不能提供这种条件，那么劳动者就要把全部劳动时间作为必要劳动时间，因而剩余劳动就不可能存在，剩余价值也就无从产生了。所以，自然的肥力在这里是一个界限，一个出发点，一个基础。另一方面，社会生产力也需要发展到一定水平，使劳动者能够提供剩余劳动时间。在原始社会初、中期，由于科学文化未发展、劳动技能低下、生产工具简单，劳动者只能依靠采集和狩猎维持生活，当然不可能提供一定量的剩余劳动。随着社会生产力的发展、科学技术和生产工具的改进，劳动生产力提高了，人们才能在全部劳动时间内划分出剩余劳动时间来。在资本主义制度下，剩余劳动就形成了剩余价值。因此，社会生产力的发展，是剩余劳动及剩余价值形成的又一个界限、出发点、基础。第三方面，农业劳动要有足够的生产率，因为食物的生产，是生产者赖以生存和一切生产得以发展的首要条件。只有农业劳动生产率提高了，才能使可供支配的劳动时间不至于全部被生产者用于食物生产，才能使农业劳动能够生产出不断增加的剩余产品，为整个社会提供必要的食物，使农业内部的分工，农业和工业的分工，乃至整个社会内部的分工成为可能，从而不仅使农业，而且使工业也能提供剩余劳动，创造剩余价值。由此可见，从生产方面看，生产者提供剩余劳动，是剩余价值生产的一般条件，而为了使生产者能够提供剩余劳动，自然条件、社会生产力和农业劳动生产率都必须达到一定的程度。

其次，从交换方面看，商品只有按价值出售，才能实现其所包含的剩余价值和利润。从个别生产者来说，他生产商品是为了出卖，只有实现了使用价值，才能同时实现其价值。但社会上对他生产的商品的使用价值是否需要，是个大问题。如果需要，商品就能够卖出去，使用价值和价值就都能实现；如果不需要，商品就卖不出去，使用价值和价值就都不能实现。由此可见，商品生产者要实现商品所包含的价值，就不仅要在每个商品上只使用社会必要劳动时间，即在现有的社会正常的生产条件下，在社会平均的劳动熟练程度和劳动强度下生产某种商品所需要的劳动时间，而且要使自己生产某种商品所耗费的总劳动时间，符合社会总劳动时间在不同部门的分配比例的要求。就是说，社会生产是依照一定的分工来进行的。如果社会上需要购买某种商品 3 万个，就应相应地生产某种商品 3 万个。如果有支付能力的要求小，但却生产多了，那么某种商品就会有一部分卖不出去，这部分商品中的价值就不能实现，因而体现在这部分商品中的社会必要劳动时间也就不能实现。同样，体现在这些商品中的由剩余劳动时间所创造的剩余价值也不能实现。所以，就整个社会而言，只有根据不同的分工情况，把劳动按比例分配在各个不同的生产部门，才能使价值和使用价值得到实现。在这里，社会需要，即社会规模的使用价值，对于社会总劳动时间在各个不同的生产部门的分配具有决定的意义。但这不过是在单个商品上表现出来的同一规律的进一步发展的表现：商品的使用价值是它的交换价值的前提，从而也是它的价值的前提。因此，只有当全部产品是按社会需要的比例进行生产时，它们才能卖出去。为了满足社会需要，只有这样多的劳动时间才是必要的。社会在一定的生产条件下，只能把它的总劳动时间中这样多的劳动时间用在这样一种产品上，这里的界限是通过使用价值表现出来的。马克思在这里虽然讲的是剩余价值的实现条件，却同时论述了价值规律和社会生产按比例发展规律的关系。这对于社会主义制度下实现计划调节、按比例分配社会劳动、充分发挥价值规律和市场机制的作用，有着极其重要的指导意义。

只要具备了上述生产方面和流通方面的条件，剩余价值和利润就会被生产出来，并得到实现。但这个条件只能说明剩余价值和利润存在的一般条件，并不能说明地租的存在条件，因为地租只是剩余价值的一部分，它具有与一般剩余价值不同的特殊性。要分析地租的存在条件，除了分析一般剩余价值存在的条件外，还要分析地租的特殊条件，因为如果只用剩余价值的一般条件来说明地租的条件，用一般性说明特殊性，无论如何是说不清楚的。

避免把商品生产基础上共有的现象当作地租的特征

第三，避免把商品生产基础上共有的现象当作地租的特征。在资本主义经济发展过程中，地租的量不是由土地所有者的个人意志决定的，而是由他没有参加并和他无关的社会劳动的发展决定的。这就是说，随着劳动的发展，劳动经验得到积累，劳动技能有了增进，劳动生产率进一步提高，使人们在一定时间内或在一定的土地上所生产的农产品量增加了，从而使剩余价值和剩余价值中转化为超额利润的那部分的量扩大了。这就引起了地租量的增加。正是由于地租量的增加不能由土地所有者的个人意志决定，而是由社会劳动的发展和生产率的提高决定，所以人们就很容易产生一个错觉，即把资本主义商品生产基础的共有现象，当作地租的特征来理解。

其实，资本主义商品生产基础的共有现象，不能当作地租的特征，它们是有区别的。在资本主义经济的发展过程中，由于生产社会化水平的提高，非农业人口不仅相对地而且绝对地增多了，这就引起了两方面的结果：一方面，增加了对生活消费品的需要，从而增加了对农产品的需要，使市场上对农产品的需求增大；另一方面，增加了对土地本身的直接要求，因为非农业部门人口的增加使非农业部门增多了，需要占用更多的土地作为生产活动基地，土地对一切部门来说，都是生产竞争的条件。正是由于市场上对农副产品的需求增加，社会上对土地的需求增加，所以引起了地租的增加和土地价格上涨。这种情况只是说明市场供求的变动会引起商品价格的变动，价格的变动会引起生产量的变化。这是资本主义商品生产的共同特征，资本主义的任何商品部门和产品都是如此：市场对商品的供求情况的变动，会引起该商品生产量的增加或减少。因此，由农产品需求的增加和土地需求的增加所引起的地租和土地价格的增大，既不是农产品生产所固有的特征，也不是土地所有者所处的地位的特征，当然也就不是地租的特征。

地租的特征

什么是土地所有者所处的地位的特征和地租的特征呢？在资本主义商品生产的基础上，地租才能作为货币地租发展起来，并且按照农业生产变为商品生产的程度来发展。当农业中的商品和价值的生产随着资本主义生产发展时，剩余价值和剩余产品的生产也相应地发展，因而土地所有者依靠自己对土地的垄断权，从这个剩余价值中越来越多地攫取它的不断增大的部分，从而提高地租和土地本身的价格。在这个过程中，农业资本家是直接从事农业生产的经营者，是农业雇佣工人和土地所有者之间的当事人；而土地所有者则是不参加任何经营活动、只坐享其成、收取地租的寄生者。而且随着剩余价值的增长，地租也不断增长，土地所有者坐享剩余产品和剩余价值中一个不断增大的份额，这就是土地所有者所处的地位的特征。由此可以看出，资本主义地租的特征是：随着农产品和剩余价值的发展，土地所有者的权利也就发展起来，他们可以从自己不参加创造的价值中占有一个日益增大的部分，就是说，使剩余价值中一个日益增大的部分转化为地租。后面的章节中将会阐明，地租是平均利润以上的超额利润的转化形式。可见，地租的特征在于土地所有权的垄断，只有紧紧抓住资本主义土地所有权，才能把握资本主义地租的特征。或者说，由于土地所有者掌握着对土地的垄断权，所以他们能够在农产品商品化和剩余价值增加的过程中，依据土地所有权而不断提高地租，不断从剩余价值中攫取一个日益增大的份额——超额利润。

另一种意义的社会必要劳动时间与价值的关系

马克思在本章中提出了另一种意义的社会必要劳动时间与价值的关系问题。在社会分工条件下，每个部门生产一种特殊产品，这是“满足社会对特殊物品的一种特殊需要所必要的劳动。如果这种分工是合乎比例的，那么，不同类产品就按照它们的价值……出售……不仅在每个商品上只使用必要的劳动时间，而且在社会总劳动时间中，也只把必要的比例量使用在不同类的商品上。这是因为条件仍然是使用价值”[716]。如果生产比例破坏了，总产品超过社会总需要，那么，“商品的价值，从而使其中包含的剩余价值不能实现”[717]。“只有当全部产品是按必要的比例生产时，它们才能卖出去。社会劳动时间可分别用在各个特殊生产领域的份额的这个数量界限，不过是价值规律本身进一步展开的表现，虽然必要劳动时间在这里包含着另一种意义。”[717]

对马克思的这一新的论述，学界存在理解上的分歧。有人主张应是第二种意义的必要劳动时间决定商品价值；有的主张两种意义的必要劳动时间共同决定价值，我们认为这种理解不符合原意。如果总产品过多，超过市场总需要，价值和剩余价值就不能全部实现。就是说，第二种意义的必要劳动时间涉及价值实现问题，而不是价值决定问题。从马克思的上述说明中可以看出：如果分工符合比例，就按价值出售；如果产品超过需要，部分价值就不能实现。

第三十八章　级差地租：概论

本章是对级差地租的一个总的概括说明。要回答这样的问题：租地农场主的利润的一部分怎么能够转化为地租，因而商品价格的一部分怎么能够落到土地所有者手中？

级差地租与被垄断的自然力相联系

级差地租是由农业工人创造的超额利润转化来的。在工业部门的资本主义生产中也会产生超额利润。利用先进技术和新的生产方式的企业，领先于部门的平均生产条件，会产生超额利润（超额剩余价值），但该企业不能垄断这种先进生产条件。当通过竞争，别的企业也赶上来，先进条件成为平均条件时，超额利润就会消失。不同工业部门之间，由于资本有机构成高低不同和资本周转快慢的差别，也会产生不同部门利润率高低的差别。但资本的竞争会将这种利润的差别大体上拉平，形成平均利润率。《资本论》中的一段话，初学者可能不易看懂，其实就是要说明上面所讲的内容。这段话是：在工业部门“超额利润来源于资本本身（包括它所推动的劳动）：或者是所用资本的量的差别，或者是这种资本的更适当的应用。本来没有什么事情会妨碍同一生产部门的全部资本按同样的方式来使用。相反地，资本之间的竞争，使这种差别越来越趋于平衡”[726]。这说明了工业部门的超额利润不会被永久独占，竞争会使其趋于平衡。

而农业中的情况不同，农业中的土地特别是优等地是有限的。这种有利的自然条件不能人为地仿造出来，因而会被垄断。优等土地的超额利润就不能依靠竞争趋于平衡，而是会经常存在。马克思为说明这个道理，举了个瀑布的例子：利用瀑布进行生产的工厂主的超额利润，“来自和一种自然力的利用结合在一起的劳动的较大的自然生产力，但这种自然力不像蒸汽的压力那样，在同一生产部门可供一切资本自由支配……这种自然力是一种可以垄断的自然力”[726]。较优等土地产出超额利润，与利用瀑布产生超额利润是一样的道理：第一，这种有利的自然条件是有限的；第二，这种可以提高劳动的自然生产力的有限的自然资源被垄断，就会产出持久的超额利润。对自然力的垄断分两种：经营垄断和所有权垄断。租地农场主租种优等土地，会形成经营垄断。增加投资、提高劳动生产力，可以获得超额利润，而土地所有者靠所有权的垄断，会使农业超额利润转化为级差地租归自己占有。

对级差地租的几点说明

第一，由利用有利自然力形成超额利润而转化的地租，是级差地租，因为土地的好坏有多种不同的等级，超额利润也有多种级差。这种超额利润是利用被垄断的自然力的个别资本的个别生产价格和部门社会生产价格之间的差额。

第二，这种级差地租，不是源于所用资本的劳动生产力的绝对提高，而是源于利用了有利的自然条件的资本与没有利用这种条件的资本相比，具有了相对较高的生产率。如果土地的自然条件相同，没有好坏的差别，就不会产生超额利润和级差地租。

第三，自然力不是超额利润的源泉，只是超额利润的一种自然基础。它是特别高的劳动生产力的自然基础，超额利润来源于农业工人创造的超额剩余价值。如果没有这种有利的自然力，就不会产生超额利润，所以它是超额利润的“自然基础”。

以上说明了级差地租的一般概念，下面的章节将进而考察农业中具体的级差地租。

第三十九章　级差地租的第一形式（级差地租Ⅰ）

资本主义地租分级差地租和绝对地租。级差地租又分级差地租第一形式（级差地租Ⅰ）和级差地租第二形式（级差地租Ⅱ）。本章先考察级差地租Ⅰ的有关问题，包括：资本主义农业中级差地租Ⅰ的形成机制及其条件；肥力不同的土地进入耕作的顺序问题；劣等地产品的个别生产价格调节农产品的市场价格；级差地租的源泉是农业劳动者创造的剩余价值等。

级差地租Ⅰ同等量资本投在等面积的各级土地上所产生的不同结果相联系。如果所考察的各级土地面积不等，可以转化成同样大的土地面积进行计算。

级差地租Ⅰ形成的条件

级差地租Ⅰ形成的条件有二：一是土地的肥力不同；二是土地的有利位置不同。

土地肥力，是指土地的肥沃程度。肥力不同的土地，在其他条件相同的情况下，产量高低差别很大。土地的位置条件主要是指土地距离市场的远近。它会直接影响土地产品的运输费用，从而影响产品的个别生产价格。关于土地的位置，需要明确如下几点：首先，它对殖民地来说是一个决定性的因素，一般来说，人们是按先近后远的顺序开发和耕种各级土地的。其次，土地肥力和位置可以发生相反的作用。一块土地可能位置很好，但肥力很差；另一块土地可能肥力很好，但位置很差。这种情况说明了为什么有的国家先开垦较好的土地，然后再转到较坏的土地，而有的国家却是先开垦肥力较差的土地，然后再转到较好的土地，土地位置在这里起了重要作用。最后，社会生产的进步从两方面影响土地位置：一方面由于它创造出地方市场，又创造出新的交通运输工具，使某些土地位置变得有利，所以它对形成级差地租的土地位置会发生拉平的作用；另一方面，由于社会生产的发展使农业和工业分离，形成大的工业生产中心，使农村相对孤立，从而使某些土地距离工业生产中心和中心市场远近不同，扩大了土地的地理位置的差别。

讲土地肥力，首先是土地的自然肥力。撇开气候等要素不说，自然肥力的差别，是由表层土壤的化学结构的差别，也就是由表层土壤所含植物养分的差别形成的。但是，有相等的自然肥力的两块土地，会产生不同的现实的有效的肥力，原因正是自然肥力被利用程度的差别。在自然肥力相同的各块土地上，同样的自然肥力能被利用到什么程度，一方面取决于农业化学的发展，另一方面取决于农业机械的发展。例如，人们借助农业化学和农业机械对土地进行改良，可以提高土地肥力。因此，肥力虽然是土地的客观属性，但从经济学方面说，它总是同农业化学和农业机械的现有发展水平有关，并随着这种发展水平的变化而变化。

因此，在说明级差地租Ⅰ时，首先要从农业处于一定的发展阶段出发，而土地的等级是以这个发展阶段为基础来评定的，对同时在不同土地上进行的各个投资来说，情况也是这样。因此，虽然土地肥力会随着农业化学和农业机械发展水平的变化而变化，但在某一发展阶段上，土地的优劣等级是既定的。这时，级差地租既可以用一个由劣等地到优等地的上升序列来表示，也可以用由优等地到劣等地的下降序列来表示。

级差地租Ⅰ的形成

假定有A、B、C、D四级土地都生产小麦，其中A为最坏土地。每夸特小麦价格＝60先令。每块土地投资50先令，产量不等。现列表说明级差地租Ⅰ的形成：

土地等级	产量		预付资本	利润		地租	
	夸特	先令		夸特	先令	夸特	先令
A	1	60	50	$\frac{1}{6}$	10	—	—
B	2	120	50	$1\frac{1}{6}$	70	1	60
C	3	180	50	$2\frac{1}{6}$	130	2	120
D	4	240	50	$3\frac{1}{6}$	190	3	180
合计	10	600	—	—	—	6	360

根据图表的假定，各级土地的产量和利润如下：

A级土地由50先令投资，生产了1夸特小麦＝60先令，利润为10先令。

B级土地由50先令投资，生产了2夸特小麦＝120先令，利润为70先令。

C级土地由50先令投资，生产了3夸特小麦＝180先令，利润为130先令。

D级土地由50先令投资，生产了4夸特小麦＝240先令，利润为190先令。

A是最坏土地，该土地产品的个别生产价格调节社会生产价格，该土地产品的利润（10先令，或20%）为平均利润。这样，B、C、D各级土地的级差地租Ⅰ，便是各级土地的利润超过平均利润的超额利润，也可以说，是农产品的个别生产价格和社会生产价格的差额。因此，

D级土地的地租＝190先令－10先令＝180先令。

C级土地的地租＝130先令－10先令＝120先令。

B级土地的地租＝70先令－10先令＝60先令。

总地租＝360先令，等于D和A、C和A、B和A之间利润差额的总和。

关于级差地租Ⅰ的几点结论

根据以上关于级差地租Ⅰ形成过程的分析，可以得出如下结论：

（1）因为人们在考察地租时，总是从提供最高地租的土地出发，最后才谈到不提供地租的土地，因此耕种土地的序列在完成时，总好像是一个由优等地到劣等地的下降序列。如果考察序列的实际形成过程，情况不完全是这样。

（2）假定市场价格和生产价格一致，不提供地租的最坏土地的个别生产价格，总是对市场价格起调节作用。上述级差地租Ⅰ形成的图表是由劣等地A到优等地D的上升序列。在这里，A级土地仍保持调节作用是由于其他较好土地的产量满足不了需求，以致A级土地不能退出耕种。如果B、C、D的产量能够满足需求，A便退出耕种，失去调节作用。这时B就是最坏土地，B的个别生产价格便成为起调节作用的市场价格。

（3）撇开土地的位置不说，级差地租是由农业发展各个阶段的土地肥力的差别而产生的。就是说，在最好土地面积有限的条件下，为满足需求，需要向各级土地投资，等量资本投在同等面积的优劣不同的各级土地上有不同的产量，便形成级差地租Ⅰ。

（4）级差地租的分等情况，可以按下降的耕种序列，即由较好土地到较坏土地的序列产生；也可以反过来，按上升的耕种序列，即由较坏土地到较好土地的序列产生；还可以按两个方向相互交叉的序列产生。

（5）按照级差地租的形成方式，级差地租在土地产品价格不变、上涨和下降时都可以形成。因为只要耕种的土地等级不同，无论土地产品价格如何变化，它都是由劣等地的生产价格调节的，耕种不同等级的较优等地都能获得超额利润，从而形成级差地租。

第四十章　级差地租的第二形式（级差地租Ⅱ）

上一章考察了级差地租Ⅰ，现在进一步考察级差地租Ⅱ。级差地租Ⅱ是相继投在同一块土地上的各个等量资本，因生产率不同而形成的级差地租的形式。

级差地租Ⅱ的形成

前一章分析的级差地租Ⅰ是投在面积相等而肥力不同的土地上的等量资本所具有的不同生产率的结果。所以，级差地租Ⅰ是由投在最坏土地上的资本的收益和投在较好土地上的资本的收益之间的差额决定的。在那里，我们假定若干资本同时投在不同地块上，所以，每投入一笔新的资本，耕种的土地面积便相应扩大。但是，级差地租既然实质上是投在土地上的等量资本所具有的不同生产率的结果，那么，等量的各个资本，无论是同时投在不同的地块上，还是相继投在同一地块上，只要生产率不同，都会形成级差地租。现在需要研究级差地租Ⅱ的形成与级差地租Ⅰ的形成有无差别。我们可以循着超额利润（级差地租的实体）的形成和超额利润转化为地租两个阶段展开分析。

首先，就超额利润的形成来说，虽然两种形式形成的方法不同——一个是资本并列地投在不同地块上的结果，一个是资本相继地投在同一地块的结果——但它们都是所投资本具有不同生产率的结果。在这方面，两种场合毫无差别。例如，在级差地租Ⅰ的场合，10 镑资本分成 4 份，每份 $2\frac{1}{2}$镑，分别投在 A、B、C、D 四块土地上，四块土地的生产率不同：A 地生产 1 夸特，利润为$\frac{1}{2}$镑，B 地生产 2 夸特，利润为 $3\frac{1}{2}$镑，C 地生产 3 夸特，利润为 $6\frac{1}{2}$镑，D 地生产 4 夸特，利润为 $9\frac{1}{2}$镑。由于 A 级土地生产率最低，它的产品的个别生产价格 3 镑（$2\frac{1}{2}$镑资本＋$\frac{1}{2}$镑利润）是起调节作用的价格，它也只能得到平均利润$\frac{1}{2}$镑。而 B、C、D 则分别得到超额利润 3 镑、6 镑、9 镑。现在，如果撇开级差地租Ⅰ的存在，独立地考察级差地租Ⅱ的形成，那么，在这一场合，同样 10 镑资本每次以 $2\frac{1}{2}$镑相继投在同一块土地上会产生一样的结果：分别获得利润$\frac{1}{2}$镑、$3\frac{1}{2}$镑、$6\frac{1}{2}$镑、$9\frac{1}{2}$镑；除利润为$\frac{1}{2}$镑不会获得超额利润外，其他依次分别得到超额利润 3 镑、6 镑、9 镑。由此可见，等量投资，不管它们是同时投在肥力不同的四块土地上，还是相继投在同一块土地上，由于生产率不同，其中生产率最低的一部分投资不会提供超额利润，而其他投资部分则会按照各自的收益同生产率最低的投资收益之间的差额，提供超额利润。因此，农业资本的超额利润，在级差地租Ⅰ和级差地租Ⅱ两种场合，都是按同样的方式形成的。

不能机械地理解级差地租Ⅱ的相继投资。有的农业生产一年只收获一次，不可能分别相继投资四次，收获四次。实际上是这样假定的：如只投资 $2\frac{1}{2}$镑，生产 1 夸特。如改进生产方法，一次投资 5 镑（两个 $2\frac{1}{2}$），可产出 3 夸特；如进一步采用先进技术，提高农业劳动生产率，投资 $7\frac{1}{2}$镑，产出 6 夸特；如再提高农业生产率，投资 10 镑，产出 10 夸特。计算投入产出时可以分别按依次相继投资四次来测算，是一种假设的依次相继投资与产出比较的计算方法。

其次，就超额利润转化为地租的过程来说，级差地租Ⅱ与级差地租Ⅰ有差别。超额利润转化为地租，意味着超额利润从农业资本家即租地农场主手里转到土地所有者手里。在级差地租Ⅰ的场合，由于不同地块的肥力差别比较容易确定，土地所有者在出租土地时就据此确定了地租的大小，所以超额利润转化为级差地租Ⅰ是没有什么困难的。而在级差地租Ⅱ的场合，超额利润转化为级差地租Ⅱ会遇到困难。地租是在土地出租时确定的，地租确定后，在租约有效期间，租地农场主对土地相继投资所带来的超额利润不会作为级差地租交给土地所有者，而是流入租地农场主自己的腰包。正因为如此，租地农场主和土地所有者围绕租期的长短问题展开了激烈的斗争。租地农场主力争签订长期租约，土地所有者则凭着他们的优势力量，尽可能缩短租约的期限。这就会促使租地农场主为了在租约有效期内最大限度地赚取投资收益而掠夺地力，造成土地的贫瘠。

因此，具有不同生产率的各个等量资本，不管是同时投在同样大的各块土地上，还是相继投在同一块土地上，都不会影响超额利润的形成规律。但是形成超额利润的不同方法，对于超额利润转化为地租具有重大的影响。级差地租Ⅱ形成的方法会把这种转化限制在更狭小且更不稳定的界限内。

级差地租Ⅱ的形成与农业耕作集约化相联系。耕作集约化是指资本集中在同一土地上，而不是分散在若干毗连的土地上。级差地租Ⅱ的形成会产生两方面影响。一是影响地租的评定。如果土地改良的效果比较持久，那么，在租约满前，级差地租由租地农场主占有，而租约期满后，因增加投资而增进的土地肥力，就会和土地的自然肥力结合在一起，作为土地所有者重新出租土地时规定地租的标准。二是推动集约化耕作的继续扩大。超额利润的形成与土地投资量的多少相联系，而一定量的土地投资产生的地租额，会加到一国的平均地租（单位耕地的地租量）中去，因此也就要求新的租地农场主掌握足够的资本，以便按同样集约化的方法来继续进行耕种，否则难以取得同额的超额利润以支付级差地租Ⅱ。

级差地租Ⅱ与级差地租Ⅰ的联系

前面考察级差地租Ⅱ时，撇开了它同级差地租Ⅰ的关系，在现实经济生活中，两者是密切联系着的。现在就来考察这种联系：

第一，级差地租Ⅱ的基础和出发点是级差地租Ⅰ。这可以从两个方面来说明：

首先，从历史来看，在资本主义以前的各种生产方式下，农业主要是粗放经营。在资本主义发展的初期，由于资本积累还不多，可耕的荒地还比较多，资本也还是以粗放的方法投在较大的土地面积上，因此这个时候的级差地租主要采取第一种形式。随着资本主义的发展，土地都被占用，耕种已经发达到一定水平，而农产品的生产又满足不了日益增长的社会需要，这时，增加资本投入成为土地耕作上的决定要素，集约化经营便成为农业经营的主要方式，级差地租的第二种形式也就发展起来。可见级差地租Ⅰ是级差地租Ⅱ的历史出发点。

其次，从级差地租Ⅱ一定时期的运动来看，级差地租Ⅱ的运动以级差地租Ⅰ的存在为既定前提。就是说，当在一定的土地上进行连续投资时，已经存在这样的事实：不同肥力的各级土地同时被耕种，农产品的市场价格由劣等地的个别生产价格调节。同一块土地上各次投资的不同生产率，需与劣等地的投资生产率相比较，只有追加投资的生产率比劣等地高时才提供级差地租Ⅱ。因此，级差地租Ⅱ的运动都要以级差地租Ⅰ为基础。

第二，在级差地租Ⅱ上，除了肥力的差别外，还有租地农场主掌握的资本量的差别。这种资本量，既包括自有资本，也包括获得信用的能力。在工业中，每个生产部门都有特有的最低限度的经营范围和与此相适应的最低限度的资本量，达不到资本的这种最低量，任何一种经营都不能顺利进行。同时，在每个生产部门又都会形成大多数生产者所必须拥有并且也实际拥有的标准平均资本量。标准平均资本量高于最低限度资本量。标准平均资本量属社会正常的平均的生产条件。因此，达到标准平均资本量的资本能得到平均利润；小于平均资本量的资本，即使是达到了最低限度资本量的资本，也得不到平均利润；只有大于平均资本量的资本才提供超额利润。农业中却不是这样。低于平均水平的劣等地的生产价格是起调节作用的社会生产价格，因此，只要达到最低限度资本量，即使是低于平均资本量的资本，仍能提供平均利润。达到平均资本量的资本可得到超额利润。由于资本主义生产方式只是缓慢地、不平衡地侵入农业，因此除资本主义租地经营以外，还有大量的小农经营，小农缺乏提高劳动生产率的各种客观条件（社会条件和物质条件），他们在小块土地上的劳动耗费很高，劳动生产率大大低于平均资本量的水平，这种情况使资本主义租地农场主包括只达到最低限度资本量的农场主都能够占有超额利润。如果资本主义生产方式在农业中平衡地发展，这种情况就不会发生。

最后要强调指出，级差地租Ⅱ只是级差地租Ⅰ的不同表现，而实质上二者是一致的。肥力的差别使投在土地上的各个等量资本产生出不同的结果——不同的产量。不论这种不同的结果是相继投在同一块土地上的各个资本产生的，还是投在好几块等级不同的土地上的各个资本产生的，在投资相等时，土地仍然显示出不同的肥力。就是说，它不但影响并列地投在各级土地上的资本的生产率差别，也影响相继地投在同一块土地上的多次资本的生产率差别。相继投资于同一土地，一般会选择优等地。在肥沃程度不同的土地上相继投资，其产生的结果也是不同的。因此，一个资本的不同部分相继投在同一土地上所产生的结果，与社会资本各个相等部分投在各级土地上所产生的结果没有什么差别。这也表明，级差地租Ⅱ是以级差地租Ⅰ为前提和基础的。

第四十五章　绝对地租

由于土地私有权的存在，农业资本家即租地农场主不仅要缴纳级差地租，而且要缴纳绝对地租。绝对地租是不管土地的肥力差别和位置差别，也不管投资于土地的劳动生产力的差别，租地农场主都必须缴纳的地租，是即使租种坏地也要缴纳的地租。无论土地好坏，相同面积的土地，需交纳同等的绝对地租。

绝对地租产生的原因

在分析级差地租时，我们是从最坏的土地不支付地租这一前提出发的。根据这一前提，租地农场主在劣等地上投资，仍然具有合乎资本增殖的平均条件，得到平均利润，但不等于说劣等地不需缴地租就可让租地农场主去支配。对土地所有者来说，白白地让农场主不付地租就去耕种自己的土地、获得普通利润并增殖资本，这意味着土地所有权的废除。实际上，土地所有权的存在，正好是对投资的一个限制。不支付地租，资本就不能随意地投在土地上增殖，即便是劣等地。

在级差地租场合，土地所有权的垄断的存在，是级差地租转到土地所有者手中的前提。它决定着由超额利润转化的级差地租，在租期届满时，由租地农场主手中转到土地所有者手中。形成级差地租的这种超额利润的产生，没有土地所有权的作用。至于劣等地的生产价格成为起调节作用的社会生产价格，是由供求规律和竞争规律而不是由土地所有权决定的。

而在绝对地租场合，情况就不同了。在这里，劣等地也必须支付地租，问题正是在于，如果按生产价格出售农产品，投在劣等地上的资本只能提供平均利润，这时如要支付绝对地租，该资本便不能提供平均利润。这意味着资本失去正常的平均的增殖条件，因而资本便不会投向劣等地。而另一方面，劣等地如不支付绝对地租，土地所有者就不会让人白白耕种。解决这个问题的唯一途径是，土地所有权垄断引起价格上涨，使起调节作用的市场价格上涨到足以使劣等地也能获得超额利润，从而形成地租。需要注意：劣等地的地租不是土地产品价格上涨的简单结果，相反地，劣等地必须提供绝对地租才会让人耕种这一事实，却是土地产品价格上涨的原因。就是说，土地私有权的垄断，是使价格上涨，从而使劣等地提供绝对地租的原因。

绝对地租的实体（超额利润）的形成

那么，绝对地租的存在和由此而造成的农产品价格的提高，是否意味着农产品的价格一定高于其价值呢？不是。要知道，使最坏土地也提供地租的土地产品价格，不是普遍意义上的垄断价格。最坏土地支付的地租也不是作为一个和产品价值无关的要素加到产品价格中去。就是说，绝对地租不是土地产品价值以上的加价，它仍然是在市场价格等于价值的情况下产生的。因此我们只能在农产品的价值和生产价格的差额中找到绝对地租实体（超额利润）的存在。

生产价格是价值的转化形式。尽管总价值等于总生产价格，但一个商品的生产价格和它的价值绝不是等同的。一个商品的生产价格可以高于它的价值，也可以低于它的价值，两者相等只是例外。所以，土地产品高于它们的生产价格出售，不等于就是高于它们的价值出售。

一种商品的生产价格和它的价值的关系，取决于该部门的资本有机构成状况。前面的篇章中已经论述过，如果一个生产部门中的资本构成低于社会平均的资本构成，该部门产品的价值必然高于它的生产价格，因为资本构成低于社会平均资本构成意味着，该资本中的可变资本所占的比重，高于社会平均资本中可变资本的比重。这就是说，该资本使用的活劳动量高于社会平均量。所以在剩余价值率相等时，它会生产出更多的价值和剩余价值。但是，在工业中，这种等量资本所获得的不等量剩余价值的差别，会通过利润平均化过程使等量资本得到等量利润。因此，资本有机构成低的部门得到的平均利润，小于该部门生产的剩余价值，因而该部门的商品的生产价格便低于其价值。相反，资本有机构成高于社会平均构成的部门，它所生产的商品的价值，就会低于该商品的生产价格。

在资本主义社会相当长的发展阶段中，农业落后于工业，农业的资本构成低于社会平均资本的构成。撇开造成这种现象的其他经济状况不说，生产技术上的原因是：机械学的发展及其在工业中的应用比较早，而化学、地质学和生理学的发展及其在农业中的应用则比较晚。当然，农业落后于工业，农业的资本构成低于平均构成是相对的。随着农业生产力的发展，农业的有机构成也在不断提高，甚至可以赶上和超过社会的平均资本构成，但这种情况在这里没有必要详加探讨。就理解马克思的地租理论来说，在理论上假定的前提是，农业资本构成低于社会平均资本构成，这也是直到20世纪40年代以前的现实。在此前提下，农产品的价值高于它们的生产价格。这表明，绝对地租是农产品价值超过生产价格以上的超额利润。这种超额利润产生的条件，就是农业资本有机构成低于社会平均资本的构成，其源泉是农业雇佣劳动创造的剩余价值的一部分。

土地私有权的垄断和农产品价格

以上分析指出，绝对地租的实体是农产品的价值超过生产价格的余额。但是，单凭这一点无论如何不足以说明绝对地租的存在，因为在工业中也有这种情况。有些工业品的价值高于它们的生产价格，但不会因此而提供一个超过平均利润的超额利润。原因是在竞争条件下，单个商品不是按照它们的价值出售的，而是按照它们的生产价格出售的。

商品价值转化为生产价格的基本内容是利润平均化，就是说，是通过利润平均化而形成生产价格，全部剩余价值要按各部门预付资本的量的比例来进行分配。这里，价值高于生产价格的部分会加入利润平均化过程，不会形成超额利润。所以，非农业部门的资本的趋势是，只允许同一部门的个别企业其个别生产价格和社会生产价格的差额产生的超额利润存在，因为在充分竞争的条件下，同一部门的商品都要按社会生产价格出售。这样，超额利润不是发生在不同生产部门之间，只能发生在同一部门内部。

商品价值转化为生产价格，从而实现利润平均化的基础，是各部门之间的充分竞争，是资本在部门间无阻碍地自由流动。如果某个生产部门的商品的价值高于生产价格，从而所生产的剩余价值超过平均利润，别的部门的资本就能够没有妨碍和没有任何限制地流入该部门。资本的流进流出最终会把该部门获得的高于平均水平的剩余价值按比例分配于一切部门，使该部门暂时获得的超额利润归于零。但是，如果资本的流动遇到了一种外力的限制，对这种外力资本只能局部地克服或完全不能克服，这种外力限制资本投入价值高于生产价格的部门，从而限制该部门价值超过生产价格的余额参加利润平均化进程，那么，该生产部门便可得到超额利润。农业部门就是这样的部门，土地私有权的垄断便是限制资本自由地投入农业部门的外力。

土地私有权对资本投入农业部门是个障碍。不交地租，就不能对哪怕是从来没有耕种过的土地投入任何新的资本，连劣等地也不例外。在级差地租场合，市场价格只要上涨到使最坏土地的耕种者也得到平均利润就行了。现在因为有了土地私有权的限制，劣等地也必须支付绝对地租，这样，市场价格必须上涨到生产价格以上，这就使耕种劣等地的资本家除了得到平均利润外，还要有余额支付绝对地租。由此可以得出结论：因为有了土地私有权的垄断，农产品的市场价格可以高于它们的生产价格，可以持续上涨到它们的价值界限。这里也进一步表明，农产品价格昂贵不是地租的原因，相反地，绝对地租的存在才是产品价格昂贵的原因。要不是劣等地也要支付地租，农产品价格也不至于上涨到生产价格之上。如果最坏土地单位面积产品的价格＝P(生产价格)＋r(绝对地租)，P＋r就成为起调节作用的市场价格，这时优等地和中等地的级差地租也会按r的相应倍数增加。我们以第三十九章中关于级差地租Ⅰ形成的图表为例说明这一点。在那里A级土地是劣等地，生产1夸特，其生产价格为60先令，它调节着市场价格。投资50先令，平均利润是10先令。B级土地生产了2夸特，利润为70先令，级差地租为60先令。现在A级土地要支付绝对地租，假定为20先令。为保证A仍能得到10先令平均利润，每夸特的市场价格必须为80先令。这时B级土地生产的2夸特按每夸特80先令计算，共为160先令。资本投资50先令，利润为110先令。减去平均利润10先令，再减去B级土地支付的绝对地租20先令，级差地租为80先令，高于没有绝对地租时的级差地租。

绝对地租数量的大小，究竟是等于价值和生产价格的全部差额，还是仅仅等于这个差额的一个或大或小的部分，这不取决于土地所有权，而取决于一般的市场供求状况和新耕种的土地面积。如果市场上农产品供不应求，市场价格不仅会达到它的价值，还可能高于其价值；如果市场上农产品供过于求，市场价格就会降到价值以下，在价值与生产价格之间波动。

在任何情况下，作为农产品价值超过其生产价格部分的绝对地租，实质上是农业剩余价值的一部分，这部分剩余价值作为剩余利润转化为地租，被土地所有者攫取。级差地租也是这样，其实体也是农业工人创造的剩余价值的一部分，或者说也是农业超额利润的一部分。土地所有权使它转化为地租，流入土地所有者手中。

级差地租和绝对地租是唯一正常的两种地租形式。两者都可以从价值和生产价格的形成过程得到说明。除此以外，还有一种地租形式，即以真正的垄断价格为基础的垄断地租，这种垄断价格既不由商品的生产价格决定，也不由商品的价值决定，而是由购买者的需要和支付能力决定。因此，垄断地租的实体是由垄断价格高于商品价值所形成的垄断利润。尽管其实质也是剩余价值的一部分，但它是通过流通，通过价格高于价值，对社会剩余价值的再分配形式。

第四十六章　建筑地段的地租。矿山地租。土地价格

人们在日常生活中讲地租，一般会只理解为租种耕地、生产农产品所交纳的地租。《资本论》中所研究的地租，范围要广泛些。建筑业所用地段，如果是租用，也需支付地租。自然资源的开发，涉及土地的使用，也会产生地租关系。本章主要分析建筑地段地租和矿山地租的有关问题，并论述土地价格、地租与土地所有权的存在和转移问题。

建筑房屋、开采矿山以及养殖鱼类等，都不能离开土地。只要存在土地私有权的垄断，使用这类土地同样必须缴纳地租。在那些自然力能够使运用它的产业资本家获得超额利润的地方，例如，可作为动力的瀑布、富饶的矿山、盛产鱼类的水域、位置有利的建筑地段等，那些因对土地享有垄断权而成为这种自然物所有者的主人，必然要以地租形式，从职能资本家那里把这种超额利润夺走。建筑地段的地租、矿山地租等，都属于非农业用地的地租。在这些土地上，不仅有绝对地租，而且有级差地租。事实上，凡是有地租存在的地方，都有级差地租，并且这种级差地租都遵循着和农业

级差地租相同的规律。

建筑地段的地租

对于建筑地段的地租，斯密早已指出，这种地租的基础和一切非农业土地的地租的基础一样，都是由真正的农业地租调节的。但这种地租除了和农业地租有共同点之外，还有它自己的特征。这些特征是：

第一，土地的位置对级差地租具有决定性的影响。例如，在大城市的市中心区的建筑地段，地租就特别高；郊区建筑用地的地租，比市中心就要低得多。

第二，建筑地段的地租，反映土地所有者只是对社会发展的进步加以利用而无贡献。在这里，土地所有者只是利用对土地所有权的垄断，不断收取高额地租，自己并不直接参与经营活动，不冒任何风险，完全坐享其成。他们的主动性只在于利用社会发展的进步，而对于这种进步，他们并不像产业资本家那样有过什么贡献。土地所有者的寄生性和掠取社会发展成果的残酷性，在这里彻底表现出来了。

第三，在建筑地段的地租上，垄断价格起着很大的作用，并且在许多情况下占优势，以至垄断价格对地租有着决定性作用。因此，建筑地段的地租之高，往往达到惊人的程度。这使广大贫苦人民陷于不利的境地，使得工人无力租到一块供自己居住用的土地。

建筑地段的地租提高的原因

随着资本主义向前发展，建筑地段的地租不断提高。这种提高的原因是：(1) 不仅由于人口的增加，以及随之而来的住宅需求的增大，而且由于用在土地上的一切固定资本的发展，都必然使建筑地段的地租提高。(2) 土地所有者利用土地在人类生活和生产活动中的重要性，要求得到土地的贡赋，而不断提高地租。在人类社会的发展进程中，土地越来越显得重要：一方面，土地为了再生产或采掘的目的而被利用；另一方面，土地自身是一切生产和一切人类活动所必需的要素。这就是说，土地是人类赖以生存和从事社会生产活动的必不可少的要素。因此，土地所有者也就不断提高地租。(3) 建筑投机家提高地租。建筑投机家的主要目的，不仅是为了建筑房屋而进行投资，通过建筑投资来取得利润，而且是为了提高和占有建筑地段的地租，进行房地产投机。在租约期间，这种收入会被建筑业资本家直接占有。一旦租约期满，土地连同土地上的建筑物就会完全归土地所有者占有，从建筑投机家那里回到土地所有者手里。土地所有者再签订契约时，将会成倍地提高其地租。

矿山地租

真正的矿山地租的决定方法，也和农业地租完全一样。当然也有一些特殊情况。例如，有的特别贫瘠的矿山，其产品仅够支付工人工资和提供少量的利润，不能提供地租，所以资本家一般不愿开采，往往由土地所有者自己直接投资开采。像这类过分贫瘠的矿山，并不能因为使用而提供地租。就是说，本来意义上的地租，在这里不可能出现。

地租和垄断价格

非农业田地的地租，是由农业地租规定的，但垄断价格也起着很大的作用。在这里，我们必须把和地租相联系的两种不同的垄断价格区别开来，搞清楚究竟是因为产品或土地本身有一个与地租无关的垄断价格的存在，所以地租才由垄断价格产生；还是因为有地租的存在，所以产品才按垄断价格出售。

存在一种由于特殊自然条件而产生的真正的垄断价格，它一般和产品价值或生产价格无关。例如，一个葡萄园能生产出一种特别好的葡萄，它能用来酿造出名贵的葡萄酒，这种葡萄酒就能以高于价值或生产价格的垄断价格来出售，这种价格只是由购买者的购买欲望和支付能力来决定。这种垄断价格之所以存在和之所以能因其高于价值而产生超额利润，是由于土地所有者所垄断的土地具有某种独特的性质，因而土地所有者要依据他对这块具有独特性质的土地的所有权，把超额利润转化为由自己攫取的地租。这种情况就是垄断价格造成地租。这种地租可以称为垄断地租。

另一种垄断价格是：由于土地所有权的垄断对投资造成了一种限制，即不交付地租则不让耕种；或是如果农产品按价值或生产价格出售只能取得平均利润，无法形成作为地租而交纳的超额利润，这时农产品会因不足以满足社会需要而价格上涨，从而以高于它的价值或生产价格的售价来出卖，即按照人为的垄断价格出卖，于是就形成超额利润，并转化为地租而由土地所有者占有。这种情况就是地租产生垄断价格。这种地租是土地所有权垄断的结果。一些人之所以能把一部分社会剩余劳动作为对土地的贡赋来占有，并且随着生产的发展而占有得越来越多，就是因为他们拥有土地所有权。

地租与土地所有权

由于占有土地可以取得地租，所以土地也像其他任何交易品一样可以出卖，可以有价格。土地价格不外是资本化的地租，是资本化的贡赋。因此，对于土地购买者来说，（1）他索取地租的权利，好像不是白白得到的，而是支付了它的等价物才得到的，是花钱买来的权利；（2）地租好像不是他的土地所有权在经济上的实现，而仅仅表现为他用以购买土地以及由此产生地租索取权的那部分资本的利息。这样，地租和土地所有权的关系被模糊了，好像地租的获得纯粹由土地买卖活动决定。这就好像购买黑人的奴隶主那样，不是把对黑人的所有权看作是由奴隶制度造成的，而是看作通过奴隶作为商品的买卖而获得的。实际上，对土地的所有权在土地出售以前和出售以后同样存在。出售仅仅是所有权的转移。土地出售不会创造所有权，只是转移所有权，因此不论是一次出售还是一系列反复不断的出售，都不能创造这种权利。创造这种权利的只是一定的社会生产关系，即以私有制为特征的那些社会生产关系。从一个较高级的社会经济形态即社会主义或共产主义社会经济形态来看，土地私有权是荒谬的。随着土地私有权垄断的消失，人们将只是土地的占有者和利用者。在未来不存在商品价值关系的社会中，地租和土地价格将不再存在。

第七篇

各种收入及其源泉

第四十八章　三位一体的公式

马克思的劳动价值论和剩余价值以及以此为基础的对资本主义经济制度的理论分析，与庸俗经济学的理论观点相对立。“三位一体的公式”是庸俗经济学的理论基础。那就是：资本产生利润；土地产生地租；劳动产生工资。三种收入的来源，是三种生产要素创造的价值。本章就是要揭露和批判庸俗经济学的三位一体公式和它所表现的假象，进一步阐明利润、利息、地租的真正来源是剩余价值。

三位一体的公式掩盖了资本主义剥削关系

马克思以“三位一体公式”作标题，带有对资产阶级经济学进行嘲讽的意思。自从18世纪末19世纪初资产阶级庸俗经济学产生以来，为了论证资本主义社会的永恒性和资产阶级与地主阶级收入的合理性，提出了掩饰资本主义真象的分配理论，即三位一体的公式。近两个世纪以来直至今日，三位一体公式仍然是现代资产阶级经济学家热心宣扬与崇信的教条。马克思在本章中借用基督教教义中关于“三位一体之神”的说教，对资产阶级庸俗经济学的三位一体公式进行了批判与揭露。在基督教教义中，耶稣是圣父、圣子和圣灵“三位一体之神”。对上帝来说，耶稣是其独生儿子，称为圣子；对基督教徒来说，耶稣是圣父；基督教徒还从耶稣那里得到启示和灵感，所以耶稣又是圣灵。在众多基督教徒的心目中，耶稣是一个神秘而崇高的“三位一体之神”。马克思以这样一个“三位一体之神”的神秘形象，把资产阶级庸俗经济学宣扬的资本—利润（企业主收入加上利息）、土地—地租、劳动—工资这一掩盖着资本主义社会生产过程的秘密的公式称作“三位一体公式”。

我们早已知道，在资本主义社会的分配中，无论是利润（包括企业主收入和利息）、地租还是工资，它们的共同来源都是工人在生产过程中所创造的新价值（v+m），利润和地租不过是剩余价值所采取的两种特殊形式，工资则相当于劳动者在必要劳动时间所创造的价值。但在资产阶级庸俗经济学中，利润、地租、工资这些经济范畴被涂上一层神秘的色彩，好像它们来自不同的源泉，和谐地共处于三位一体公式中。法国资产阶级庸俗经济学家萨伊的分配理论就是宣扬三位一体公式的典型。他认为生产三要素——资本、土地、劳动都参与了商品价值的创造，提供了生产性的服务，各自应该得到相应的报酬。资本提供的生产性服务的报酬是利息，利息是借贷资本家节俭或节制消费并担负失去资本的风险的合理报酬。职能资本家使用别人的资本进行经营，提供自己的技能与劳动，由此得到的收入是劳动的利润也就是他的工资。萨伊又认为土地有生产力，它在农产品的生产过程中提供了生产性的服务，创造了价值，这就是地租。此外，普通工人在工厂主、农场主的指挥监督下进行劳动，也提供了生产性的服务，由此取得了劳动报酬即工资。经过萨伊的这一番论述，利息就表现为资本所固有的产物。企业主收入的利润则表现为职能资本家监督“劳动”的工资。三位一体的公式便可进一步归结为：“资本—利息，土地—地租，劳动—工资”[921]。这样剥削关系被掩盖了，三位一体公式具有更为神秘的形式。

三位一体公式的虚假性

我们仔细考察一下这个三位一体公式：

第一，利息、地租、工资的真正源泉被掩盖了，而扭曲地表现为产生自不同的源泉，即互不相干的资本、土地、劳动。

什么是资本？马克思指出：在资本主义经济中，资本不是物，而是一定的、社会的、属于一定历史社会形态的生产关系，它体现在一定的物上，并赋予这个物以特有的社会性质。这就是说，资本是资本主义生产关系的体现。不能把资本和生产资料混为一谈。生产资料本身不等于资本，在资本主义生产条件下生产资料便转化为资本。这里，生产资料同雇佣劳动者相对立而独立化。于是，我们看到，本来是生产者生产的产品（生产资料），由于转化为与自己相对立并支配自己的资本，因而取得了一种神秘的社会形式。

什么是土地？土地本来是无机的自然界，是人们进行劳动的客观条件，它自己不会创造价值，更不会创造剩余价值。在肥沃程度不同的土地上投入同量劳动与资本，会生产出不等量的农产品，耕种优等地、中等地的农业资本家除得到平均利润以外，还可获得超额利润。这些超额利润交给土地所有者，这就是级差地租。地租本来是劳动者所生产的剩余价值的一个特殊部分，但在这里，从表面上看来，却成为土地的不同生产力的产物，于是土地也取得了一种神秘的形式。

什么是劳动？我们知道，劳动虽然能创造价值，但劳动自身没有价值和价格。劳动力作为商品具有价值和价格。工资是劳动力的价值或价格的转化形态。就一般意义来说，超越一切社会形式的劳动是指具体的劳动，人用它来实现人和自然之间的物质变换，是人类生命的表现和证实，这样的劳动是原始人和其他社会形态中的人所共有的。

在资本—利润、土地—地租、劳动—工资这个三位一体公式中，庸俗经济学家萨伊等人把资本和生产出来的生产资料变成了一个同义词，成为利润（企业家收入和利息）的源泉，把土地和被私有权垄断的土地变成了一个同义词，成为地租的源泉。这都是极不合理的表现形式。他们都抹杀了工资、利润、地租之间的本质联系，三者实际上都来源于工人在生产中创造的新价值（v+m），而不是各有其不同的源泉。

在三位一体公式中，利润、地租、工资这三种收入从表面上看来各有其不同的源泉，分别归属于资本主义社会的三个阶级，资产阶级、地主阶级和工人阶级。资本主义生产方式在三位一体公式的假象中被神秘化了，三个阶级之间的剥削与被剥削关系被掩盖了，资本拜物教完成了。这完全是资本主义的现实的颠倒，是一个倒立着的世界。“在这个世界里，资本先生和土地太太，作为社会的人物，同时又直接作为单纯的物，在兴妖作怪。”[940] 萨伊认为资产阶级与无产阶级的关系是互助、和谐的关系，资产阶级并不靠无产阶级养活，更不是靠榨取无产阶级的血汗而发财。

古典经济学揭穿了三位一体公式的假象

古典经济学以它的劳动价值论为基础，曾经揭露过资本主义社会资产阶级与地主阶级收入的真实来源。它找到了各种财富形式的内在统一性。它把利息看作利润的一部分；地租是平均利润以上的余额，再加上职能资本家的利润，全部来源于工人创造的剩余价值。它实际上把商品中包含的有酬劳动归结为工资，超过这一数量的余额归结为无酬劳动。无酬劳动是利润、利息、地租的共同源泉。这就把地租和它的虚假源泉（土地）、利息和它的虚假源泉（资本）分离开来了。此外，把流通过程当作单纯的形态变化来说明。于是它把三位一体公式中表现出来的种种假象与错觉，以及日常生活中的资本拜物教和土地拜物教等揭穿了。这是古典经济学的伟大功绩。不过，即使古典经济学中最优秀的代表也还在一定程度上受到那些假象的束缚，没有彻底地把这些问题搞清楚。

三位一体公式符合资产阶级及其庸俗经济学的利益

资本主义的实际生产当事人即一般资本家信守三位一体公式。他们认为凭资本取利息、凭土地收地租是天经地义的事情。他们每天和这些形式打交道并且感到心安理得。庸俗经济学家不会也不可能对资本主义生产关系的内部联系进行分析，而只停留在对表面现象的描述上。他们对资本主义从其外部表现出来的东西加以描写、分类和叙述，把生产当事人的日常观念加以条理化、系统化、教条化。他们千方百计地论证三位一体公式是自然而合理的形式。三位一体公式最投合统治阶级的心意，因为这个公式符合他们的利益。他们宣称统治阶级的收入源泉具有自然的必然性和永恒的合理性，并把这个观点推崇为教条。

马克思揭穿了三位一体公式的假象，批判了资产阶级庸俗经济学以及一些世俗的偏见。马克思阐明不管资产阶级经济学对资本主义分配使用了多少范畴、多少公式，各阶级收入的初始源泉只能是无产阶级创造的新价值（v+m）。

第五十一章　分配关系和生产关系

这一章所阐述的内容具有重要的理论意义。它不仅着重阐述了分配关系由生产关系决定的理论观点，同时阐述了资本主义生产方式的两个特征，还阐述了生产力——资本主义生产方式——资本主义生产关系——资本主义分配关系这一资本主义经济的运行过程。

生产关系决定分配关系

马克思指出：分配关系本质上和生产关系是同一的，“是生产关系的反面”[994]。因此，分配关系与生产关系一样，具有历史的暂时的性质。就是说，资本主义生产关系和分配关系不是永恒的，而是历史的、会被新的关系取代的。

要区分两种分配：一种是劳动条件即生产资料的分配。如果劳动者丧失了生产资料，而生产资料集中在少数非劳动者手中，比如，生产资料成为被少数人掌握的资本，而劳动者只靠出卖劳动力受资本支配为生，这种分配关系决定着生产关系，实际上阐明了生产资料所有制是生产关系的基础。而这一章所讲的分配关系，是指对生产结果的分配，“指的是对产品中归个人消费的部分的各种索取权”[995]。这种分配关系由生产关系决定。生产资料的资本主义分配即资本主义所有制，决定了资本主义生产关系。在这种生产关系下，资本所有者凭资本取得利润，土地所有者凭土地取得地租，劳动力所有者凭劳动取得工资，成为资本主义“三位一体”的分配关系。马克思指出：“工资以雇佣劳动为前提，利润以资本为前提。因此，这些一定的分配形式是以生产条件的一定的社会性质和生产当事人之间的一定的社会关系为前提的。因此，一定的分配关系只是历史地规定的生产关系的表现。”[998]

资本主义生产方式的两个特征

资本主义生产方式一开始就有两个特征。第一，它生产的产品作为商品，具有统治地位，工人也成为劳动力商品的出卖者，从而成为雇佣劳动者。雇佣劳动受资本支配。资本和雇佣劳动的关系决定着资本主义生产方式的全部性质。第二，剩余价值的生产是资本主义生产方式的直接目的和动机。生产剩余价值也是生产资本。资本主义再生产，既不断再生产出物质产品，也不断再生产出剩余价值和资本，再生产出资本与雇佣劳动的关系。

生产力——资本主义生产方式——资本主义生产关系

马克思在这一章中说："它①和任何其他一定的生产方式一样，把社会生产力及其发展形式的一个既定的阶段作为自己的历史条件，而这个条件……是新的生产方式由此产生的既定基础；同这种独特的、历史地规定的生产方式相适应的生产关系……具有一种独特的、历史的和暂时的性质；最后，分配关系本质上和这些生产关系是同一的，是生产关系的反面，所以二者共有同样的历史的暂时的性质。"［994］从这段论述中可以看出，这里所讲的"资本主义生产方式"，是以既定的历史阶段的社会生产力作为其历史条件的。就是说，资本主义生产方式是在一定的社会生产力条件下产生和存在的，而且具有历史的暂时性。显然，这个"资本主义生产方式"不能解读为生产力或生产力含义上的劳动方式。此外，这段论述又提到，具有历史规定性的生产关系与这种生产方式相适应。这表明，资本主义生产关系是与资本主义生产方式相适应的，也可以说，资本主义生产方式决定资本主义生产关系。这里讲的生产关系是狭义的，是在直接社会生产中形成的关系，不包括分配关系、交换关系等，因为这里另外专门讲了分配关系由生产关系决定，是生产关系的反面。

那么，以一定历史阶段的社会生产力为条件的资本主义生产方式是什么呢？前面阐述的资本主义生产方式的特征表明：由于生产条件即生产资料集中在少数人手中成为资本，工人失去生产资料，将劳动力作为商品出卖，"劳动表现为雇佣劳动"，正是"资本与雇佣劳动的关系……决定着这种生产方式的全部性质"［996］，即决定着生产方式的资本主义性质。

弄清了上述几层关系，回头来再研究《资本论》第一卷第一版序言中的一段话，相互印证，就容易把握其本意了："我要在本书研究的，是资本主义生产方式以及和它相适应的生产关系和交换关系"②。显然，作为《资本论》研究对象的资本主义生产方式，就是以一定的生产条件分配（所有制）为前提的资本与雇佣劳动相结合的生产方式。

① 资本主义生产方式。——引者注

② 《资本论》，2版，第1卷，8页。

图书在版编目（CIP）数据

《〈资本论〉精选》讲解/卫兴华主编. —北京：中国人民大学出版社，2014
21世纪经济学系列教材
ISBN 978-7-300-19083-9

Ⅰ.①资… Ⅱ.①卫… Ⅲ.①《资本论》-马克思著作研究-高等学校-教学参考资料 Ⅳ.①A811.23

中国版本图书馆CIP数据核字（2014）第074652号

21世纪经济学系列教材
《〈资本论〉精选》讲解
卫兴华　主编
Zibenlun Jingxuan Jiangjie

出版发行	中国人民大学出版社		
社　　址	北京中关村大街31号	**邮政编码**	100080
电　　话	010－62511242（总编室）		010－62511770（质管部）
	010－82501766（邮购部）		010－62514148（门市部）
	010－62515195（发行公司）		010－62515275（盗版举报）
网　　址	http://www.crup.com.cn		
	http://www.ttrnet.com（人大教研网）		
经　　销	新华书店		
印　　刷	北京密兴印刷有限公司		
规　　格	185 mm×260 mm　16开本	**版　　次**	2014年7月第1版
印　　张	14.25 插页1	**印　　次**	2014年7月第1次印刷
字　　数	270 000	**定　　价**	26.00元